东南大学教育人物丛书　恽瑛卷

丛书主编　时巨涛　李霄翔

从青果巷到四牌楼

恽瑛　等著

东南大学出版社
SOUTHEAST UNIVERSITY PRESS

序

爱心、责任、创新、奉献
——东南大学恽瑛教授的教育诠释

恽瑛先生是东南大学物理系德高望重的老教授，也是我读本科时所在的南京工学院基础科学系著名的女教授，是国内外知名的大学物理教学改革的探索者。我是恽先生的学生，在担任东南大学分管教学工作副校长期间，又因工作关系与恽先生多有接触，受教良多，还曾有幸分别参加恽先生80岁和90岁的寿宴，其情其景历历在目。如今恽先生仍然精神矍铄，身体硬朗。她热爱教学、执着探索、老有所为的精神实为吾等后辈学习的榜样。当恽先生请我为其回忆录作序时，我因老人的信任而倍感荣幸，欣然从命。

我对恽先生的最初印象源于大学入学教育时的师生见面会。1979年，出身于小学教师家庭的我，怀揣着当一名大学教师的梦，来到南京工学院基础科学系数学师资班学习。第一次见到工科院校中凤毛麟角的女教授和女领导，恽瑛教授那风华正茂、和蔼慈祥、活力睿智的形象就让我肃然起敬、终身难忘。

随后进入我脑中的印象是：恽先生在全国率先致力于运用现代教育技术进行大学物理教学改革。当时"文革"刚过，现代教育技术对于大家，无论是思想观念还是技术积累都面临巨大挑战，实践运用更是感到困难重重。恽先生却义无反顾、迎难而上。她说，无论如何，也一定要攻克难关。若干年后，当人们还在观望徘徊的时候，她已经带领同事们做出了一系列大学物理电视教学片，发表了研究论文，创建了专门期刊，出版了相应的教材，这些工作在全国范围内产生了较大的影响。恽先生的敢于付出和不懈努力，是她成功的关键。这是我继崇敬之后，对她的第二个印象。

恽先生自1948年来到四牌楼校区任教以来，在东南大学从事教育教学工作近七十年。她一直致力于教育教学改革，坚持不懈进行教育创新。一生甘当现代教育技术探索实践的先行者，到退休后仍提出"两个及早"教学理念，以及为实现这个理念而创设"双语物理导论"课程。她对人才培养模式和教学模式改革大胆探索，重视一年级新生的探究性教学，并从中选拔出佼佼者，参加多种国际会议,都深得国内外同行的好评。这里蕴含的智慧、勇气和力量自然来源于她全面的修养和积累,但其中执着的信念与对科学教育的追求却是这位耄耋老人不竭的动力之源。正如她自己所说:教学是一份爱心、一份责任、一生创新、一生奉献。

恽先生最触动我的,是"爱"这个字在她身上的实践。她将爱祖国的心贯穿在教学育人整个过程的种种举动中,可以用卓尔不群来形容。我曾经和恽先生的学生有过比较深入的交流,其中也包括她的子女、我的师兄。我深切感受到的是,她对学生的爱超出对子女的爱、对她自己的爱,这是难能可贵的。在教学方面,恽老师始终将对学生的爱放在第一位,在教学上既严格要求学生,又始终不忘点燃学生探索和超越的激情。正是因为她对学生如慈母般给予无私的爱和无限的期待,对学生如艺术家般进行循循诱导和正确帮助,才使得我们能够看到恽先生取得的巨大成就。

恽先生的担当意识和执着精神令人钦佩,从开创"双语物理导论"课程的过程中可以窥视一斑。1999 年,我开始担任东南大学校长助理兼浦口校区管委会主任,到任以后经常看到七十多岁的恽先生来浦口校区,心存好奇,我忍不住向恽先生问起原因,她告诉我她想开一门课,这门课能及早地使用英语学习物理,让学生们及早地学会自己研究。既要使用英语学习物理,又要学会做研究的方法,课程要求如此之高,而且恽教授当时已逾古稀之年,我不禁心存顾虑,但我更相信恽教授的能力和决心,因此十分赞赏和支持。后来在教务处和吴健雄学院的大力支持下,这门课如期开出。而恽老师一有机会,就会跟我分享这门课程的规划设想、实践体会与收获。这门课程开设十多年来,大大拓宽了东南学子的眼界,让大一新生利用这种教学的新模式更好地完成了一个高中生向大学生的学习转变。正因为恽先生的开山之勇气和执着之实践,这种教学模式有了巨大的收获,主要体现在两个方面:第一是十几年来,有 53 位大一学生,在恽先生等老师的努力下,走上了国际教学舞台,表达他们的观点,这在中国的大学中是极少见的;第二是它得到了国际同行的高度认可,"双语物理导论"课程和"两个及早"教学理念被美国 *Science* 杂志给予了全方位的分析和报道,成为为东南大学产生广泛国际影响的先行典范。

以上是恽先生回忆录《从青果巷到四牌楼》即将出版之际,我的几点感想,谨以此为序,向恽先生表达祝贺,并祝她老人家福如东海,寿比南山!

2017 年 10 月 1 日

目 录

第一编 梦里依稀：从青果巷到四牌楼

青果巷的常州世家 ··· 2
京城贝满的青葱韶光 ··· 20
辅仁情结——追忆辅仁大学学习点滴 ································ 33
筚路蓝缕的南工岁月 ··· 42
"两个及早"教学理念的成功创立 ···································· 64
"双语物理导论"课程的全新实践 ···································· 84
引领大一学生登上国际讲坛 ·· 107
在国际物理教育的世界里 ·· 132
深切怀念吴健雄教授 ·· 161

第二编 雪泥鸿爪：一辈子没离开的物理讲台

《大学物理学》（音像文字结合教材）与多媒体物理学教材的构想
与展望 ·· 176
大学物理教学用电视插播片、多媒体光盘及其应用的探索 ············· 181
关于《大学物理学》（音像文字结合教材） ··························· 185
对建立大学物理文字、音像有机结合教材体系的认识和建议 ·········· 188
国际物理教育掠影 ·· 192

基础课程串联与创新能力的培养
　　——"物理·英语·多媒体·一体化"课程的创建……………… 198
尽早参与研究　开发创新思维…………………………………………… 203
原版教材 Fundamentals of Physics 使用体会………………………… 208
"双语物理导论"课程建设与低年级学生能力培养的再研究……… 212
学习"双语物理导论"课程的点滴……………………………………… 217
参加日本东京 ICPE 2006 国际会议的前前后后……………………… 219
不同的表达，相同的信息………………………………………………… 223
重要的是让学生自主做些工作——恽瑛教授创建一门课程，这门
课程促使学生自主学习物理和他们所需要的英语…………………… 224
创建"双语物理导论"新课程　引领大一学生走上国际讲坛………… 227
恽瑛：教学是一份爱心，一份责任，一生创造，一生奉献
　　——恭祝恽瑛教授 90 华诞………………………………………… 234

第三编　育才授业：最是难忘师友情

中山大学原党委书记、东南大学原副校长李延保教授的祝辞……… 242
琐忆与恽瑛先生参加和举办的物理教育国际活动…………………… 244
我特别喜欢恽瑛先生"特别能折腾"的精神…………………………… 249
东南大学教师教学发展中心原主任李霄翔教授在庆贺恽瑛教授
九十华诞上的祝辞………………………………………………………… 252
大智大爱恽瑛教授………………………………………………………… 254
鹤发银丝映日月　丹心热血沃新花……………………………………… 256
我所认识的恽瑛先生……………………………………………………… 259
师中楷模　奋斗不息……………………………………………………… 263
珍贵的相遇………………………………………………………………… 266
忆我崇拜的恽瑛先生……………………………………………………… 269

跟着恽瑛先生编书 …………………………………………… 272
走向国际学术舞台的引路人——回忆恽瑛老师对我的关心的几个片段
……………………………………………………………………… 274
她有一颗年轻的心 …………………………………………… 279
恽先生对我如今物理职业的影响 …………………………… 282
恽老师和 CUSPEA ……………………………………………… 284
对我一生影响最重要的教师：恽瑛先生 …………………… 288
一位长者，一位师者——我眼中的恽瑛先生 ……………… 291
"双语物理导论"课程：十年，如故 ………………………… 293
1982—1990"学科教学论（物理）"9 位研究生再聚东大并贺
恽瑛教授 95 岁寿辰 …………………………………………… 295

第四编 青果红梅：悠悠不了故园情

回忆母亲三四事 ……………………………………………… 300
印象中的奶奶 ………………………………………………… 308
在外婆身边长大的日子 ……………………………………… 311
武进青果巷的传承 …………………………………………… 314
恽家 72 世传人恽瑛教授返乡，客座六朝松茶馆演讲 ……… 318
聆听恽瑛老师在常州校友会的讲座 ………………………… 321
恽瑛老师和东大常州校友会 ………………………………… 324
结语 …………………………………………………………… 328

后　　记 ……………………………………………………… 333

恽瑛大事年表 ………………………………………………… 338

从青果巷到四牌楼，一晃眼，这条路我已经走了九十多年了。

常常在梦里回到青果巷，恽家白墙青瓦的老宅，那湿漉漉的长着青苔的石板路，慈爱的父母和亲密的姐姐、兄长是那么真切地显现在记忆中。这是我出生的地方，它哺育滋养了我，无论走得多远，也无论离开多久，这里都是我的家，我的根。

常常想起在淯心、贝满、辅仁度过的"青葱岁月"，诸多仁爱老师的培养教育，深深影响了我的一生，使我成长为爱国家、爱学习、求上进的学生，成为一个正直敬业的人。

1948 年初夏，我第一次走进四牌楼，迄今也已七十多年了。从那时起，我的事业、我的爱情、我的家庭、我的命运就跟这个校园，跟三尺讲台，跟东南大学紧紧地连在一起了。我热爱教师这个职业，我深深爱着我的学生，我努力工作，从不懈怠，全身心地在物理教育、教学改革与国际交流的世界里整整游弋六十多年，仍迷恋它的神奇，还会继续探索下去……

这是一条长长的路，走着走着，不知不觉人也老了。在这本书里，我想告诉我的儿孙、我的学生后辈：我们这一代人啊，是从哪里来，又往哪里去、这一辈子是怎么走过来的。

第一编 梦里依稀

从青果巷到四牌楼

青果巷的常州世家

"入千果之巷，桃梅杏李色色俱陈。"在常州老城区中部偏南之处，市河自西水关入，一路向东曲折蜿蜒，至东坡公园出。这条市河两岸的地段，是十六世纪后半期船舶云集之地，因多有果品集散，故有"千果"之称。而江南水乡的人们口音轻柔和缓，"千""青"二字不甚明辨，于是这英才辈出的古街区，便有了"青果巷"之名。

青果巷（国家历史文化遗产基地）

青果巷东大门

常州青果巷历史文化街区（东至琢初桥西通南大街），这条长不足千米的小巷，却先后走出了数百位文武英才。中央电视台《探索·发现》栏目曾录制了专题影片《青果巷印象》。仅仅片头，便信手拈来地举出了"文武兼备的民族英雄唐荆川、被誉为非常之人的实业巨子盛宣怀、革命先驱瞿秋白和张太雷、新中国首任司法部长史良、法学名家张志让、有着'小报鼻祖'之称的中国谴责小说第一人李伯元、乱针绣创始人杨守玉、以绘画鲤鱼著称的吴青霞、把常州画派传到大西北的曾杏绯、国学大师赵元任、汉语拼音之父周有光、纺织大王刘国钧"等历史文化名人，五百年历史的青果巷，也因此获得了"开吴之地，名士之城"的美誉。而温婉如玉的常州，也因青果巷而成了群星璀璨的长三角中颇为明亮的一颗星。

1925年，我出生在青果巷中的松健堂（今青果巷12号），有幸成为南恽第72代传人，而延续先贤对民族文化事业的孜孜奉献，自然也是我辈的责任。

曾祖：抗日护国的士绅"隐者"

恽氏血脉可上溯到公元元年前后，其悠久的历史，作为后人的我也不能不为之惊叹。据相关人士考据，恽氏始祖讳子冬，字贞道，生于汉永光辛巳（公元前40年），卒于汉建武戊子（公元28年）八月八日，因避难改其父杨恽之名为姓，隐居于毗陵之千秋乡（今常州新北区孟河镇），其子孙世代居住于此。传至第45世，恽氏建立了上店（今常州马杭镇附近）南分恽氏（即南恽），我属于恽氏上店南分57世大房镒公派的后人。

恽氏家谱书影

恽氏始祖汉相子冬公像

如果问今天常州高级中学的孩子，学校历史上有哪些大人物，他们一定会骄傲地回答说，"常州三杰"中的瞿秋白、张太雷都是该校的校友；但如果问起母校的创始人，他们或许会挠挠头，向你报以不好意思的笑容。"常州三杰"中的张太雷是我母亲的堂弟，恽代英是恽氏第70世传人，这些我们暂且不谈，我的曾祖父——恽祖祁——这个名字虽不若"三杰"般如雷贯耳，却同样值得后人铭记。

恽氏第69代传人恽祖祁，原名祖源，字心耘，晚号莱叟，清道光二十二年（1842年）生于江苏武进。我小时常听母亲聊曾祖的趣事：这位以治家严谨节约著称的家长，往往要求族人吃饭时不浪费一粒粮食，自己却将吃剩的饭倒入子孙的碗里，令他们代自己"消灭"掉。你大概不会想到，做出这样让人忍俊不禁行为的恽祖祁，却是一位宁可丢掉乌纱帽，也要抵制日本侵略者、保卫祖国领土主权的爱国官员。

1894年，中国东部海面上的硝烟还未散尽，清朝"远"字号战舰的残骸还未沉淀海底，日本侵略者的铁蹄就已踏上了这闭塞古国的东南沿海。他们凭借《马关条约》，在华夏领土上的主要通商口岸大肆划分租界、滥施淫威，压榨着我国的民膏民脂以铺垫他们通向"大东亚共荣圈"的血腥道路。日寇在福建设立厦门租界，并霸占厦门鼓浪屿和虎头山一带土地，扼守嵩鼓航道和厦鼓通津。1898年腊月十三日，日本领事以蛮横的姿态，要求刚刚作为兴泉永道道台到任的恽祖祁接受"查照施行"。恽祖祁没有丝毫妥协，而是义正词严地表示必须照章办事，且不得惊扰当地百姓——

这便拉开了他身体力行抵抗侵略者的序幕。不久之后，对于日本人"将浮屿和沙坡尾两处划出设立日本租界"的无理要求，恽祖祁又采用公文旅行的办法与日方巧妙周旋，同时以日方索要之地中有英国人财产为借口，施用引虎驱狼之计，向美、英等国驻厦领事通报此事，并邀请厦门海关税务司辛盛前往实地考察。英美二国的领事见日本人图谋不轨，立刻出面干预以维护本国的利益。日方牟利未遂，回想数月来被恽祖祁拖延，不禁恼羞成怒，一面坚持要在鼓浪屿虎头山设立租界，一面威逼清政府将恽祖祁撤职议处。

尽管已经竭尽全力，但最终仍没能阻止《厦门日本专管租界续约章程6款》和《厦门日本专管租界续约章程12款》的签订，恽祖祁痛心之极，亦看透清政府腐败无能之面目而失望之极辞官还乡，从此不问清廷政事。然而，正所谓"老骥伏枥，志在千里"，在全国兴起新政的浪潮中，时年六十三岁的恽祖祁开始奔走筹款，筹备武进、阳湖商会的成立（管辖地域大致相当于今天的常州市）。三年后，他被推举为正式成立的武阳商会的总理。如今的常州人民公园，便是恽祖祁任职期间用建会所剩节余的款项修缮、供人休憩的公园。不仅如此，恽祖祁还与常州知府许星璧发起创办常州府中学堂（今省常中），与汪洵等将常州致用精舍改为武阳公立小学堂（今局前街小学），成为响应"教育救国"的时代潮流，其也成为推进教育现代化事业的先驱之一。

松健堂石碑铭文

松健堂大门

松健堂内陈列的"青果巷名人、名居"铭牌，恽祖祁、张赞宸、张志让等名列其中

2017年3月11日恽祖祁之重孙、玄孙等后辈15人重聚于松健堂门前

从青果巷到四牌楼

母系：贞和堂的书香门第

人们常说"父母是孩子最好的老师"，我的母亲张稚琴（1892—1962）在我眼中，不但是一位性情温和的慈母，还是一位有着良好文化素养和民主精神的"新女性"。母亲虽没有进过学堂，却在家受过新式教育，其父张赞宸、其弟张志让对她的影响甚大。

19世纪60年代，李鸿章怀着"自强、求富"之梦，一纸上书发起了轰轰烈烈的洋务运动。1908年，常州实业家盛宣怀上奏朝廷后，正式成立了由汉阳铁厂、大冶铁矿和萍乡煤矿组成的"汉冶萍煤铁厂矿有限公司"。我的外祖父张赞宸（1862—1907，贞和堂的主人）正是这大名鼎鼎的中国第一家钢铁联合企业的前身——汉阳铁厂总办兼萍乡煤矿总办（相当于总经理），他以自己的行动践行其实业救国的理念。我外祖父撰写了《萍乡煤矿调查情形》等著作，无疑是当时勇于投身时代浪潮的实业家。

受到我外祖父张赞宸多方面的熏陶，母亲为人处世很民主、宽厚，在家中，把子女的奶妈等"仆人"也当做自己的家人平等看待。革命先烈张太雷的父亲（我的堂舅公）去世后，其妻即带着少年张太雷投奔贞和堂，

贞和堂石碑铭文

贞和堂现已成为唐荆川纪念馆

修缮前的贞和堂门口，摄于2011年

由我外祖父资助他们母子的生活,张太雷烈士牺牲后也依然如旧。母亲和舅舅也与少年张太雷相处得很融洽(见《张志让自传》)。母亲为人慷慨大方,当叔父恽震前往美国留学需要经济支持时,她毅然卖掉自己的嫁妆作其留学所需资金。

作为母亲最小的女儿,我出生于1925年4月。为了家庭的生活,父亲常年在江西、青岛等地工作,母亲则照顾我们兄弟姐妹五人的日常起居和习惯养成。应该说,良好的家庭氛围和新式教育带来的影响成为陪伴我终生的馈赠。

年幼时几次迁居的情形印象已不深刻。只记得我们于1928年举家迁至上海萨坡赛路(现淡水路)205号。1931年我进入辣斐德路圣公会(现称诸圣堂,复兴中路425号,仍完好无损)主办的圣德小学,读了四年初小。校长魏牧师是一位严肃、认真、和蔼的长者,校长及老师始终教导我们,要好好学习,与同学友爱,要坚持做一个奋发图强的好学生、好孩子。我在初小的四年中,年年取得第一的成绩,不经意间养成了争强好胜的心态,同时也培养了我要与人为善、做人要堂堂正正的人生观。小学中有一事让我终生难忘,当时,小学三年级才有英文课,可是,音乐老师在一年级就在教堂内教我们唱"a b c d …"英文歌,全班无一人会唱,于是,每人伸出手来,挨打戒尺三大板,可见其对学生管教之严。

恽瑛就读初小的上海圣德小学(今诸圣堂)

恽瑛幼时所住的上海淡水路205号旧居

1935年，我考进了位于上海南市陆家浜路的清心女中附属小学。校长张蓉珍女士，一生未婚，致力于教育事业，深受学生爱戴。她与南京金陵女子大学的吴贻芳校长是沪、宁两地著名的女性校长。清心女中的对门是清心中学，是男校。那时我们兄弟姐妹五人分别是高三、高二、高一、初三和小学五年级的学生。我们五人每学期应付的学费是一笔不小的费用，父母亲每每为此发愁的面容我永远不会忘记。但他们还是坚持送我们在清心就读，这大概是因为他们相信学校良好的校风会成为我们的成长的助推器。我只在清心女中附小上了一年，可它严谨的学风对我的影响是深远的。记得当时班主任钟老师兼教英文，每次上课都要考Dictation（听写），班上鸦雀无声，听老师读一段英语，我们认真地在下面默写。我在不使用英文30年后的1980年，居然还能与美国教授对话，这段时间的严格训练，应该也是起了作用的。

　　为了避开上海昂贵的房租，我们全家于1936年迁到苏州。可是1937年"八一三"事变的一声炮响，还是彻底改变了我家的生存状态乃至命运。

　　让我永生难忘的是亲历"八一三"淞沪会战。1937年抗战爆发后，因以为租界里比较安全，母亲携子女离开苏州前往上海。然而就这在颠沛的逃难途中，淞沪会战打响了。因交通受阻，我们一家不得不绕道浙江，原本两个小时的路程竟足足走了十几个小时。当我们终于抵达上海，却被眼前的景象震惊得说不出话：日军投下的炸弹将市区化作火海，爆炸声几乎将耳朵震得失聪；被炸伤、炸死的百姓鲜血淋漓地倒在街头，仓皇失措的人群哭喊连天……人间地狱，大抵如此。

　　目睹了这惨绝人寰的景象后，我的二位兄长毅然决定离开已沦陷的上海，前往延安参加革命。当时就读于乐群中学附小的我尚还懵懂，不能理解母亲的眼泪和哥哥们的沉默，我只是知道三位兄长的身影从此不再出现于家中，此去经年，音讯全无。从此我大姐分担了家庭重担，后她克服种种困难，才得以大学毕业。后来她在北京大学化学系任教。

　　三位兄长临走之时，我母亲心中固然有万般不舍，但她也是深明大义的人，并未加以阻拦。正因为有着思想走在时代前沿的父母，我们兄妹五人才能在各自从事的工作领域里成绩斐然。

　　当时我家的邻居只知道我们姐妹的名字，而并不知道我还有三个哥哥：恽林（原名恽璘）、恽奇（原名恽琪）和林之岐（原名恽瑜）。在战事吃紧、普通百姓生活水深火热的日子里，一般人家不愿将自家子女的消息透露给外人。更令人心惊胆战的是，我父亲一位友人的儿子被日本宪兵

常州旧照：1927年在常州松健堂恽瑛等的合影
左起：恽奇、恽林、恽瑛（被抱的小孩）、恽琬、恽华、恽瑜（林之岐）

1950年代恽林、恽奇、林之岐三兄弟

恽济之后人　后排左起：林之岐（恽瑜）、恽林、恽琬、王冠琴。前排左起：邹国华、恽瑛、邓家贤、恽奇。1988年摄于北京

队抓走后再无消息，这让我家对兄弟三人的行踪更加讳莫如深。

1937年"卢沟桥事变"时，三位兄长分别是大一、高二和高一的学生。良好的教育让他们忧国忧民、追求先进，在家中谈论的话题也常常是国共两党到底哪个能救中国。不仅如此，作为东吴大学学生会主席的大哥还是学生运动的领导者,经常带领同学们到市政府门前请愿、示威,甚至一度陷于特务的监视之中。

苍天终究眷顾了这三位有胆有识的青年。1938年,母亲带着大姐和我前往唐山投奔父亲。1948年唐山解放,父亲在参加唐山市将要成立的政协预备会议时,巧遇一位解放军军官何兰阶,后其为最高法院副院长。恽这一特别的姓氏引起了何兰阶的注意,两人交谈后,父亲发现这位何姓首长竟然是我二哥和三哥的老上级!惊悉儿子消息的父亲与母亲欣喜若狂,更让他们意外的是,三哥当时就住在父母亲家的附近,真是传奇式的相遇!就这样,我慢慢与三位兄长重新取得了联系,后来才了解到他们杳无音信这些年的轨迹。

1937年,三位兄长去延安后,长兄恽林成为抗日军政大学学员(第三期),结业后到抗大二分校(陈伯钧手下)担任文化教员;二哥恽奇到115师政治部(谭政手下)工作;三哥林之岐到115师343旅参谋处(陈士榘手下)工作。之后,恽林被派遣到武汉加入了周恩来、郭沫若领导的三厅抗日第一宣传队,中华人民共和国成立前一直在白区搞地下工作,中华人民共和国成立后曾任第四机械工业部部长秘书、机要科长等职。1956年后陆续任北京、长沙、南京无线电工业学校校长、党委书记等职。恽奇则一直在115师及由115师为核心发展起来的四野工作。四野南下后就始终留在广西工作,先后担任桂林步校政治部副主任、南宁军分区政治部主任、百色军分区副政委等职。林之岐1945年从115师343旅到冀东十旅(后为201师,何兰阶为政治部主任)工作,1950年代前期随67军参加抗美援朝,回国后曾任199师政委、67军政治部主任、济南陆军学院政治部主任等职,离休前为济南军区副军级干部。兄弟三人都为人正派、不为名利、廉洁奉公,毕生为党和人民努力工作,为军队和地方的建设做出了较大的贡献。

此外,贞和堂的少主人,我的舅舅张志让(1893—1978)更值得一提。相比因年代距离而有深切隔膜感的外祖父,舅舅张志让在我心中则留下了更加传奇生动的印象。他生长在贞和堂,长大后一展鸿鹄之翼,先后就读于复旦大学、美国加利福尼亚大学、哥伦比亚大学及德国柏林大学。这位无党派民主人士,终其一生都在为法律和正义奔走。民国时期,张志让经堂弟张太雷介绍,曾在武汉国民政府最高法院工作,开始了解并投身于无产阶级运动。他曾经希望加入中国共产党,但当时周恩来要求他留在党外,他从大局出发,服从了安排。他为沈钧儒等七君子辩护的事迹在我的记忆

张志让在接待外宾，图中左二为张志让

中特别深刻。1936—1937年间，我家住苏州时，作为七君子的首席辩护律师，张志让曾几次往返苏州高院，为七君子的辩护而在苏沪间不断奔走。1937下半年，在上海西门路181号的张志让家，被释后的沈钧儒等七君子曾专程登门拜访致谢，当时借住舅舅家的我目睹了这一场景。

中华人民共和国成立前，张志让是著名的大律师和无党派人士。中华人民共和国成立后，他则是新中国第一位首席大法官、最高人民法院副院长，与中国共产党的关系日益密切，并最终加入了中国共产党。但在我记忆中，舅舅并不是一个令人高山仰止的称谓，而浮在我脑海中常常在夜深人静之时一人苦读的瘦削身影。无论是先进的思想观念、实业救国的壮举还是对法律学问的孜孜以求，母亲家的长辈都成为我热爱祖国、渴望"我们民族越来越好"的榜样。舅舅对国家的贡献深得党和政府赞许，他去世后，邓小平等国家领导人参加了他的追悼会。

有关舅舅，我所知道的，还有如下几则轶事：

三十年代，我们在上海时，舅舅已经近四十岁了，可一直没有结婚，为此外婆十分着急，多方找人说媒相亲，我也常借此"东风"跟着一起去看京剧、吃美食。可舅舅对结婚毫不上心，却对民主党派的爱国活动热情高涨，为此，还收到过一封恐吓信，致使我外婆受到惊吓，后又因病不起而逝世。舅舅却并未因此而退缩，始终积极配合宋庆龄等人组织的民主党派的工作，并参加了许多民主党派举行的爱国活动。直到1938年末，迫于形势，才离沪去港。

抗战胜利后，舅舅回到上海。上海解放后，市长陈毅委派他担任复旦大学校务委员会主任，之后不久到北京参与中华人民共和国成立前最高法院的筹建工作。他始终未婚，母亲为此很焦虑，但也束手无策。1961年，我父亲去世，我们必须将母亲从唐山迁至北京。当时正是自然灾害时期，我们的居住、饮食等都是舅舅帮忙解决的，并且每周都请人送一样菜给母亲。舅舅是不太表露情感的，但这足见他们姐弟之情深。

1962年，在北大化学系任教的姐姐恽琬听说舅舅结婚了，就去问舅舅："听人说你结婚了？"舅舅说："是的，我给你介绍，你的舅妈叫何稚芬。你们叫她何同志就好了。"舅妈原来是最高法院吴副院长介绍的一位常州同乡，比舅舅小不少。我和姐姐曾问何稚芬同志为什么愿意嫁给舅舅，她说，"因为我十分佩服张先生的为人"。

这段婚姻还是很美好的。他们于次年生一女儿——张颖，相貌酷似舅舅。舅舅告诉我们，他向周总理汇报说自己结婚了，周总理说："那很好嘛。"1960年代，国家任命张志让为第一任中锡（锡兰，现称斯里兰卡）友好协会会长，后来舅舅曾偕夫人何稚芬多次一同出席两国间的友好往来活动。

中华人民共和国成立后，张志让担任最高人民法院副院长，国家给他安排了很好的居住和出行条件，我们兄妹一般不太去打扰。我在五六十年代如带儿女去北京时则一定会看望舅舅，他也一定请我们大家到欧美同学会的餐厅就餐。那时，食物比较匮乏，我儿子不仅将自己盘内的菜吃光，

1954年摄于北京欧美同学会
左起：张志让、恽定、邓家贤、恽琬、恽燕南、恽瑛、恽勤、恽林、周隽

张志让女儿张颖（左）与恽瑛合影留念（2011年摄于北京）

恽济（1892—1961 年）

张稚琴（1892—1962 年）

还将盘子舔得干干净净，我很不好意思，但舅舅却很高兴地说："这不是很好嘛，小孩子从小要养成节约的好习惯！"

父辈：国家工业建设的一代英才

回首家国动荡的过往，生于和平年代的每一个人都该感恩命运的慷慨。想起父亲，我的思绪中常常带着淡淡的惋惜。确实，若非我祖父早逝、家道中落，父亲恽济（1892—1961 年，字梦楫，邑庠生）也定能成就一番不凡的事业。面临家中捉襟见肘的窘境，复旦大学一年级在读的父亲毅然决定退学，以保证小自己九岁的弟弟恽震完成学业。

从此，这位不曾远离江南的青年开始了辗转颠沛的生活，直至 1935 年才被恽震介绍给天津开滦矿务局总经理王崇植，到唐山开滦煤矿地亩处工作直至去世。因分居两地，父亲时常用家书与妻子儿女保持联系。我记得，父亲曾提起，处理公务时经常要用到英语，而自己又因学业未竟而深感吃力，于是便常常挑灯夜战，学习语言。为人耿直顽强、从不趋炎附势的父亲在工作中赢得了同事的尊重，而在我的眼中，他更是不畏困难、力争上游的楷模。父亲曾开玩笑地对我说："你有什么本事啊？就是会考好分数而已嘛。"其实这话里的赞赏要远远大于调侃，父亲的精神如同春雨般润物无声，始终滋养着女儿的心田。1948 年唐山解放后，他参加了九三学社，努力学习新事物，转变新思路，于 20 世纪 50 年代被新成立的唐山市政协推举为唐山市政协第一、第二任秘书长，这也从某一角度显示了他的进步。

父亲的付出没有白费。1921 年我叔父恽震（1901—1994 年）以优异的成绩从上海交通大学电机工程系毕业。1925 年夏天，叔叔对我父亲说，在上海大学任教的族叔恽代英（当时已加入中国共产党）来信邀请他前往广州。但更倾心学术的恽震选择了前往国立东南大学（中央大学前身）等学校任教。就这样，学生时代曾参加过五四运动，组织过上海学生联合会，并召集过各校代表决议罢课的恽震走上了学术的道路。

1931 年，恽震受聘于当时的国家建设委员会，任无线电管理处副处长，后为国家资源委员会电力工业处处长兼中央电工器材厂总经理，曾参加首次三峡实地调查（1933 年），对南京 714、720、734、772 等厂的建设，以及保护各厂设备留在本地不迁台湾，起到了关键作用，为南京电子工业的发展贡献甚大。到 1990 年代，原国民党国家资源委员会负责人孙越崎写报告给中央，说明恽震等十余人在中华人民共和国成立前夕，做了一些有益于新中国建设事业的工作，如当时为中央电工器材厂总经理的恽震采用了多种手段，不让国民党将上述南京四个厂及芜湖一个厂（设备已装船）迁至台湾，最终才能使五个厂的设备保存在大陆。孙越崎上报中央的报告，经过较长时间的调查取证，情况属实，中央决定给这十几位民国时期的专业人才、新中国建设的有功之臣享受"离休干部"的待遇。这也使我叔叔婶婶一家感到无比的温暖。

恽震，这位中国电机电气制造业的奠基人之一，1950 年 10 月任华东工业部电器工业处处长，后又到国家一机部担任一级工程师（相当于一级教授）。1957 年，他被错误打成"右派"并下放贵阳，从一级工程师降至四级教授，并受到了多方制约。那时我婶婶翁之敏（翁同龢侄孙女）每天走十几公里给他送饭。我知这一情况后，十分佩服她"能上能下"的精神。她从比较好的生活条件落到走路给丈夫送饭，是什么精神支持他们这样做呢？在我的心中有自己的答案，那就是，这些上一代的科技工作者，有着浓厚的爱国精神。据我所知，叔叔在被平反后回到上海工作，仍不断地向中央上书，对国家建设提出多种意见。虽然没有回音，他也不中断。在恢复到相比贵阳好得多的生活后，我从未听到婶

左起：林之岐、恽济、恽奇、恽震，1950年代后期摄于北京

左起：恽震、恽鸣、翁之敏、恽竟、恽瑛、邓建明、邓家贤，1980年代中期摄于南京

婶埋怨在贵阳的一段生活，虽然承认那时候的生活是比较艰苦的，但从未抱怨过国家。

1980年代，恽震夫妇前往北京，住在前三门我姐姐家里。有一天，江泽民同志亲自到前三门去看望恽震。因为1950年代时，恽震与江泽民同志同在一机部工作，他是去看望老专家的，可惜未能见到，很是遗憾。1994年恽震逝世前，病重住院，江泽民还多次叮嘱上海市委前去探望，可见中央领导是十分关心科技人士的。

另有一事，说明我婶婶翁之敏关心教育工作。2000年，东南大学原校长顾冠群院士有为学校物理系创设"高等物理研究所"的设想，物理系原主任黄宏斌教授对我们讲及此事，我"自告奋勇"去武汉找翁之敏，请她写信（由我起草）给在美国的顾毓琇教授（曾任国民党教育部长，顾是恽震夫妇的老朋友），请他给予帮助。此信寄到美国后不久，我就收到顾毓琇先生寄来的亲笔信，信中对高等物理研究所的建立提了具体意见，说明老一辈科学家对教育事业的重视，并又在不久后寄来新年贺卡。

2000年顾毓琇先生由美国寄给恽瑛的亲笔信　　　顾毓琇先生夫妇寄来的新年贺卡

常州旧照：年逾七十的恽祖祁（左七）与家人在青果巷松健堂的合影（时约1911年）

第一编　梦里依稀

恽瑜（林之岐）与恽瑛兄妹合影，1935年摄于上海

恽瑛与堂姐恽璐合影，1936年摄于南京

改革开放后，恽震先后担任第一机械工业部任外事局顾问，引进30万和60万千瓦火电机组制造技术谈判顾问；撰写了《电工发展史》《试论国家对电子建设的投资问题》《七五计划中电力建设方案和国产发电设备制造业的通力合作问题》等学术报告。不仅如此，他时常将自己的研究心得写成报告上交中央，如此笔耕不辍，爱国赤子的拳拳之心始终如一，直到1994年因胃癌于上海逝世，江泽民、吴邦国、汪道涵等领导人曾给家属致电表示哀悼。

左起：恽震、翁之敏、恽诚之、邹国华、恽奇、恽瑛、恽济、林之岐，1958年摄于北京

青果巷恽氏的故事还有很多。当今松健堂、贞和堂已经成为供人们参观的文化旧迹，常州青果巷也成了历史街区，但先辈们的精神却从不曾被子孙淡忘。爱国、勤俭、正直、奋进是祖先留下的最宝贵的财富。这些故事值得纪念和传颂，告慰先贤、激励后辈。

张梓烨　整理

京城贝满的青葱韶光

　　秋天的北平，本该是人间的乐土，一年中最为敞亮澄澈的天空和一年中最为喜人的丰收，全在这可爱的九十月份了。在 1940 年北平的街头，你仍能听见各种小贩嘹亮高亢的吆喝声，仍能看见为求生计表演杂耍的孩子，仍能花几个小钱坐上敞篷的人力黄包车——甚至如果足够巧，你还能碰到穿着宽松马褂的大爷或者精致旗袍的少妇，从他们方方正正的四合院的大门里探出头，再小心翼翼地迈出步子匆匆离去。总之，一切看起来还是那个天空飘着京燕风筝，人们脚踩布鞋的老北平。

　　然而，如果你仔细留意，就不难发现这座老城空气中弥漫着的若隐若现的压抑。住在城郊卢沟桥附近的人们，夜深的梦中或许还会浮现三年前石狮在隆隆炮声中凄切的低吼——这千年古国的都城，如今已在日寇的铁蹄下沦陷；城中的人们，即使在秋高气爽的艳阳天，也难以昂首阔步地走在自己国家的路上。

　　就这一年的秋天，十五岁的我作别唐山淑德女中，怀着忐忑不安的心情来到东城区灯市口的一条胡同，开始了在贝满女子中学的生活。那时的我大约不会想到，1940—1943 年这短暂的时光，竟会给自己留下耄耋之年仍满怀深情的无尽回忆。

　　灯市口东北边的第一个胡同叫佟府夹道，这是一个东拐西歪的仅几十米长的断头胡同。如果因入口的凌乱而止步不前，那么你将会错过其中别有洞天的风景：这所建于 1864 年的贝满女中，是中国最早的女子学校，也是北京近代最早引进西方教育的学校。在今天的北京，人们叫她 166 中学。著名作家谢冰心、新中国第一任卫生部长兼红十字会会长李德全、中国第一位南丁格尔奖章获得者王琇瑛、上海复旦大学原校长谢希德，以及戏剧家孙维世等，都是从这里走出的知名校友。当然，这里也是我最为热爱和怀念的母校。

公理会教堂：贝满女中、育英中学学生都曾在此开会

佟府夹道贝满女中高中部旧址

从她的名字你大概可以猜出，贝满女中也是当时并不鲜见的教会学校之一。直指苍穹的高耸塔尖，修长浑圆的坚实束柱，刻绘圣经故事的花窗玻璃……基督教文化从校舍外观就可窥斑见豹。学校的捐建者贝满夫人既是美国基督教公理会成员，也是该校的第一任校长；1940 年在任的校长是管叶羽先生。我毕业时，管校长亲题校训"敬业乐群"四个大字相赠。墨迹遒劲有力、力透纸背，深深地将贝满精神印刻在我年轻的心中，在日后的物理教育工作中不断激励和鞭策着我，是指引我攀越雄峰的明灯。

1943 年贝满女中管叶羽校长给恽瑛的题词

管校长庇护下的"净土"

在1943届毕业班学生的共同记忆中,一定有校长管叶羽先生每个周一晨会上身穿长袍马褂,岿然不动宛如雕塑般沉默伫立的身影。不苟言笑、不怒而威的管校长虽佩戴深度眼睛,却以深邃慈爱的目光注视着一届届学生们进入校门,上交通知簿,列队出早操……直到毕业典礼,她们走上讲台领取毕业证书。不知如此几多经年,从贝满女中毕业的学生之多,或许任教过的老师都不能记住每个学生的名字,而管校长却能做到每每在颁发毕业证时,准确无误地将证书交给学生。据1943班的陈美德回忆,她在贝满女中仅仅就读一年时间,而毕业五年后校长仍然记得她,并帮助她在培元小学找到了一份担任班主任的工作。但最让我感动的,莫过于身处沦陷的北平,管校长仍以他炽烈的爱国情怀和执着的教育信念,让贝满女中成为偌大京城中鲜有的安谧恬淡的净土。

说到这里,不能不提的便是多亏管校长的努力,学生才得以在不受过多压迫的环境中进行日语学习这一"例行公事"。

1942年春的一天,我一如既往早早地进入教室,边听着同学们讨论太平洋战场上美日战争的情况,边拿出课本做着课前准备。而上课铃打过后,步入教室的却是一个陌生面孔的人。他面色苍白,嘴唇紧紧地抿着,目光只飞快地向台下一扫,便转身拿起粉笔在黑板上写字。粉笔叩着黑板的声音清脆可闻,而随着字迹在学生面前铺展开来,教室的空气里开始弥漫着躁动。

"这是谁啊?怎么不自我介绍,也不点名?"

"快看!他写的是不是日文?"

"啊,是日语的片假名!原来是日语的老师啊!"

"什么老师!分明是日本人的狗腿子!"

不知谁小声说了这么一句,讲台下几十个少女的目光瞬间从困惑、怀疑齐刷刷地变成了愤怒,其如滚烫的火焰纷纷投到了黑板前中年人写着日文的手上。老师似乎感受到了台下的异动,写字的动作慢慢地停了下来。他仿佛僵住了一般默默站了几秒,学生的议论声也随之渐渐地减弱。接着,他在几番踌躇后,终于慢慢地回过身抬起头,目光凝滞,那一刻的时间仿佛被无限拉长——几颗硕大的泪珠从中年人的眼眶滑落,以不可遏制的势头留在了刻画沧桑的脸颊上。

管叶羽校长在办公室

"我也是无可奈何啊，孩子们！"

这句话虽然没有被说出口，却在全班同学的鼓膜旁回响，爱国之心与亡国之耻交织如刺耳的防空警报，越来越强烈地撞击着年轻的心房。

突然，不知谁带头，开始用低沉的声音念着黑板上佶屈聱牙的字符。就这样，我也和全班同学一起，一面擦着眼泪，一面读着字母。我们非常清楚，这不是在读日文，而是在用另一种方式呐喊出对侵略者的仇恨。后来贝满女中夜晚的自习室里，常常传出"我的家在东北松花江上"的歌声，少女的合唱响亮清脆，澎湃的青春热血足以驱散对日伪的恐惧。

也许你会怀疑，在有日本教官监视的学校里，怎会有这样的举动发生？是的，如果没有管校长，贝满女中或许也成了日伪操纵下的殖民教育机构。我仍然记得在一次演讲比赛中，同学张遵修因为表现出抗日情绪而排名最末。性情刚烈的姑娘一怒之下将书包掷出几丈远。当时整个大礼堂在场的同学都面面相觑，我也下意识地向不远处的东厢房瞟了瞟：要知道，日本教官的办公室就在那里，大礼堂里的情形完全可以看得一清二楚！几乎所有同学都为张遵修捏了把汗。然而，一天过去，两天过去……什么都没有发生。新调来的那个苍白文弱的日文老师仍然只是终日躲在房间与书本为伍，除了上课之外，几乎不与外界接触。后来有同学向语文教师陈哲文先生提出了心中的疑惑：为什么张遵修没有受到处分？

"教育局长非常敬佩管校长,因而按照校长的意愿,派了一个厌战青年来贝满教日语。"陈先生顿了顿,"你们真应该好好感谢管校长才是。"1940—1943年,沦陷了的北平,随处可见日伪政权肆意横行的痕迹。即使受到学校保护的学生们,有时也不免要到太和殿列队开会,听日本侵略者关于"大东亚共荣圈"云云的训话。但管校长争取厌战青年担任日语教官,利用自习课增加英语课时等的种种努力,确是为贝满女中的学生营造了宁静的校园氛围。

管校长时时以"敬业乐群"的校训教导我们,他是我心目中敬重又慈祥的长者。他的形象在我脑海中十分清晰,每周在学校"训怀堂"或公理会礼堂的周会上,他都要教导我们学习、做人的道理,"敬业乐群"校训也就深深地印在我的心中。三年中教过我们的老师,每位都是学养深厚、无愧于为人师表之职的知识精英:语文、英文、史地的陈哲文、林懿铿、宋毓真老师等诸位上课时的音容笑貌,如今仍历历在目,如宋毓真老师教历史、地理时,将过去的事态讲得栩栩如生,听她的课本身就是一种享受,本不是主课的史地课,却受到广大同学们喜爱。也正是因为她,我才养成了爱了解历史、爱看地图的习惯。教数学、物理、化学、生物的杨学英、潘佩珍、孙念台、梁毓利老师,也同样令我们敬佩、爱戴。由此可见,管校长是多么重视选拔教师,无论哪一位,都是全心全意地教育学生。我衷心感谢老师们对我的那种热情、深厚的教导,使我从懵懂的女孩子,渐渐理解如何做人、如何学习、如何善待同学。在这三年中,我不仅刻苦学习以提高自己,也愿意去帮助同学。当毕业50年后,1993年同学们再相遇时,同班张葆林同学还半开玩笑地对我说,"那时我经常在晚自习问你问题,你能不厌其烦地给我讲解,谢谢你了!"多么亲切、友爱的话语呀!

"铿锵玫瑰"大林先生

1980年,教育部首次委派包括我在内的四名物理教师赴美进行物理教育的调研访问。在纽约州的 RPI(Rensselaer Polytechnic Institute)国际会议中,美国著名物理教育学家 Resnick 教授和我相谈甚欢。突然 Resnick 教授好像想起了什么,问道:"Have you ever been abroad?(以前出过国吗?)"我不假思索地回答说:"First time!(第一次!)"高鼻梁的老教授十分惊讶:"Your English is pretty good!(你的英语讲得真好!)"他还表示不相信那是我第一次出国。

林懿铿先生

每每回忆起这个片段，心里都会有一股自豪和感激之情油然而生：虽然我 30 年内未使用英文，竟然还能与美国人交流！我想，正是大林先生为我打下了良好的英语基础，才使我的英语有了一个质的提高。乃至 21 世纪初编写《双语物理导论》教材时英语的灵活运用，都可说是那位"严厉而可亲可敬"的大林先生的功劳。

这里反复提到的大林先生，便是我就读贝满女中时的英文老师林懿铿。当时贝满的英文上课方式是：将学生按水平分成 A、B、C、D 四个班级授课，有点类似今天大学新生入学后按测试成绩分班。遗憾的是，我由于初中时期英文水平有限，被分入了 B 班。

对于其他孩子来说，分入 B 班或许还是一件值得开心的事情。然而我却是天性倔强，无论做什么事都力求达到最好，在英语学习上自然也是不甘落后。每次经过 A 班教室的门口，看着同学们跟大林先生一起朗读课文，而自己却不能参与其中时，我都在心中暗暗下决心："一定要努力！总有一天我也会成为 A 班的一员！"

1943 届甲班与大林先生（第二排右一）合影
第一排右五为恽瑛

然而上坡路走起来往往崎岖而费力，学习更是如此。B 班的英语教师是大林先生的妹妹，学生们都亲切地称她为二林先生。二林先生虽不及姐姐那般有着令人敬畏的气场，却胜在亲切温和。对学生知识上薄弱的环节，一直是循循善诱、不厌其烦地教导。我记得，每逢听见英文课中间敲响的公理会教堂钟声，都会暗暗地松一口气。这是因为，英文课的前半堂历来都是老师提问、学生到黑板前作答的时间。虽然答错也不会受到斥责，但我难以容忍自己站在讲台上，面对问题不知所措的尴尬。为了尽快提升自己的水平，我往往是课上打起十二分的精神，如海绵吸水一般试图将老师说的每一句话都记在心里；下课时则是走路也琢磨刚刚学到的新句式，口中不时还念念有词。同学有时会和我开玩笑："你真是着了魔啦！"而我往往也会笑一笑，继续着自己水滴石穿的努力。

　　终于，第一次月考结束，当我在 B 班的教室开始收拾自己的课本，旁边的姑娘好奇地探过头来："恽瑛，你这是干什么啊？""我要去 A 班上英语课呀！"顿时，惊讶和羡慕的目光纷纷从四面八方投来。听到预备铃响起，我来不及向周围的同学多说，抓起书包匆匆穿过庭院，向着 A 班的教室跑去。我从未有此刻这般觉得自己的步伐如此轻快，路过的紫藤花架从未如此娇艳可人，自豪、期待和面临更大挑战的忐忑杂陈于胸臆，汇成了我日后更加努力学习的原动力。就这样，我开始了师从大林先生的三年英语学习。

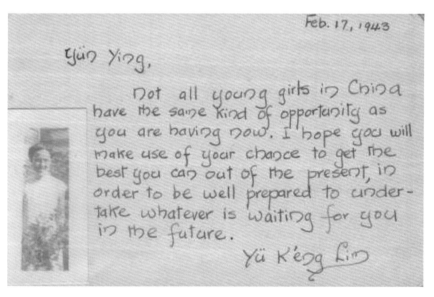

1943 年贝满女中林懿铿先生给恽瑛的题词

林懿铿先生是当时北京协和医院著名妇产科医生林巧稚的亲侄女，治学之严谨与其姑妈行医的严肃如出一辙。相比二林先生，大林先生确实让人觉得有几分"害怕"。如果答错了问题，她也不作提示，只是看着你，等着你自己发觉和纠正错误之处。为了避免难堪的处境，我和同学们不得不比以前还要加倍地在英语上投入精力，看短篇文章甚至英文报纸都成了日常学习的一部分。

授课的种种细节或许会被漫长的岁月浪潮打磨失于漫漶，让我至今仍念念不忘的，乃是大林先生的毕业题词。在四十年代混沌的社会环境中，坚守于教育这块净土，用圆润优美的英文题词给予学生源源不断的精神动力，正是大林先生"敬业乐群"精神的具化。她在给我的赠言中这样写道："并非所有的青葱少女都能如你般拥有现在的机遇。愿你充分利用现有的机会，以备未来迎接更大的挑战。"

而我也没有令大林先生失望，在日后数十年的工作中，不断为成为受学生爱戴、同事尊敬的优秀教师而努力着。

同舟共济的青葱韶年

在管校长、大林先生等贝满女中教师的庇护和教导下，我和同学们不仅享受着当时中国为数不多的现代教育，更有幸在战火纷扰、人心难安的年代获得一片能够踏实学习的宁静园地。这也为贝满女中的毕业生们日后在各自工作领域取得卓越的成就打下了坚实的基础。而尤为难能可贵的是，在学好文化课程的同时，贝满课外的文娱活动同样精彩纷呈，即使在今天看来也有值得借鉴模仿之处。我还记得那时贝满的琴房里，常常传出动听

1942年，恽瑛（右一）与高中同学陈炳熙（后）、李丽君的合影

排完"高三"，我们就毕业了

贝满女中1943届毕业生与管校长（第一排中）、大林先生（第三排左一）合影，第三排左二为恽瑛

的琴声，学生们唱着"晚来秋风，吹呀吹的帘旗动"，仿佛一群无忧无虑的鸟儿。四十年代的学生，就已经独立改编、排演《红楼梦》《傲慢与偏见》等中外名著……我当时的好友陈炳熙精通诗词格律，常常在被称为"十间房"的二人宿舍里与不擅长作文的我切磋探讨。同学兼室友的情谊逾越了时间的鸿沟，我们二人直到七八十年代仍然保持着联系，曾在天津小白楼的咖啡馆里相会，谈天说地、品尝西点，看窗外车水马龙，念沧海桑田，忆昔抚今，笑声朗朗，不知老之已至。

我所在的1943届毕业班的同学，大多以理科见长。这些秀外慧中的花季少女大多早在刚入学的高一年级就参加了理科实习。而我在那时的物理课程学习中，就已崭露头角。潘佩珍、孙念台两位老师都曾任教我所在班级的物理课，他们巧妙地将枯燥的原理化为幽默风趣的比方，并鼓励学生们动手实验，在实践中加深对知识的理解。而我则在老师精辟讲解的基础上，发挥自己的禀赋与勤勉，成了物理学习的佼佼者。我在课上常常是笔不离手，耳朵听着老师的讲解，笔头一步不落地演算，非要把每个公式的来龙去脉亲自推演一遍才算罢休。不太擅长物理的同学常常开玩笑称与我同座是"近水楼台先得月"，每每物理课后，或是大考之前，我的座位旁边总是被同学们围得水泄不通。三年的时光，就这样在同学之间的讨论和切磋中飞逝，成为记忆相簿中色调温暖的一帧。

囿于日伪政权的压力，1943届的毕业典礼没有白色的毕业服，也没有齐唱"可爱可亲我贝满，谆谆训育青年，敬业乐群为我校训，同学一齐奋勉……"的校歌，管校长依然严肃，与身着蓝布裙的学生合影留念。但这并不妨碍贝满给我和同学们

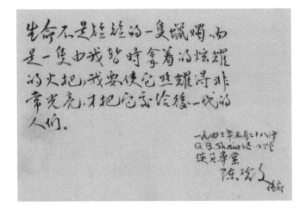

语文老师陈哲文的题词

留下美好而深刻的回忆。除我以外，1943班的很多同学在日后的工作中也取得了令人瞩目的成就。在毕业六十周年的纪念册中，大家纷纷撰文回忆少女时代在贝满度过的青葱韶华，笔触质朴无华，却有着温暖人心、激励后辈的强大力量，究其原因，应是校园安宁的环境、教师的耐心教导和执着的信念。陈哲文先生的"生命不是短短的一支蜡烛，而是一支由我暂时拿着的炫耀的火把"、孙念台先生的"望你再能自强不息，努力造就第二种人所谓的天才"的赠言都已成为我永远珍藏的记忆。贝满精神是时代的产物，而这时代的痕迹在我们的努力下得以传承，实值得纪念与欣慰。

1943级同窗，友谊长存

能够在抗战的特殊时期拥有如此纯净而焕发生机的中学时光，本已足够令人惊羡，然而更难能可贵的是，毕业以后，当年的同窗们分别在1984年、1994年参加贝满120、130周年校庆，1943级均有34人参加。而于1993年9月举办的毕业50年庆，更有多达45名同学参加。此后，经常有在全国各地的同学来到北京会面，欢庆谈心，均是毕业半世纪以后的团聚。我们好像又回到了年轻时代，多么开心、快乐！

2003年年底在李遥岑家，同学梁兆华通过电话倡议编一本纪念册，作为永久的纪念。希望每人能从各人的角度，写出对母校理解、怀念的短文。这一号召即刻得到广泛反响，40多位1943级同学写了各自的记忆，文章虽短小，情感却溢于言表，张遵修、傅愫冉、李婉莹将此汇编，并在孙亦彬的共同努力下，2004年编印成《贝满女中1943班毕业60周年纪念册》。这本16开朴素无华的册子，在我心里如有千钧，沉淀在心底难以磨灭。

1993年9月,1943届同学毕业50周年会聚北京
与生物老师梁毓利(第一排右三)、物理老师孙念台(第一排右二)等合影留念,第三排右一为恽瑛

1994年,1943届同学庆祝母校贝满女中130周年校庆,会聚北京166中学(前身即贝满女中),第二排左八为恽瑛

1998年5月,1943届同学毕业55周年会聚于北京女青年会,第二排左五为恽瑛

2004年,1943届同学毕业61年会聚于北京166中学,第三排右二为恽瑛

2014年贝满女中成立150周年校庆会上，毕业71年的1943届同学合影
左起：赵培坤、史敬孚、恽瑛、孙亦彬

在2014年贝满女中建校150周年之时，这些皓首苍苍的老人仍能故地重游，在母校相聚。在这值得纪念的日子里，我将珍藏了70年的一本纪念册送给了现任贝满女中（现166中学）的王校长，那上面有1943年我毕业时请19位老师给我的题词。同时写了一篇《珍藏70年的贝满女中纪念册和我的成长——向母校汇报》的文章。当时，王校长笑着问我："你舍得吗？"我说："有点舍不得，但纪念册放在学校，比放在我那里更有意义。"在场的师生都颔首微笑了。

绵延终生的同学情谊，不仅让国内的同窗有机会共叙青葱记忆，还将海内外校友紧紧联系到一起。现任教于美国明尼苏达大学的袁昭颖教授，是1944级毕业生，她不仅与我同在贝满读高中，更一同在辅仁大学（北平）继续深造，在得知我撰写回忆录后，她深情赠言道：

栽培桃李，交友四方。德高望重，完美人生。

诚如袁昭颖所说："没有一位贝满校友不以母校为荣，且热恋贝满给我们的可爱时光。贝满的敬业乐群教育，课外文娱和体育活动，以及同你这样淳厚聪明的同学切磋，打好我们日后工作基础。"

母校！我们热爱您！

张梓烨 整理

辅仁情结——追忆辅仁大学学习点滴

我在1943—1947年就读于北平辅仁大学。四年里,受教于许多知名教授,如国文启功老师、大学物理王普老师、电磁学褚圣麟老师、高等微积分徐献瑜老师等等。虽然我自信能努力读书,但还不懂得应该在学习中多思考、多研究、多提问、多从老师那里吸取营养。直到自己从教后,才逐步明白了这个道理,才下决心一定要培养低年级的学生——要从大一开始,就培养孩子们做研究性工作、自主学习的习惯,要让他们养成阅读、应用英语资料的能力。这也是我能在二十世纪末提出"两个及早"教学理念的原因之一。

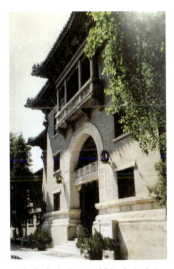

北京定阜大街一号辅仁大学大门

但说到底,这些想法成长起来的土壤,都来源于我在辅仁接受高等教育时的基础。这里,回忆在辅仁大学的几个美好片段。

一、踏进辅仁大学校门

1943年夏,从贝满毕业后,同班同学都考虑要到哪里去呢?那时,北平是沦陷区,多数同学虽想报考大学,但大家又都不愿意在日寇的铁蹄下讨生活。于是,想报考燕京、辅仁两教会学校的同学就比较多了。我因为姐姐恽琬已就读于辅仁大学化学系三年级,就考入了物理系。当时,同样毕业于贝满中学的同学中,有傅愫冉、潘华珍等十余人考入辅大化学系,因化学系有主任卜乐天、萨本栋等知名教授,名声和实质都是比较强的,故报考的学生就相当多,贝满应届毕业生中进入物理系的只有我一人。

辅仁大学本部位于北平西城定阜大街,街的东端是李广桥,再往前就是旧恭王府了，也就是女院，前面两道门内的建筑是修女的住处，后面才是女生宿舍，即旧恭王府最后排的所谓"九十九间半"，即瞻霁楼和宝约楼。那是东西走向的长条二层楼建筑，每层约有20来个房间，大小不一。我在一年级时，与姐姐等3人住一楼西端的第23宿舍，二年级住5人的第16宿舍，最后搬到二楼的第43宿舍。毕竟是曾经的王府，那里房屋的气势十分宏伟。男生不能进入女生宿舍，如若找人，就由大门处的门房大爷进来高呼："×××小姐，有人找"，如今想来，也别有一番风味。

大学一年级的数学、物理、化学是上大班课，理学院的同学都在特定的阶梯教室内上课，教室可容纳一百余人。我是抱着一种好奇心面对如此众多的陌生面孔和全新的环境，又忐忑不安，不知能否达到大学的学习要求。大一的大学物理课程由王普教授授课。犹记得第一次开课，他便让每人答一份物理试卷。由于中学的基础较好，我认为考得还不错。果不其然，第二次授课时，王普教授将考试成绩为100分的学生名字写在黑板上，我的名字也"赫然在列"，不免暗暗自喜，同学们也对我报以赞叹的眼光。但"第一炮"虽然打响了，不等于今后的学习就一帆风顺，我丝毫不敢懈怠地读完这门课程。

除了物理，印象尤深的还有化学课。大一化学课的期终考试很有特色，要求每位同学都要独立完成一个"Unknown"实验：教师给每人一个化学试剂，学生必须各自分析出它的化学成分，这相当于一个课题，它要求学生独立思考、独立操作，有步骤、有条理地进行分析，这对培养学生的独立工作能力十分有利。我的实验技能不好，拿到试剂后如获至宝般小心地捧在手里，万分认真地一步步进行实验，最终通过时的喜悦也自不必多言！这一情景，距今已七十余年，仍然历历在目。

英语也是辅仁的必修课。大一英语是一位修女教的，她是德国人，不仅教授英文，还教授微积分。虽然她的教学态度十分认真，对同学也很友善，可是她的专业能力却实在不敢恭维。我虽然考试成绩很好，真正学到的知识却并不多。但我认为那也应该责怪自己，缺少自主学习的钻研精神。二年级之后，我又选修她的德文课程有两年之久，当时已能交流、会话，自认为学得不错，可是毕业以后，未能坚持继续学习，慢慢地就荒废了，如今想来真是太可惜了。但一次的遗憾并没有引起我的注意，没有吸取这一教训的我，在1953年南京工学院再学习俄文时重蹈覆辙，当时成绩不错，随后不用，功亏一篑。这两次给我的教训，使我后来醒悟到，做什么事必须坚持到底，不怕困难，迎难而上，否则注定要"竹篮打水一场空"。

二、回忆辅仁同学

我是1947年毕业的,除了老师,还想回忆回忆1946级的两位杰出校友——张礼和邓昌黎,他们不仅是班上的"尖子",也是物理系的佼佼者,国际上有名望的学者。

2015年清华寓所,张礼(右)、刘益清夫妇

我和张礼虽然是同龄,我却看他似长兄,他也将我视作不懂事的小师妹。四五十年后,当我们在清华大学他家里再相遇时,才知他的夫人是1945级的刘益清(天津名门之后),他们两人仍然是一副长兄长嫂的味道。是啊,当初在辅仁上学时,我遇到困难,就会找张礼求教。1946年我们临别前,他在我的纪念册上写道:"不要怨别人的诽谤,更不要爱别人的谀扬;不要为自己的优异而欣喜,更不要为自己的缺陷而悲伤。"

他定是看出我的优缺点所在,希望我牢记他的告诫,而我也确实铭记至今,也对我的人生道路上如何更好地成长有着指导的作用。

1946年张礼学长给恽瑛纪念册上的赠言

我十分钦佩张礼师兄对物理专业的执着精神。辅仁毕业后,他赴美深造,回国后,曾在青岛、天津任教,后到清华大学高等研究院(由杨振宁先生领导)工作至今。张礼师兄的毅力也非常人能及,他每天清晨在操场跑步,回家冲洗后即到科学馆工作,几十年如一日。每次与他见面或通电话,都能感受到他对做学问的热爱与执着。他直到今天仍然在讲台上授课,不断地指导研究生,实在令人佩服。

1993年,我应邀赴美参加 RPI 主办的物理教育国际会议,在去 Troy 的途中可以停留三天。东道主询问我的意愿,我立即想到要在芝加哥停留,因为1977届的赵梅山同学在芝加哥大学工作,而邓昌黎兄当时亦在芝加哥国家原子能实验室工作,他师从世界著名的费米教授,他本人也已是举世闻名的原子物理学家、加速器专家。

然而,我有些顾虑,我们已近五十年没有联系,他又是那么有名望的一位教授,我能贸然去找他吗?我将这疑虑请教张礼,他立即说:当然可以找邓昌黎,大家都是同学,没有高低之分。张礼随即写信给邓昌黎,邓也在第一时间内回信给我,热情地邀请我访问芝加哥,让我感到同学间虽然已相隔几十年未见,友情却依然暖人心!

我与邓昌黎的师兄妹关系不同于张礼,我认为他是一位很有学问的长者,治学严谨,天天在实验室工作。但看似不苟言笑的他,实际上十分平易近人。

1946年,邓昌黎也在我的纪念册上赠言。虽然我那时还不能深刻地理解赠言的用意,却也衷心感谢他的殷殷祝福!

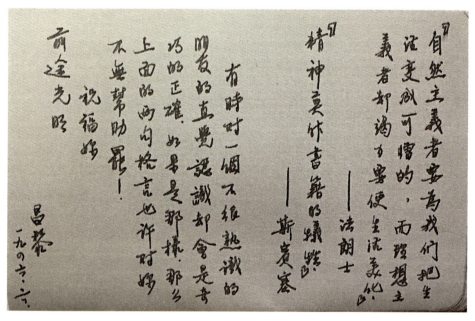

1946年邓昌黎学长给恽瑛纪念册上的赠言

1993年夏,我如约到达芝加哥邓昌黎家。一打开门,那熟悉的面容与五十年前一样,好像我们都从不曾老去。邓昌黎亲自开车带我和陪同的1977届数学师资班吕新一去参观国家实验室。一路上,他不停地介绍有关实验室的情况,并回忆抗战时期的劫难,不停说着"一定要抵制日货,不忘国耻"。其间,小吕不慎,说错了一句话,有些冒犯他,这使我顿时陷入了尴尬的境地,甚至额头都微微发热,但他丝毫不介意,后来还说:

1993年在邓昌黎家，左起：邓昌黎、邓夫人、吕新一

引自《辅仁往事》，为辅仁大学校友会会长王光美（左）和邓昌黎在女院（女院即恭王府女生宿舍）

"我很喜欢你的这位学生。"他说这话是很真诚的，小吕确实是一位聪明、好学的青年。整整一天的行程结束，我深深地感到邓昌黎的爱国情怀、同学友情、大师风范！晚上，与邓氏夫妇共进晚餐，合影留念（可惜我与他们的合影未能找到），其情其景，至今历历在目，说是我人生中最愉快的一天之一也不为过吧！

再来说说我们1947级的同学。入学时，男女同学有三十余人，毕业时却只有十五人，而数学系更只有两人。一、二年级时，男女生之间基本不交流，女生坐前排，男生坐后排。直到四年级，燕京啤酒厂的小老板王垂遵（吾我）同学邀请大家到啤酒厂，全班坐在无篷的卡车上，车走在崎岖不平的公路上，尘土飞扬，男同学不以为苦，因为他们可以不花分文尽情地喝酒，我却认为此行太冤了。21世纪初，我与王吾我在北京再相遇时，才知他已是一位有名的啤酒专家，多次来南京指导金陵啤酒厂的工作，我们恐怕数次在人海擦肩而过，却未能成会面之缘。

夏学江同学给我的第一印象是：穿了一件长衫，一手插在裤袋里，好帅气地、潇洒地走进教室，笑容满面的样子使人感到十分容易相处，但我好似也未与他交谈过。1945年抗日战争胜利后，他又考入清华，再从大一读起，我听了，很佩服他的勇气！想不到，1954年，我们在清华物理教研组再次相遇，他是大学物理的任课教授，我是进修教师，他风度翩翩，授课效果极好，进修教师都称其为"夏老"，以示尊重。我们真正熟悉是在20世纪末。他担任国家教委工科物理课程教学指导委员会主任，那时，我虽已不是委员了，但仍然热心于这一工作，因而还常能一起研究、讨论。夏学江工作极为认真、细心，课指委工作非常繁重，他却能举重若轻地安排委员们的工作。正可谓"上有好榜样，下必极效力"，清华"夏老"的美名也成为大家对他的称谓了。当他卸任后，仍孜孜不倦地伏案工作。每当我遇到困难求助于他时，他都能及时、妥善地为我解围，令我感激不尽。2010年，我问他有关肾功能的药，他认真地回我短信，现虽人已故去，但信件仍在，以作纪念。

21世纪初的某一天，我突然接到一个陌生电话："你是恽瑛吗？我是赵中凯。"一口河南口音，一位身材不高、文静的同学的形象立刻浮现在我眼前，我是多么高兴！赵中凯是为了孙女的论文问题，从王吾我处联系到我。他如今是驻马店电厂的总工，然因病只能与轮椅为伴了。由此，我们每年都通话，讲的都是五六十年前同学间的往事，好像我们又年轻了许多。2015年，他已准备来南京看我，终因病未能如愿，万分遗憾！但这段过程却让我重温了同学间的友情与温暖！

三、辅仁大学南京校友会与台湾辅仁大学

台湾辅仁大学建于1961年，位于台北市，与辅仁大学北京校友会来往甚多。我听说，2000年是辅仁大学建校75周年（自1925年北京辅大建校开始计算），将在台北辅仁大学举行纪念活动。我也很希望参加这一校庆活动，但是，如何能实现呢？左思右想，我试着去请求辅仁大学北京校友会（总会）王光美同志的帮助，她和我是辅仁大学校友，而我现在又是辅仁大学南京校友会会长。1943年，我是辅大一年级新生时，在定阜大街辅大主楼一楼123号物理实验室门前，曾和王光美同志有过一面之缘，那时她已是研究生了。写信给她两三个月后，我收到王光美同志的亲笔签名，以及印有刘少奇同志邮政首日封的来信，我是多么高兴，感谢她还能记得我这小师妹！这使我在2000年能到台北参加校庆纪念活动，又进而促成我于2005年再次去台北参加辅仁大学80周年校庆，更使我有机会与台湾辅仁大学有了进一步的联系。

2002年，台湾辅大李宁远校长专程到东南大学参观访问，并向顾冠群校长赠送礼品，会谈十分融洽。东大校方热情盛宴款待、安排行程，很是周到，使李校长一行感到非常满意、温馨。我们南京校友会特意买了南京咸水鸭分送给每位来宾。宾主相聚甚欢的喜悦仿佛要从合影照片上流淌出来一般清晰可闻。

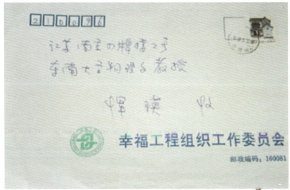

王光美同志于 1998 年给恽瑛的亲笔信函

2000 年辅仁大学北京校友会王振稼副会长（左二）、台北辅大校友会江梦蓉女士（中）与恽瑛（右二）等参加 75 周年校庆在台北辅仁大学校园内合影留念

2005 年辅仁大学 80 周年校庆活动圆山饭店宴会恽瑛的胸牌

2002年辅仁南京校友会部分同志（前排）宴请李宁远（后排右二）校长等一行，前排右二为恽瑛

辅仁大学南京校友会成立于20世纪80年代，挂靠东南大学，它是在管致中院长、统战部尹法声部长的指导和帮助下建立的。经校友们推荐、协商，由我担任会长，副会长为卞学镇（1947级，经济系，南京财经大学经济系主任）、林镜良（1944级，化学系，南京玻纤院总工程师）、吕鸣亚（1952级，教育系，南师大附中校友会会长）为秘书长。初成立时，有三十余位校友，每年都能聚会，年年都与北京总会联系，他们也寄来《辅仁大学校友通讯》，彼此间的联系十分紧密。2010年前后，台湾辅仁大学家政系吴自琛教授和其先生任南明教授也加入了我们的行列，他们先后受聘于东南大学计算机学院、公共卫生学院已有十年之久，为两岸的交流、学生的交换等工作付出了很多心血，也结出了丰实的成果。

2002年台湾辅仁大学李宁远校长向东南大学顾冠群校长赠送礼品

2002年台湾辅仁大学李宁远校长（前排左三）在恽瑛（前排左二）、物理系原系主任黄洪斌（前排左一）陪同下，参观访问东南大学

2015年10月12日，台湾辅仁大学江汉声校长在南京金陵饭店与南京辅大校友饮茶座谈，恽瑛代表校友赠送礼物

2015年10月12日，台湾辅大江汉声校长在南京金陵饭店与南京辅大校友胡漱兰、吴自琛、吕鸣亚等饮茶座谈，右边前四为恽瑛

  2015年10月12日，时任台湾辅仁大学的江汉声校长在南京访问之际，在金陵饭店与南京校友饮茶座谈，这是由吴自琛教授精心安排的，江苏省侨办同志也前来参会，我代表南京校友会向江校长赠送了南京特产——织锦缎挂轴，表达大陆同胞对台湾校友的问候。座谈会期间大家发言十分踊跃，为如何增强两岸学校间友谊，如何加强、沟通学生间交流出谋划策，气氛十分热烈！这正表达了两岸同胞间的真挚友情！

张梓烨 整理

筚路蓝缕的南工岁月

人生漫漫、岁月悠悠。从教近七十年,总有一些往事历历在目,总有些许记忆难以释怀。南京工学院从诞生到发展的时期,也正是我韶华正茂的美好时光,而处于各种境遇所见的阴晴圆缺、喜怒哀乐,也无不被深深打上了时代的烙印,如今回忆起来,依然令人唏嘘不已。

1948 年:从教的起点

1948 年,梅雨连绵的初夏,我来到了南京。之前我曾在 1935 年到过南京,那时就对国立中央大学的大礼堂印象深刻,岂曾知从此竟久久不能忘怀:浑圆的球形穹隆顶、修长的爱奥尼亚式列柱,倾注了中央大学三十年代两位老校长的心血,后来又经多次修缮更气势宏伟,因深厚的历史底蕴而不惧时代变迁的风雨。那时,我便暗下决心,如果将来到南京工作,一定要来中大!这次来南京看到景物依旧,可谓一见如故。

仿佛与中央大学有着奇妙的缘分,通过叔父恽震的推荐,我获得了中央大学面试的机会。当时我刚读完辅仁大学物理系一年硕士课程,正迫切地希望将知识学以致用,到工作的岗位上去一显身手。得到这个机会后,我立即赶来南京,借居叔叔家中。虽然经过一番舟车劳顿,刚刚安顿下来,

东南大学的今昔

我还是马上为面试开始了紧张而忙碌的准备。

然而事情比我想象的要简单得多。当时中大电机系的主任陈章教授看了我的辅仁大学成绩单，因成绩几乎全是 A，他十分满意，随即将成绩单转给了物理系主任施士元教授，而从未谋面的施士元教授在对我简单的面试后，当即就批准了我入职，于是我就成为了中央大学物理系的一名助教，从此开始了与四牌楼的漫长相守。

为了不打扰叔叔一家的生活，我很快就搬到中央大学单身宿舍居住。从文昌桥青年教师宿舍——北舍 102 室到四牌楼中大科学馆（现东大健雄院），物理系办公室旁侧的那条有些硌脚的石子路上，无论晴雨都会有我的身影。这条曾经让我怀揣着些许忐忑但更充溢着对未来希冀的小路，正是我从教近七十年的起点。

1948 年秋，解放战争三大战役开打在即，南京国民政府感到了危机，开始拟将清华大学、交通大学等校迁往台湾。而经历千辛万苦，终于从重庆迁回南京的国立中央大学，却在枪林弹雨中岿然不动，这一现象当时其实已被人们所关注。终于，在这年十月，南京国民政府要求中央大学迁校台湾，但这一指令却遭到了不少在校教师的强烈反对。这些教授中与我关系最为直接的当属在面试时有过一面之缘的物理系主任施士元教授。施士元教授是师从居里夫人并获得博士学位的中国留学生，同时也是后来有"中国的居里夫人"之称的吴健雄教授的导师。当时一听说要迁校，施教授二话不说，将政府分发用于装载实验器材的行李木箱搬上科学馆二楼，然后径直让它从楼梯上滚下。当着在场师生的面儿，箱子应声落地，碎成了四处散落的木板，众人目瞪口呆。这时老先生仿佛有了底气，理直气壮地表明了自己的态度："这种质量的箱子，怎么能撑得到台湾？不迁！"

由于教师们的抵制，蒋介石政府最终未能强迫中央大学迁址，只得任它在战火中勉强求存。然而，国民党节节败退的消息瞒不过学生，潜伏在南京的中共地下党为解放南京而积极工作，指导学生运动。1949 年 4 月 1 日，中央大学物理系的程履绎同学参加学生示威游行，在与军警的冲突中不幸牺牲。这次惨案在中大校史新中国成立前的书页上溅上了青年的鲜血，触目惊心的同时也令人扼腕。

1949 年 4 月 23 日，青天白日旗终于换成了猎猎红旗，中央大学也即将开始她命运中的新历程。而我从北平辅仁大学毕业至 1952 年院系调整，经历了多种锻炼，一个懵懵懂懂不谙世事的青年开始逐步悟出了一些为人之道。

1950年与助教会同事夏漱芳（右一，生物系，彭加木夫人）、黄老师（左一，电机系）在文昌桥助教会办公室门口合影

南京工学院建校初期物理教研组女同事恽瑛（左）、郑速敏（中）、朱培平（右）

1951年理学院团支部合影
第一排左起：王业宁（物理系）、恽瑛（物理系）、余碧筠（心理系）；
第二排左起：徐家福（数学系）、俞剑华（地质系）、杨璋（化学系）、王景和（心理系）
第三排左起：王德滋（地质系）、刘世熠（心理系）、丁树荣（生物系）、梁昆淼（物理系）

　　中华人民共和国成立初期，经济凋敝，社会秩序仍然不甚安定。这段时间学校里先后成立了军管会和助教会，我当时担任理学院院长张江树教授的秘书。

　　这样的生活持续了一段时间。1950年初，组织上派我到金陵中学参加为期将近一个月的大中学教师的"寒假学习班"，之后又参加了南京市教育工会成立的筹备工作。1950年夏，我加入了共青团，并积极参加了由青年教师组成的助教会，与地理系宋家泰等同志刻写、印刷、出版助教会的油印小报，几乎每晚都工作到深夜。之后，我担任过理学院团支部书记等职务。春夏流转之间，我也渐渐适应并习惯了新的工作节奏，渐渐感到自己已融入了这所学风踏实的高校。

我做事雷厉风行，凡是组织上安排的工作，都满怀激情地去完成。工作提高了我的爱国情怀。五十年代初抗美援朝时期，我将父亲寄来的本准备与邓家贤同志结婚的嫁妆费3000元（相当于我当时5年的工资）毫不迟疑地悉数捐献给了国家。当时我的心愿是：国家不能再受到外来侵略，不能再蹈覆辙，要为建设强大的新中国贡献自己一份微薄的力量。

三年时光如白驹过隙。1952年为响应党中央"培养工业建设人才和师资"的号召，全国高校对当时的各个院系进行了重新组合，此事件后来被称为"院系调整"。在我工作的国立南京大学，将原工学院的机械工程系、土木工程系、化学工程系、建筑工程系、电机工程系及农学院食品工业系共6个系，与金陵大学化工系和电机系，江南大学机械系、电机系和食品工业系合并，同时吸收上海交通大学、浙江大学等校分配来的教师，成立了多科性的工业大学——南京工学院（今东南大学），并由汪海粟担任校党委书记（后兼任院长）。原国立南京大学理学院的数学、物理、化学、心理等系的大部分教师搬到当时金陵大学的汉口路校址组建新的南京大学，留在四牌楼的数学、物理、化学、外语、体育等学科被调整为南京工学院的教研组，加上马列教研组，组成基础部，由肖焜焘同志任党支部书记，马遵庭教授为主任。

1954年：赴清华进修

五十年代，高等教育界"北清华，南南工"的赞誉让很多南工师生引以为豪。然而在盛名之下，更多的是"筚路蓝缕，以启山林"那不为人知的艰辛。

1952年院系调整时，我被分配到新成立的南京工学院物理教研组。教研组主任为沙玉彦教授，马文蔚任秘书，教师还有从金陵大学来的倪尚达教授、李沛滋、朱培平，以及上海交通大学来的杨景才副教授、阮名成、卞祖芬、汪玉芝、苏耀中，浙江大学来的陈维昆、陈宏贲、李志坚等，安徽大学来的马文蔚、毕业留校的戴元本等，连同我共8所高校26人，我担任助教兼团支书。老师们虽来自不同的学校，但在沙玉彦教授的领导下，却都能团结一心，不顾简陋的条件，积极、忙碌地在四牌楼的三江院开辟物理实验室，在科学馆前的印刷工厂二楼认真备课、切磋。我们开出的大学物理和物理实验课程都得到了学生的好评。

南工物理教研组成立时就明确了同时属于"工、水、航"三院。1953年，本组的卞祖芬、汪玉芝、施国钧、朱家祺、陈宏贲、张俊民等老师被

南京工学院基础部部分教师，前排右三为恽瑛

五十年代，南京工学院物理组部分老师摄于科学馆前（今健雄院），前排右二为恽瑛

2006年,南京工学院物理教研组部分老师重逢于北京戴元本家
左起:戴元本、李沛滋、朱培平、恽瑛、陈宏贲

2014年,南京工学院物理组老朋友再相遇
右起:陈宏贲、马文蔚、钱登、恽瑛、颜兴镑、柯景凤、苏耀中、苏耀中夫人、苏耀中女儿

分配到华东水利学院（今河海大学）；陈维昆、李志坚、史镇华等被分到华东航空学院（今西北工业大学）。1958年，以南京工学院食品工业系的教师为主（也有其他专业的部分教师），组建了无锡轻工业学院，南工的朱培平、葛元欣等物理教师被派往该校任职。同年，又以南京工学院化学工程系的教师为主组建了南京化工学院（今南京工业大学），杨景才、汪松年等物理教师被分到该校。1950年代后期，南京工学院物理教研组的阮名成老师被派去支援南京航空学院（今南京航空航天大学），苏耀中老师被派去支援徐州师范学院（今江苏师范大学）。这些教师，在各自的岗位上兢兢业业、不懈地为大学物理教育奉献自己，后来都成为了上述学校物理系（物理教研组）的领导或骨干教师。

在此期间，我虽然是个年轻的助教，但做各种事情总抱着"凡事争第一"的好胜心，工作努力的程度让汪海粟院长对我印象深刻。1953年学校评先进，汪院长在大会上还幽默地提醒在场人员："你们别忘了，还有恽瑛这个积极分子呢！"也正是在这一年，我正式成为了一名讲师。但对我而言，深感这些还远远不够。对于如何提升教学质量等诸多问题，我一直在寻找突破口。就在此时，一个契机出现了。

五十年代初，中国与苏联的关系渐入佳境，多名苏联专家被派到中国参与战后重建工作。1954年春，国家决定全国26所著名高校，每校选拔一位表现优秀的青年物理教师到清华大学进行为期一年半的进修学习。进修期间，大学物理基础课程均由苏联派出的物理专家巴巴诺夫讲授。我有幸被选拔为南京工学院的年轻教师代表参加了该进修班的学习，这也为我之后的教学创新工作奠定了坚实的基础。

其实，在前往清华进修之前，我并非没有犹豫。1954年2月的一个下午，我在办公室接到了学校人事处的电话，放下手中批改的作业匆匆赶了过去。人事处的王民栋处长开门见山，直奔主题："学校要派你去清华大学参加物理教师进修班，向苏联专家巴巴诺夫教授学习，你愿意吗？"

"我当然愿意！"听到处长的话，我仿佛听到内心的欢呼声。之前看着其他老师去哈工大学习，自己只有眼巴巴羡慕的份儿，现在机会来了，怎能轻易放过！然而这句话却没有真的讲出口。我想起了儿子建明，我的第一个孩子刚刚出生才三个月，尚在襁褓之中的婴儿，怎么能离开母亲的照顾呢？

处长似乎看出了我内心的矛盾和犹豫，劝我以大局为重，努力为南京工学院和物理教研组做贡献。当我想起学生们孜孜以求的目光及自己因为无法解决问题而坐立不安的煎熬时,就暗自下定决心:一定要借助这次进修的机会进一步充实、提高自己的教学水平。于是,我忍痛决定给儿子断奶,并将他交给保姆照顾,自己则只身前往北京。后来儿子 9 个月时,因保姆回老家无人照顾,我又只得将孩子带到北京,从每个月五十三元的微薄收入中拿出三十六元交给清华幼儿园作为保育费。让我至今对儿子抱有歉意的还有这样一件小事,进修班结束到沈阳工厂参观学习时,突然接到管致中副院长的通知,命我即刻回学校参加运动。我实在来不及去北京接孩子,后来不得不托动力系李先彬老师将哭个不停的孩子顺路带回南京。为此我母亲责怪说:"没见过你这样当妈妈的!"但即使如此,"我是一名教师,教师就要对学生负责"的念头始终支撑着我,尽管心怀对儿子的愧疚,仍然完成了在清华进修班的学习。

当时在清华进修班学习的青年教师来自五湖四海,大约不到三十人。除我之外,还有来自北京邮电学院的杨诚明、同济大学的周涵可、西北工业大学的李志坚、北京矿业学院的工晋康等。这批"进修教师",后来都成为相关工科院校的物理教学骨干。正如 2011 年部分当年的进修教师再次聚会清华时,时任清华大学理学院副院长的吴念乐教授所说:"当时的

与清华进修女教师在沈阳工厂时的合影(1955 年),右一为恽瑛

1954—1955 年在清华进修的部分老师于 2005 年参加清华大学校庆，在清华再相见
前排左起：章士林、恽瑛
后排左起：马元明、张志超、陈宏贲、夏学江、刘定宇、王玉森、沈本善

1954—1955 年在清华进修的部分老师于 2011 年在清华再相见
前排左起：陈宏贲、马元明、恽瑛、章士林、沈本善
后排左起：宋鸿国、徐炎、刘定宇、李志坚、夏学江、张泽瑜

进修教师开创了全国工科物理教学的先河。"

在学习期间，大家共同切磋探讨，我以"从学生的角度思考"为努力的方向，逐渐开始揣摩出学生学习物理时出现困难的原因。在此基础上不断总结教学心得并对症下药，在题目中设计"陷阱"让学生理解自己的薄弱环节——这便是我后来编写《习题指导书》的灵感源泉。

教育部对拥有最优秀师资的清华物理教研室也格外重视，在这里成立了一个专门的教材编写组。来自浙江大学的王谟显、同济大学的江之永、大连工学院的王志符和哈尔滨工业大学的孙瑞蕃四位教授共同编写了《物理学》，因封面为黄色，大家称之为"黄皮书"，它成为国内第一本工科物理专用教材。

这些老前辈们严谨治学的态度让我终生难忘，而我在研修期间的勤勉好学也获得了老教授们的赏识：1961年准备出版《普通物理习题集（附习题指导书）》时，上海交通大学的程守洙教授（当时的物理编委会主任）和同济大学的江之永教授（编委会副主任）专程从上海来南京，指定我进行这一教材的编写。

清华进修班一年半的学习使我受益匪浅。它不仅让我了解了苏联基础课程教学的结构、方法，而且对我在六十年代初编写《普通物理习题集（附习题指导书）》也产生了积极的影响。更重要的是，还学到了教师必须要对学生有爱心和一丝不苟的教学态度；同时，我也向26所高校的老师们学到了很多做事、做学问的道理，了解了自己在业务上的不足，知不足而后才能不断求得进步，这是一份十分可贵的教学财富，它对我以后数十年的工科物理教学起到了承上启下的作用。

正是因为有了这期间打下的基础和之后的努力，才使我有幸在1977年参加了"文革"后历史转折时期召开的"第一次全国教育大会"，也就是著名的北京"清河会议"。邓小平等中央领导同志接见了参加会议的全国代表，其中有全国工科院校基础课教材编写委员会的众多教师，但工科物理基础课方面的代表仅有四位，我是其中之一。我非常高兴能够保留了40年前的这张珍贵的大会全体代表合影照片。

在这次全国高等学校工科基础课教材编写委员会中，清华学习期间打下的基础使我能够很好地理解国家教委对高校教育工作的精神和要求，而我自己所做的工作以及在会上发表的意见也得到了与会者的认可，不久后入选1980—1990年期间国家教委工科物理教学指导委员会委员，在推动中国工科物理教学改革方面获得了更大的工作空间。此外，清华及之后的学习也使我更加认识到,国家只有富强才能有未来,而国家的富强离不开人才培养,大学教育只有高质量地快速发展,才能使我们国家人才辈出。所以,在后来的教学生涯中,我倾注了自己的全力。

1957 年:忍辱负重的邓家贤

筚路蓝缕的南工岁月中,与爱人的相遇可谓是那一时代的一道光芒。即使我们早已分隔阴阳两世界,那段回忆仍因有他而熠熠生辉。我爱人邓家贤 1947 年从中央大学机械系毕业留校,在此之前就加入了地下党的外围组织南京"中央大学校友联谊会"(简称"校联")及"蓓蕾社",积极参加活动,在学生社团中有着相当的影响力,并给予地下党的同志们很多支持。1948 年"5·20"前后,国民党在南京搞的白色恐怖日益严重,不少地下党的同志被抓,中央大学的几位地下党同志只能设法自我隐蔽起来。获悉这些同志没有生活来源后,邓家贤拿出自己微薄的薪金,冒着生命危险,数次为他们送钱送物,与他交往的王慧君、吴先桂、袁旭霞等几位地下党的同志深感他的觉悟和情义,多年后还反复提及此事。

更让我们惊喜的是,1989 年,东南大学党组织通过细致的调查和求证,认定邓家贤等六位同志确实参加了地下党外围组织并在新中国成立前为党工作过,批准了他们六位为离休干部的资格。那些年冒着生命危险所做的工作终于被承认了!

邓家贤被留在机械系任助教后,当年就被要求为新生开设"机械制图"课程。刚一毕业就要给学生开大课,对他也是相当大的考验。好在邓家贤是一位吃苦耐劳、坚韧不拔的青年教师,他既能开好课,同时也能积极推进助教会的工作(邓时任该会的主席)。当时在文昌桥教职工宿舍前的空地上,天天清晨都能够看到青年教师按时来做操,助教会的工作也蓬勃开展,如油印小报等等。青年教师们对邓家贤的工作都很赞赏,他虽然年轻,大家却亲切地称他"邓老师"。根据已去世的教务处陈云鹤老师的生前回忆,邓家贤当年曾被学校教师们誉为"南工一支笔""南工六大才子",机械系开大会时,均是由邓家贤作总结性发言。

邓家贤的工作表现获得了中华人民共和国成立初的南京大学和 1952 年成立的南京工学院党组织的信任,所以从 1950 年开始,他就担任南大助教会的主席,并于 1951 年成为中华人民共和国成立后学校第一批发展的两名中共预备党员之一(另一位是水利系赵人俊)。1952 年院系调整后,他被提拔为南京工学院科研科(相当于现在的科研处)科长,负责全校的

1955年与邓家贤摄于北京

邓家贤、恽瑛之子建明（右），女群妍（左）

科研管理工作。对工作开展的认真和热情，使其深得汪海粟院长的重视。

我在助教会工作期间与邓家贤相识。当时的我们都是争强好胜的年轻人，在工作中看到了彼此身上的闪光之处。在那段相互鼓励和帮助的日子里，两人的相互羡慕赞赏之情渐渐变成了对对方的爱恋。1953年，我们二人结为夫妇。

邓家贤虽然于1951年成为预备党员，但因他的家庭出身问题，直到1955年也未能转正，且最终被取消了预备党员资格。为此，学校党委书记汪海粟同志还专门找他谈话，说明这是组织原则，汪书记本人也爱莫能助，希望邓家贤能作为党外布尔什维克为国家工作。

尽管邓家贤为人忠厚，但也未能在1957年的政治风暴中幸免，被错误地划为"右派"，对其而言，这是一个难以接受的政治巨变。他离开了讲台，工资从101元降至53.5元，到六合等地参加劳动，精神、身体上所受到的摧残折磨是难以想象的。六十年代，在六合八佰农场劳动的邓家贤曾经被用担架抬回到南京家里，全身浮肿。他"右派分子"的帽子一戴就是20多年，直到1979年中央文件下达后，才被平反。

平反后，邓家贤的工资问题仍未解决。按照当时的政策和他的资历，他应该恢复为6级副教授，然而遭到很大的阻力。这里必须要感谢我们的老领导汪海粟院长，尽管他本人也遭受了许多不公正的待遇，仍为我们夫妇二人出面去做相关部门领导和有关人员的工作，才解决了这个问题。邓家贤终于结束了20多年一直每月领取53.5元的时日。为此，我们夫妇始终感激汪院长的关怀。

从 1957—1979 年这 22 年中，因为头戴"右派分子"的帽子，组织上给邓家贤从事科研和教学工作的时间很少，业务上自然受到较大的影响。但他并没有放弃，而是利用业余时间钻研业务，经常去外文书店购买相关的外文业务书籍（至今仍有一些保存在家）回来认真研读。平反后他还带了研究生，他非常珍惜、重视这项任务。除此之外，邓家贤还参与了黄锡恺教授主编的《机械原理》一书部分章节的撰写（这是改革开放后第一本机械原理方面的教材），并编写出版了该书配套的《机械原理学习指导书》。他还与研究生一起，在《南京工学院学报（自然科学版）》等刊物上发表了《确定连杆机构运动误差的矩阵法》等论文（*Allocation of Optimum Tolerances in the Structure Parameters and the Joints of the Planar Linkage Mechanisms*）。

由于 20 多年精神方面的折磨，邓家贤的身体逐渐变差，患有亚败血症等免疫机能疾病、心脏病、肠梗阻、糖尿病及相伴随的脉管炎、白内障等一系列病症。八十年代初，他在讲台上突然晕倒，被救护车急送至医院，但他在病床上仍然帮助研究生修改论文。后来其心脏病不断加重，多次住院并被医院发放病危通知书。当时的南京工学院党委书记刘忠德同志获悉后，专程到江苏省人民医院去看望住院的邓家贤，让他非常感动。邓家贤本来性格十分内向，很少流露感情，但刘书记的看望让他心情大为好转，也帮助他闯过了这一关。之后还有几次病危，多亏了原南京工学院党委书记陈万年等同志的关心，才一次次渡过了难关。

从江苏省人民医院出院后没两天，邓家贤就又去了南京理工大学找一位教授。他之所以这样急匆匆地去做此事，主要是因为他带的研究生徐同学就要准备答辩了，邓家贤要去替学生请那位教授担任答辩委员会的主任委员。邓家贤不顾自己的病体，一心想着学生，这件事给我印象极深。

但由于积劳成疾，邓家贤到底还是在 1994 年 3 月离开了我和孩子们，也终究未能看到他一生所为之奋斗的学校这 20 多年来的飞速发展。当时，朱万福、毛恒才、管致中、王荣年等东南大学领导同志都来参加了他的追悼会，悼词充分体现组织对他一生的肯定。邓家贤的一生，正如国家名师陈景尧先生撰写的挽联所概括的："投身革命经风历雨一己安危一生前途何曾计，培育人才费心竭力再大艰辛再多困苦亦不辞。"一别数十年，我仍时时想起家贤。尽管再不能相见，可与他相伴的时光却仍恍如昨日，成为我一生珍藏的宝贵回忆。

邓家贤追悼会上,朱万福、毛恒才、管致中、王荣年等东南大学领导同志亲切慰问怀瑛

1961年:转折点的谈话

"莫言下岭便无难,赚得行人空喜欢。正入万山圈子里,一山放过一山拦。"正当我获得了自己的独特教学心得,准备将全部精力投身物理教学事业的时候,却遭遇了从教以来的第二个困境。

我虽然于1950年入团,后来又于1956年经俞剑华同志介绍成为中共预备党员,1957年3月转正,但从1957年的"反右"运动开始一直到1976年"文化大革命"结束,我屡遭挫折,甚至一度想要放弃教学。幸运的是,与老书记、老院长刘雪初同志的一席谈话让我重拾勇气。

1957年,"反右派"斗争扩大化的风潮席卷了南京工学院这所向来严谨治学的院校。前面已经提到,爱人邓家贤因家庭背景失去中共预备党员转正机会之后又被打成"右派",工资被降至53.5元;我由于讲话比较直率,党员身份也被取消,这些情况都被记录在了当时派出所的户籍材料上。

邓家贤工资被降之后,家庭经济条件明显下降。孩子年幼、爱人下放劳动且患病,我必须开始挑起家庭生活的重担。雪上加霜的是,我家还曾遭受自己学生的抄家。看着深爱的学生们学业被荒废,我十分心碎却束手无策。受到如此冲击,我也难免心灰意冷,深感教学难以为继。

六十年代初，刘雪初同志从北京调来担任南京工学院院长兼党委书记。刘书记到南工后，并没有整天坐在办公室里，而是花了大量时间去听众多老师讲课，在学校各处巡查以发现问题。刘书记来校之前，物理、数学等基础课教研组往往不太受学校的重视，刘书记却能在到任不久后就叫出基础部每一位老师的名字。

　　由于家庭和工作上的双重打击，当时我的外表看起来有几分憔悴之色。对于我的这个情况，细心的刘书记也看在了眼里。1961年的一天，刘书记找到我，在四牌楼老图书馆的院长办公室进行了一次长谈。在谈话中刘书记分析了我的情况，并向我指出，"你要不断努力，不要因家庭、个人遇到的种种困难，失去自己的勇气""不要因为1957年的事情而灰心，对你我们还是肯定的"。

1967年摄于板桥新村

　　与刘书记的这一席长谈对我的影响实在是太大了，它解开了我的心结，给了我顶着重重压力继续前行的勇气。不仅如此，刘书记还力排众议，先后任命我为南京工学院教学法工作委员会秘书和南京工学院物理教研组主任。

　　刘书记的谈话给了我莫大的帮助，领导的信任让我又有了把教学工作做到最好的信心。即使有时心情不好，可一旦听到学生"恽老师"的呼唤，我就会忘掉种种不快投入工作，不因自己的情绪影响教学。在"文化大革命"期间，我因屡次受到冲击而发誓再不教书，可当面对1972年进校的工农兵新生，刘书记的话让我对学生又充满了热情，期盼他们成才的心情是那么强烈，教起书来仍是声音洪亮、精神饱满。我想，也正因为自己在混乱的年代一直坚持工作且业绩突出，才能一直受到学生的热爱和组织的信任。

　　本以为我的这些苦痛又难与人道的经历将永远地湮没在流逝的时光里，不想我62631班的学生——张祖立同学——却看在眼里、记在心里了。他是我1963年教电子系大学物理时的学生，又在1964年选修了我首次开设的"专业物理"双语课程，工作后因英语能力出众，经常到国外做专家翻译。

　　2016年夏天，张祖立在见面座谈会上发言说："在国家历史文化遗产基地——常州青果巷，我作为毕业于南京工学院五十年的老学生，紧紧抓住了一位年过九旬的老师的手，激动得热泪盈眶，这位老师温暖的手，我五十年前就握过，这位老师温暖的手，也是几十届毕业的千万学生握过和想握的手，这位老师就是东南大学讲授物理基础课的恽瑛教授。我在见面现场脑海中瞬间形成了这样的话来表示我对恽瑛老师的敬意：'伟大寓于平凡，盛誉源自真爱。'""我看到了六十年代时，恽老师处境的艰难，也理解她心中的痛苦，我们做学生的又帮不上忙，但她授课依然十分认真。"说到这里，张祖立真情地流泪了，我也十分激动，第一次听到学生说出那个岁月时的心声！他又说："'文革'时期，刘雪初书记也十分困难、郁闷，我常常去和他聊天，我们成了好朋友。"呀，原来刘书记还有这种师生友情！我真为他高兴！

2015 年：与学生交往的深厚友情

从中央大学到南京工学院再到东南大学，执教七十载，太多学生在我的教室里听讲又离开。虽然我不能一一记全他们的名字，但那些年轻的面庞却如春天的百花，一年又一年，从不失约，花开不败。我从 1952 年起教过的学生，算起来年龄最大的目前已经有八十多岁了。有一年我住医院，一位老人走上前来，在我没回过神来时就对我鞠了一个躬："恽老师好！"我定睛一看，这不是自己教过的第一届 1952 年水力机械专业的学生汪乃钰嘛！我们虽不常见面，但每次见到时，他都是鞠躬、称呼，十分有礼貌！这令我欣慰、感动，因为这一举止代表了学生对老师的尊敬与爱戴，是多么珍贵的师生友情！当时，身旁的护士们惊讶不已：生性好动的我看起来比自己的学生还要年轻几分。

1957 年、1958 年，我遭受了政治上的磨难，1956 年入党为预备党员，1957 年转正，1958 年又被撤销预备期，这对我精神上的打击太大了。我应该如何生活下去？经过激烈的思想斗争，最后总算想明白了一点，要活下去，就只能靠自己，我是一个教师，教好学生是我的责任。于是我强打起精神，1959 年接受了无线电系调干生班（即仲伟涛、周秀云班）大学物理课的教学任务，面对班上学生基础差、程度参差不齐等诸多难点，我因材施教，有针对性地组织教学，需要时给予个别指导，最终较好地完成了任务，深得学生好评。如今回想起来，这也是靠自己的意志力迈过了一个坎。

与我感情最深的，莫过于 1955 年入学、1960 年毕业的那一届工企电、发配电班。班上的潘天任同学说："我们 1955 年进入南京工学院，有幸得到恽老师的教导，1960 年毕业离开母校，我们和恽老师也失去联系多年，直到 90 年代末，我到南京返母校访旧，才重新见到恽老师。恽老师是一位富有魅力深受学生爱戴的老师，她的魅力不仅在于外在的美丽、风度、言辞，更在于她的品德，在于学术渊博精深和创新精神，在于贴心的教育风范。"

  在课堂上，我是眼里不容沙子的严师；但当下课铃一响，我便与学生们变为了关系融洽的朋友。虽然平日生活比较节俭，但遇到有困难的学生，我向来都是尽力相助。大约是因为日常生活中对自己有些苛刻了，潘天任、左韵芳夫妇开玩笑地给我起了"抠门老师"的昵称。1999 年，我去菲律宾参加国际物理教育会议时路过深圳，与居住在深圳的三位学生在茶餐厅小聚。左韵芳和我一起点餐，两人都不约而同地先点了当天的特价菜。我笑称："我是大抠门，你是小抠门。"大家都哄堂大笑，古稀之年的我和花甲之年的学生就像回到了青春时代，谈笑风生，无拘无束，亲如一家。

  师生之间如果能成为忘年之交，那大概是最为理想的境界。当年我与潘天任谈起：我遇到有的同志有时会有"忘恩负义"的行为，心中便有些不快。潘天任对我说："恽老师，你做事不要要求回报。"我觉得他说得很有道理，因而之后，遇到不快的事情，想到"不求回报"，心情就会很快平复下来。不仅如此，2015 年，潘、左二人为报师恩，捐出 10 万元给东南大学教育基金会，放在我设立的奖学金名下，且坚决不留自己的名字。他们的这一举动令我敬佩不已！

  潘天任在一篇日记中写道："恽瑛老师 10 日晚到达深圳。她这次是作为颁奖嘉宾去澳门参加中国物理学会颁奖大会后，在返程时来深圳看望学生，并应邀到宝安某中学作物理演讲的。老师七十八岁高龄了，然精力充沛，意气风发，终日活动而不知疲倦，一生探索而不知休止，真令人敬佩。古人云，一日为师终身为父，师生之情源远流长，弥足珍贵。我儿子初次见到她，称她为恽奶奶，她说：跟你爹妈一样，也叫我恽老师吧！是的，老师这个尊敬而亲切的称呼，也该代代相传啊！"

2008年，恽瑛与南京工学院动力系工企电、发配电1955级学生合影
前排左起：蒋君兰、汤松巧、恽瑛、王蔚炯、赵秀菊、史美丽
后排左起：李庶荣、姚文魁、涂仲进、冷增祥、贺智民、唐省如

恽瑛与工企电、发配电1955级女生于2016年相见于南京
左起：赵秀菊、左韵芳、左淑贞、恽瑛、王蔚炯、许颖之、汤松巧

2016年恽瑛和"小抠门"一家合影,前排左二为恽瑛

2009年,东南大学党委书记朱万福、恽瑛在51642班师生座谈会上

我讲了 70 年大学基础物理课程，在 1965 年教过土木系 51642、52641 等 4 个班的物理课。45 年后，2009 年，51642 班林木英同学居然能在四牌楼前工院一楼办公室找到我，邀请我参加他们毕业 40 周年的聚会，我真是十分高兴。我说："谢谢你们还记得我，一般各专业毕业的同学，不容易记得讲授基础课的老师，我太兴奋了。"为此，我在师生座谈会上与同学谈笑风生，感到自己年轻了许多；会上，周林官同学对我说："您一眼就认出我，并叫出我的名字，又一次让我十分钦佩，钦佩您超群的记忆力！十分羡慕，羡慕您的健康！同时也十分感动，为我们如此深厚的师生情谊而感动！"听了他的话，我激动不已，从此，我们两人建立了联系并保持至今。林木英同学在 2014 年组织进校 50 周年庆典活动时，又再次邀请我参加班级聚会，这次见到了更多的同学，其中就有 52641 班潘金法同学。林木英十分热心于校友、师生间的联系、交流工作！

2014 年，土木系 1964 级进校 50 周年再次聚会时，我又遇到一件再也想不到的事情：52641 班潘金法同学保留了一份五十多年前（1965 年）的物理答卷，他回忆说："大学毕业 50 年后，在整理我的书籍和资料时，发现在大学物理课本里夹存着我 1965 年 6 月物理期中考试时的一份答卷，上面有恽瑛老师的亲笔批注。看到这份答卷，仿佛老师又微笑着站在我面前，正盯着我完成人生的答卷……"这是多么珍贵的礼物啊！

我教过的 1964 级 52641 班学生潘金法，是山东泰山医学院 2002 年新校区建设的副总指挥，该校区信息中心（图书馆）获得了国家建筑工程质量最高奖"鲁班奖"。潘金法后任泰山医学院院长，他在一篇名为《忆恽瑛老师》的短文中写了这样一段文字："在我的这份答卷上，老师共打了 10 个大大小小的勾，这些勾大体上分为两类，一类是题目上要求学生回答的问题，另一类可能是她认为要考查的重要知识点或者是分析推理的重要步骤。在卷中还有老师的 3 处批注，提示我该处有疏漏和不周，我做的这份试卷一上来就犯了大错——没有设坐标系，我那时总是把坐标默认在心中，而忽略在图中标示，没有坐标就没有参照，没有方向，老师在这里给我批上了'坐标呢？'三个字。是啊，坐标呢？不设坐标怎么做题啊？这让我记了一辈子，此后养成了我严谨认真的工作习惯，终身受益匪浅。""试卷的最后署上了她阅卷的日期。我写的字小而密，画的图也不舒展，无疑会给老师阅卷增加麻烦，而卷面上的这些符号和批注说明老师是逐字都审查过了，是一丝不苟的，可见老师治学之严谨，做事之认真，对学生之负责。"

2009年,土木系51642班同学(第二排左一为林木英)毕业40年后回母校,与老师们合影留念,前排左五为恽瑛

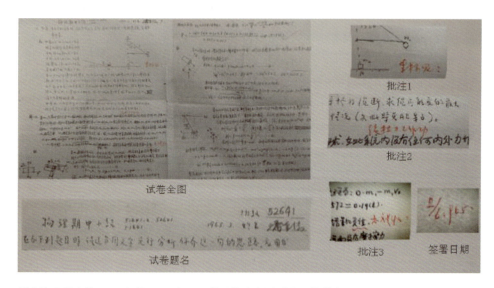

潘金法同学珍藏了50年的1965年6月物理期中考试时的一份答卷

2015年恽瑛专程赴泰安与潘金法在泰山医学院图书馆前合影

    2015年,当潘金法将这份他珍藏了50年的物理试题答卷交给我时,我为之激动不已。50年岁月沧桑,我的学生还将答卷保存得那么完好,对它的印象又是那么深刻,师生友好互爱的场景仿佛仍在眼前。

    潘金法的试卷和上述文字,使我又回忆起了当年与学生在一起的情景。我讲课一贯声音比较洪亮,内容尽量追求深入浅出,努力使自己的语言风趣幽默。我平时与学生相处时是比较亲切随和的,但对待教学,态度却是极为认真的,学生出现问题,我都会严肃指出,但我从来不是简单地斥责他们,而是尽量循循善诱,作为他们的朋友启发其提高认识。多年以后,许多当年教过的学生都异口同声地说:"恽老师一丝不苟的态度让我们终生难忘!"

张梓烨　整理

"两个及早"教学理念的成功创立

"两个及早"的教学理念是我在 20 世纪末提出来的,提出的原因主要来自两个方面:其一是几十年来教学实践和教学经验的积累,我感到学生在大学一年级入学时,就应认识到从中学到大学转变学习方式的重要性并立即行动;其二是 1980 年以来,几十年国际物理教育交流带给我广阔的国际视野,让我明白了教师应更加重视学生英语应用能力与研究能力的提高。

第一次走出国门　初见吴健雄教授

1980 年夏,国家教委首次组织中国物理教育代表团赴美考察访问,我有幸成为四人代表团中的一员。能在我国改革开放初期跨出国门,是一个极好的机遇。这对于扩大国际视野、促进教育教学改革意义重大。

国家教委这次组团是由李政道先生与美国 AAPT(American Association of Physics Teachers,美国物理教师协会)商定的。代表团由清华大学徐亦庄教授担任团长,徐先生在美国读研究生时与李政道先生是同学,是四人中唯一留学的;其他三人为复旦大学郑广垣、北京师范大学尚世铉以及南京工学院的我。代表团四人中,徐、郑二位毕业于上海光华大学,而我和尚世铉则来自北平辅仁大学,十分巧合。此前我从未出过国门,英文也已经三十多年没用了,刚接到消息时的我,虽表面保持着惯有的镇静,内心却犹如波涛汹涌:我能顺利地与外国教授交流吗?这次出国,我又能获得多少新知呢?

同年六月的一件小事让我对这次出访有了更深的期待。我在哈尔滨参加国家教委工科物理课程教学指导委员会会议时,浙江丝绸工学院吴颐教授得知我即将出访美国,便请我带信给在纽约的他的姑妈吴健雄教授。吴颐的信赖竟为我创造了见到世界著名物理学家吴健雄教授的机会!这如同给交响乐的紧凑节奏里插进一段舒缓的乐章,让我的焦虑被期待冲淡了。

著名美籍华裔物理学家任之恭教授(右二)与代表团成员徐亦庄(右一)、尚世铉(左一)、恽瑛(左二),摄于美国华盛顿

1980年恽瑛在美国华盛顿中国驻美大使馆门前

20世纪80年代，中美之间没有直航，飞机必须绕经德黑兰到法兰克福，再转机横渡大西洋才能到纽约。在纽约领事馆招待所刚安顿好，我立即打电话给吴健雄教授。不料电话一接通，那头便传来了温柔而又亲切的声音："恽教授啊！"我顿时感到两个人的距离拉近了，仿佛熟识的老朋友一般。随后，我们在电话中约定了见面时间。

次日上午，代表团四人来到吴健雄教授家。那是一所公寓式房屋，吴健雄、袁家骝教授夫妇已亲自在门口等待来自祖国的客人多时了。徐亦庄先生转交了清华大学孟昭英教授的亲笔信，我也递上了吴颐教授的信。当健雄教授得悉我们三人因首次出国而心存担忧后，就开始条分缕析、贴心地为我们讲起了参加会议的注意事项。让我们放松心情、不要紧张，她的语调轻柔温和，我忐忑不安的心情渐渐平静下来，内心开始变得安静而镇定。

虽然会面时间短暂，但是在我心中留下了深刻的记忆。吴、袁二位教授谈吐间显得那么亲切，但又不失威严；对代表团成员是那么关心，而又不显繁琐。让我没有想到的是，在之后的二十余年中，我能有机会与吴教授、袁教授见面十余次；更没有意料到，在1988年，吴教授亲自对我委以重托——关心帮扶其父创办的明德学校，而这一切都起源于1980年的第一次见面。

代表团行程的第一站为纽约州Troy市的RPI（栾斯里尔多科性工业大学）。会议的第一天晚上，世界著名物理学家Resnick教授在自家花园举办晚宴，欢迎中国物理教育代表团。我到美国参加AAPT会议的最焦虑的事情，就是不知道自己的英文能否应对。当Resnick教授与我交谈时，教授询问我这是第几次来美国，我不假思索地脱口而出"First time！"。这时，Resnick教授的嘴巴张成了O形，吃惊的样子仿佛在说不相信我是第一次出国。这不仅让我增强了对自己英文水平的信心，更使我感到要努力培养学生的英语能力并"及早"使其能阅读、应用。

第二站是纽约大学长岛分校，第三站是华盛顿，第四站是俄亥俄州立大学，最后为旧金山的加州大学伯克利分校和斯坦福大学。在代表团的活动中，AAPT请Strassenburg教授负责组织，他亲自开车从Troy到长岛，又从长岛驱车前往华盛顿，在去长岛的路程中，有一个小插曲。

李政道先生邀请代表团四人前往他工作地点——Brock Heaven 国家实验室参观，实验室比较大，李政道先生亲自驱车开了很长的路程。在参观了各种实验室后，时间已经快到中午了。于是，李政道先生便请四人到餐厅用餐。刚进餐厅，我就找不到徐亦庄、郑广垣二位的影子了。后来我才明白，徐先生因避免李先生请客，先行离开去结账，而我和尚世铉二人都傻乎乎地跟随在李政道先生后面，由他付款。每当回忆起这件事，我都感到处事不周的自己需要学习的地方还有太多太多了。

代表团一行还在前往华盛顿的途中，消息就已经传到了中国大使馆。我后来才知道，这是因为著名美籍华裔物理学家任之恭教授多次向大使馆询问消息，一直关心代表团什么时候能够到达华盛顿，这才使大使馆人员对此事分外上心。我们一行抵达华盛顿后，大使馆主动提出，将由旧金山直接返回北京的机票改签，换一次航班，使大家能在东京逗留一夜，欣赏东京的景色。这种细致入微的关怀，使大家感动不已。

代表团到达 OSU（俄亥俄州立大学）后，物理系主任 Jossem 教授亲自陪同整整三天，我们参观多个实验室，我也由此与 Jossem 教授结下了近 40 年的友谊。

到达旧金山时，加州大学伯克利分校的物理系主任亲自接待，他提出了"要对学生创造环境、提供条件，使他们能更好地投入学习"，这一席话我牢记在心，在往后的教学中常常应用这一理念。最后，代表团到达斯坦福大学，受到诺贝尔奖金获得者 Shockley 教授的热情接待。

我第一次走出国门，收获便十分丰硕。在参与会议的过程中，我深刻地认识到，中国的物理教育也有自己的优势，例如，我们在教学中能换位思考，向学生提出有"陷阱"的问题，促使其积极思考等，这给了我极大的信心和鼓励。在这次会议上，我认识了许多著名学者，其中不少是物理学界的带头人，如 OSU 的 Jossem 教授、RPI 的 Resnick 教授、MIT 的 French 教授和马里兰大学 Redish 教授等。他们的治学态度给了我新的感受。同时，看到他们都有培养 Physics Education（物理教育）研究生的先例，我也萌生了回国后一定要在国内率先招收物理教育方向研究生，填补这方面空白的想法，并要做到能与国际接轨。

1989 年 Jossem 教授与恽瑛在德国 GIREP 会议上

1993 年 Resnick 教授与恽瑛在美国 RPI

1980 年代表团在斯坦福大学，右四为 Shockley 教授

培养本科生通过 CUSPEA 考试　创建物理教育硕士点

当我第一次出国返回学校时，恰逢李政道先生创立的 CUSPEA 项目（中美联合培养物理类研究生计划，China-U.S. Physics Examination and Application）在国内招生，CUSPEA 为中国学习物理专业的本科生创造了赴美国学习的绝佳机会。我相信自己的学生有能力争取到这个机会，便积极鼓励学生加倍努力学习。但是按照国家教委原计划，工科院校物理专业的学生没有参加 CUSPEA 考试的资格，我当然心有不甘，为此付出了极大努力，终于取得成功。

考上 CUSPEA 的 1977 届宋毅同学现在美国科恩公司工作，他在 2017 年的回忆中说道："恽瑛先生从各个方面启发、教育和帮助我们，培养同学们的独立思考和解决问题的能力。她还把英文和教学积极结合起来，以培养同学们阅读英文参考资料的兴趣与能力。她的这些努力在当时都是比较先进的做法，也对同学们以后的进一步发展有长远的影响。我们在校的后期，开始准备报考 CUSPEA，她为我们争取到参加考试的资格，联系考试前进修班，收集考试习题，考试后联系进高一级的进修班学习，对我们帮助极大，使我们能通过 CUSPEA 考试到了美国。"

当时，我是基础科学系的副主任，主管教学，也是江苏省物理学会副理事长，因为工作的关系，我与江苏省物理学会理事长冯端院士，以及南京大学物理系领导比较熟悉。在我和其他老师的共同努力下，南京工学院物理师资班（72771 班、72791 班）的本科生获得了参加 CUSPEA 考试的资格。

争取到学生可以参加 CUSPEA 考试的名额仅仅是第一步。我所教的物理师资班的学生们才三年级，还有一些课程没有学到。为解决这一问题，我亲自开设了原子物理课程，又组织其他老师开设相关课程，包括英语阅读和口语的学习。物理教研组潘人培等老师为帮助学生们准备 CUSPEA 考试，专门将自制的 Milliken 油滴仪让他们使用，这在实验方面准备了良好的条件。

准备参加考试的同学们也十分努力，他们认真刻苦地学习英语，还补学了一些必备的课程。他们的努力取得了很好的回报，物理师资班 72771 班的俞楠、宋毅和 72791 班的左福林先后通过了 CUSPEA 考试，他们的成功给我们带来了难以言表的喜悦，为南京工学院争取了极大的荣誉！

30余年过去了，通过CUSPEA考试的俞楠等同学对我们当年的帮助仍满怀深情，对油滴仪实验等场景仍记忆犹新，他们的工作已融入国际社会且卓有成效，这是我们的骄傲。

现为美国加州理工学院喷气推进实验室量子科学与技术研究组组长的俞楠教授说："过去的三十年目睹了原子分子和光物理学领域最激动人心的发展，我感到很幸运，被卷入其中，从做学生时就能接触最新的物理研究趋势，到做博士后有幸在诺贝尔奖获得者手下做研究，并最终成为一名研究领导者，对该领域做出贡献。恽瑛先生则是在南京工学院对我影响最大的老师，她领导她的教研组成员一起建设了最先进的物理实验室，我非常喜欢做那些迷人的物理实验。她非常热情地支持与关心我们的学业……恽先生的耕耘，不仅教给了我最初的原子物理概念，更是帮我赢得了一次人生的良机，有幸来美国留学深造。"

南京工学院72771班宋毅，现为美国科恩公司营销主任

南京工学院72771班俞楠，现为美国加州理工学院教授

现为马里兰大学物理系教授的左福林说："准备考试时，由于恽瑛老师重视双语教学，再加上自己的努力，我的英语阅读和写作能力有了比较大的提高。1982年春季学期后期，我们几个幸运的同学被推荐去参加当年的CUSPEA考试。大概两个星期后，恽老师把我叫到她的办公室，她紧紧抓住我的手，非常兴奋地告诉我'小左，你通过啦！'办公室其他老师也都过来祝贺。那是我人生中最高兴的一天，几年来的努力终于有了结果！"考上的同学也对其他同班同学起了辐射作用。如72791班王俊杰同学说："1982年，在恽瑛老师的努力争取及推动下，我班左福林同学，参加了CUSPEA考试并被录取，成为南京工学院当年第二批出国留学的学生。这一创举，一时轰动，

南京工学院72791班左福林，现为美国马里兰大学教授

为南京工学院基础科学系，特别是物理班带来很大荣誉！也鼓励了同学们的考研积极性。毕业时，我宿舍七人中有四人报考研究生，二人被录取。成为当时一大佳话！"

他们的成功，从一个角度证明了南京工学院物理师资班的实力，从而增强了教师们的信心，也更有利于我在此后的几年中努力向国家教委二司（工科）申请成立物理系，终于在1983年，获得批准，成立了物理化学系（理化系）。促成物理师资班学生考取CUSPEA后赴美国深造是一创举，值得骄傲，那么在中国能否培养本科生为物理教育的研究生呢？这是我积极希望能解决的问题。

1980年出访回国后，我向当时主管教学的管致中院长汇报了国际上招收物理教育研究生的情况和自己的愿望，管院长说："只要你能招到学生就可以。"这一句话好像强心针一般，给了我很大动力。1982年恰好是1977届学生毕业，我招到河南新乡师范学院的杨宏业和本校的沙文玲同学，这是一个很好的开始。在这之前，我意识到，这一创设工程只凭一个学校的力量还比较单薄，于是我联系了合肥工业大学、华中工学院和大连工学院的顾梅玲、胡迪炳、郭永江三位老师，共同到华南师范大学向廖华扬教授学习，华南师大当时已有教育口的研究生了。要招收学科研究生，必须明确学科的教学目标、教学计划等。我结合教学实际，目标指向大学物理课程，设立的课程有大学物理专题、大学物理实验专题、电视教学课件制作、物理学史等。到1983年，已招收了两届学生，我满怀热情地向教育部申报物理硕士学位授予权。在得知教育部正在开评审会，就急急忙忙赶到北京。可没想到见到钱钟韩院长时，他却反问我："你来干什么？"这时我才知道会议已经闭幕，后又得之申请报告没有被批准，顿时感觉被一盆冷水浇透了。

1982—1986年间，从硕士研究生的招生到硕士点申报，个中的酸甜苦辣只有我们当事人才能体会。1983年我们第一次申报失败后，是继续努力呢，还是就此止步？数夜的辗转反侧后我突然意识到：原先就没有人要求我们必须做此事，本可以就此止步，但如果我真的这样放弃了，便不仅仅是前功尽弃，更辜负了工科物理教育师生们的期望。因此我下定决心，绝不气馁，只有坚持努力，才有可能成功。从此，我们不断改进教学计划、课程设置，并对已招收的硕士生不断进行实践训练，下次申报仍振奋精神，积极而又慎重地逐步推进。

仿佛在工作的合作中产生了默契一般，其他学校的老师们也都没有气馁。大家深深感到，只有让领导了解我们的工作，才能得到他们的支持。在北师大李平教授的大力支持下，我们四位老师拜会了中国教育学会会长、北师大顾明远教授，承蒙他亲切指导，最后把专业方向定位于教育口"教材教法研究（物理）"。于是，我们几位老师重整旗鼓，进一步修改教学计划，克服重重困难，终于在1986年，在工科院校中首先设立"教材教法研究（物理）"硕士点（现称"学科教学论"），这开启了在工科院校中创设教育研究的窗口，不仅帮助物理基础课教师多了一个提高自身的机会，也为兄弟院校提供了机会。此后，有些工科院校也努力设置这一硕士点，如福州大学等。后来，该研究方向又延伸到外文等专业，使更多的基础课教师有了进修提高的平台。

　　直到1989年，我先后共指导了12位硕士研究生，其中四位身在国外事业有成，在国内的研究生也大都是高校的骨干教师。

　　1982年进校的杨宏业说："我是恽老师的第一届研究生，1982年暑假，恽老师带着沙文玲和我到青岛、哈尔滨和长春参加学术会议，开拓了我们的视野，也学到不少课堂里学不到的知识。不少老师看到恽老师带着我们两个年轻的学生来开会都非常羡慕，戏称我们是恽老师的'哼哈二将'。她不仅给我和沙文玲上专题课，还要求我们通过研究原版的音像视频，了解物理学的发展和它们在教学中的应用，这对我的英语理解能力和听力的提高起到了很有力的作用，对我现今从事的外贸工作，也奠定了良好的基础。"

　　相别三十年的宋永华是1979届物理师资班学生，也是我的第二届研究生，如今是在美国、中国都有分公司的"博流智能"公司的创始人和首席执行官，他突然于2018年大年初三来看望我，这好似宝贝从天而降！他热情地回忆说："恽先生是一位非常开明、严格的导师，能积极接受新想法和新事物。这反映在我的研究生论文的专题上。按专业方向我的论文课题应该专注在物理教学研究，但是我个人对计算机应用比较有兴趣，所以希望偏向计算机应用，计划选择'计算机在物理测试仪器中的应用'，本来我还很担心恽先生会反对我的专题。后来和恽先生沟通后，她不但没有反对，还非常支持。同时还建议我在论文中加入物理测试仪器的发明史及物理学家怎么一步一步设计、发明出这样奇妙的物理测试仪器。这些艰辛设计发明过程是一个非常好的教学范例。它不但能启发学生对物理学的兴趣，还能激发他们创造发明的欲望。恽先生非常重视对外交流，包括与

2007年恽瑛与杨宏业合影于杭州跨海大桥

恽瑛与研究生杨宏业（右）、赵佳（左）合影

2018年宋永华（右）和恽瑛30年后再相遇

1982年72791班宋永华（右）和左福林在大礼堂前合影

国外同行，以及国内兄弟院校之间接交流。我作为研究生，在30多年前，也有机会出席国际、国内相关会议，这对学生开阔思路和眼界有很大帮助。此外，与恽先生接触中，我能特别感受到她对物理教学有着极大的热情和热爱；同时她也非常有能力整合各种国内外的资源。她做出这样了不起的成绩和贡献与她的热情以及领导力是分不开的。"

1986届的吴敏，毕业后到中国科学技术大学工作，始终在教学第一线，如今是安徽信息工程学院校长、中国科技大学教授。他回忆道："在恽先生的指导和帮助下，我的英文文献阅读能力和写作交流能力得到了很大的进步和提高，使我在2000年前后，在中国科学技术大学牵头的对跨世纪

80年代恽瑛与南京工学院物理教育研究生合影

左起：潘正权（1985级）、朱新光（1984级）、沙文玲（1982级）、张中熙（1984级）、恽瑛、宋永华（1983级）

2014年恽瑛与物理教育研究生合影

左起：刘孜杰、黄险峰、许人伍、冯佩霞（东南大学原物理系书记）、恽瑛、赵佳、杨宏业、潘正权、吴敏

美国大学本科教育的研究中发挥了重要作用；组织编译的《21世纪高等教育改革与发展——本科教育改革与课程设置》、翻译的《重构美国本科教育——美国研究型大学行动计划》等，都得到了教育部和同类高校的高度评价。"

从上面列举几位研究生的反馈信息中可以看到，教师对学生英语能力、研究能力的影响。我也由此得出更为有力的启示：要"及早"培养学生的英语能力，要"及早"培养其研究能力，才能促使他们具有与国际接轨的本领，这是我殷切的期望，也是我招收物理教育研究生的初衷。

"两个及早"教学理念的创立

学生成功通过 CUSPEA 考试和我们获得物理教育硕士点授予权，对我而言，使我认识到做什么工作都必须坚持到底，更使我认识到必须在学生踏进大学门开始，就努力培养他们的英语能力和研究能力，使之具有与国际接轨的能力。在这之后，我又在思考：该如何做到培养高素质本科生的目标，下一步的教学改革又应如何进行？

1998年在巴黎召开的"面向21世纪的教育国际研讨会"中，学者们提出了高素质大学生的七条标准，我认为其中1、4、7条对中国学生尤为重要，现摘录如下：

（1）学生应当积极进取，具有开拓精神；
（4）学生要有宽厚、扎实的基础知识和基本技能；
（7）学生要具有与他人协作和进行国际交往的能力。

经过反复分析和思考，我头脑中理出了"两个及早"的教学理念：

"To read English materials as early as possible"，

"To do some research work as early as possible"。

就是要从大一新生开始，及早阅读英语材料，及早做一些研究工作。

"两个及早"理念又以什么来支撑呢？在长期教学过程中，我虽然已经十分重视、强调启发学生的学习积极性，在讨论中设置"陷阱"，帮助学生从错误中读懂缘由，创造环境、提供条件帮助学生学习，但我希望还能在此基础上再提高一个层次。

有一次，我向郑家茂教授（现党委副书记）汇报工作，郑教授略一沉吟说道："你上这门课，物理是载体，讲多讲少不是主要的，使学生养成'自主学习'的习惯才是最重要的。"一语道破，我豁然开朗！一定要养成学

郑家茂副书记和恽瑛

生自主学习的习惯！在郑家茂副校长的启发下，我与课题组老师们在教学中不断总结、提高，将"两个及早"的教学理念完整地提出，并作为是这次教学改革的目标：

"从一年级进校开始，及早引导学生进行自主学习，培养其阅读英文参考资料的兴趣与能力"；

"从一年级进校开始，教师应该为学生创造条件与环境，及早培养其从事研究工作的兴趣与能力，发挥其创新才能，发掘他们的潜能"。

这两种"兴趣与能力"的及早培养，对本科生四年的学习和发展具有基础性、决定性的作用。

虽然有了目标，但这目标又是要解决什么教学问题呢？我与课题组老师们又总结出"两个及早"教学理念要解决的教学问题是：

"打破传统的'师传生受'模式，改变大一新生通常的被动学习定式，及早培养其自主学习和科学研究能力"；

"改变大学低年级英语与科学课程学习相脱节的现状，及早培养学生的英语应用能力"。

下面我要说的，或许乍看之下仍有些枯燥，但它和"两个及早"一样，是我教育工作的结晶，也正因如此，才使我敝帚自珍般重视，并不断完善它。每每看到刚从高考战场走下的那些略显老成实际上却隐藏着迷茫的脸庞，我作为教师的心便生发起想要向他们伸出援手的强烈渴望。于是，我又结合自己的教学经验，提出三个"至关重要"来总结大一新生过渡时期的重要性：

"大一新生是至关重要的，它标志着青年人在社会和学业上处于转折时期"；

"激发学生的学习兴趣，克服学习惰性，在大一新生学习转型期至关重要"；

"教师的精心教学设计对激发学生的学习潜能和提升动机水平至关重要"。

正是因为大一新生处于转折时期，从填鸭式机械学习转向自主性研究需要一个良好的环境，更需要有效的指导，所以我们才更应该把握如此重要时机，努力使学生及早适应大学的学习方式。为努力解决每个孩子都会面临的问题，我提出处于转折时期的一年级新生教育需要完成两个特别重要的任务：

一是必须使他们跨越中学和家庭某些方面的障碍，努力适应大学的学习和生活环境；

二是必须采取各种手段，激励他们从进校门起就开始努力掌握自主学习的方法，逐渐进入"主动学习"的轨道。

如果学生不能从进校后迅速改变其在中学形成的学习方式，他们就很难进入自主学习的轨道。相反，如果学生的学习环境具备了这两个条件，就可能由原来的被动接受知识进入积极主动探求知识的状态，日后才能成长、成才，才能具有与他人协作和进行国际交往的能力。

"两个及早"教学理念充分强调了大学一年级的重要性，"及早"便意味着把握住大学一年级这个重要阶段。践行两个"及早"理念，从大一就开始培养学生自主学习、研究创新的能力，相信学生定能够尽快适应大学生活，为今后进入国际社会打下坚实的基础。我们的艰苦努力，其效果又如何呢？学生的反馈信息是衡量教学质量的一把标尺。

"两个及早"的学生反馈与教学成果

提出"两个及早"的教学理念后，我立即将这一理念贯穿于自己的本科教学中。2000 年初，我以"两个及早"作为教学理念，在东南大学一年级第一学期新生中开设了"双语物理导论"课程，那么，学生对课程的

2009 年美国 AAPT 会议上，吴健雄学院 2008 级翟晨曦同学作他的 Poster 展示

2008 年加拿大 AAPT 会议上，吴健雄学院 2007 级张腾翔同学与参会代表们交流

反馈情况又如何呢？

　　软件学院 2008 级张楷旋同学在他的《两个"及早"的必要性》一文中写道："为什么说大学一年级至关重要？原因在于，大学的学习目标及学习方法与中小学截然不同。'双语物理导论'课程的两个'及早'理念包含两个关键点，即'好习惯'和'及早'，'好习惯'指的就是自主学习、研究创新和阅读英文资料的兴趣和能力。这门课程就是我步入大学学习节奏的完美过渡。我体会最深的就是这门课程的学习是自主学习的习惯养成的过程。"

　　吴健雄学院 2008 级翟晨曦在他的《大学，创造属于自己的天空》一文中写道："授人以鱼，不如授人以渔，重要的是那个动词'渔'，就是获得知识的方法，这才是一生享用不尽的财富。我一直记得恽老师的两句名言：To do some research work as early as possible; To read

English materials as early as possible. 可以说这两句话改变了我的整个大学生活。"

软件学院 2006 级学生尤奘说道:"从一个什么都不懂的大一新生,到最后懂得如何自己去做研究,是一个从无到有的过程;但是'有'还是远远不够的,从无到有只不过是一个从 0 到 1 的过程,而我们要做的就是将这个'1'变大……"十年过去后,到 2015 年,参加工作后的尤奘又写道:"以前总以为,'双语物理导论'这门课程最重要的是打开了我对研究的兴趣,提升了英语能力。但是越往后越明白,最重要的是培养了'及早'的勇气和'探索'的能力。这种能力运用到工作中就是,'及早'发现问题并'及早'解决问题,积极'探索'解决问题的方法和路径,而这笔财富我将终身受益。"

我自己也未曾料到,本着让学生成才的决心,提出的这一理念竟会得到同学们和国际上的一致认可。学生们反映,"两个及早"的教学理念使他们认识到这是"与高中学习模式迥异的全新教育模式","加速摆脱了中学时代的学习方式,步入大学的全新学习模式,从'要我学习'变成'我要学习',而这一转变,也使得在学习其他功课时获益匪浅"。

学生们的出色表现证明了大学一年级学生具有一定的研究潜能,"两个及早"的教学理念能得到很好的实施。它也向我们传递了一种启示,就是"授之以鱼,不如授之以渔",让学生们习得获取知识的方法,才是学子一生享之不尽的财富。

Science 是由美国最大的科学团体出版发行、全世界最权威的学术期刊之一,在这里发表文章或是被报道大约是所有科研工作者的梦想。2007 年 7 月,*Science* 第 317 卷 5834 期上设立了"全球本科教育(The World of Undergraduate Education)"专栏,介绍了全球 12 个国家大学本科科学基础教育改革的情况,其中两篇文章介绍了我在"两个及早"教学理念指引下创立的"双语物理导论"课程所进行的教改工作,两篇文章的标题分别是:*Many Voices, One Message*(《不同的表达,相同的信息》)和 *'It's Important to Ask Students to Do Some Work on Their Own'*—Yun Ying has pioneered a course that forces physics students to take the initiative and teaches them the English that they will need(《"重要的是让学生自主做些工作"——恽瑛创建的一门课程,促使学习物理的学生自主学习并讲授给他们今后所需要的英语》)。

如果要求我列举出人生中最高兴的几天,其中一定有得知 *Science* 刊

Science 2007 年 7 月 5834 期封面，说明内有"全球本科教育专栏"

2007 年 7 月出版的 Science 第 317 卷 5834 期上，设立"全球本科教育"专栏，介绍了全球 12 个国家在大学本科科学基础教育改革的情况

2007 年 9 月恽瑛与美国卡内基·梅隆大学 Dr. Lenore BLUM 教授交谈

载的那一天，正可谓双喜临门，我第一时间从物理系叶兆宁老师处得悉这一喜讯，恰好郑家茂副书记嘱我当天在全校中层干部大会上汇报"双语物理导论"工作情况，我急忙将这一喜讯向胡凌云党委书记、易红校长汇报，他们听了都很高兴，胡书记在他的总结报告中大大地夸赞了我，他说这是 Science 杂志第一次刊登有关东南大学的信息，恽瑛立了一功。我既激动，又感谢学校，是学校多方面、长时期对我的培养、帮助，才能得到这一荣誉。而后，宣传部写了报道，又请李冬梅老师作了题为"60年耕耘不辍"的文章。同时，国外的老朋友，如 OSU 的 Jossem 教授、Maryland 的 Law 等都发来邮件，表示祝贺。

课题组在 2009 年获得第六届国家级教学成果二等奖

课题组在 2007 年获得江苏省 2007 年教育教学成果奖一等奖的获奖证书

恽瑛获得编号为 001 的"物理基础课程教学杰出贡献奖"

美国卡内基·梅隆大学的 Blum 教授看到 Science 上刊登的《重要的是让学生自主做些工作》一文很有同感，希望能见到我。于是，在 2007 年 9 月，应邀到中国南京参加国际计算机大会。当 Blum 教授在人民大会堂作报告时，忽然，她向台下大声说道："Where is Prof. Yun Ying?（恽瑛教授在哪里？）"我没有想到 Blum 教授会有这一举动，有些局促地在众目睽睽下站立起来，向她表示了感谢。坐在我后面的计算机系主任罗军舟教授对我开玩笑地说："恽老师，这次你可出风头了！"会后，Blum 教授和我友好地交谈，她认为我所说明的上述思想，对大学生冲破传统思维局限走向创新，起到了启蒙和有力的推动作用，与她本人努力践行的让大学生们"Think out of the box"有着极大的相似之处，本质上是殊途同归。能与国际友人达成共识，这令我既惊喜，又对"两个及早"教学理念有了更坚定的信心。

面向大一新生的"双语物理导论"课程创立于 2000 年。在这十余年中，我与课程组老师们坚持改善、提高课程的教学质量。从 2007—2009 年短短三年间，我们获得了七项省级、国家级教学奖项。

教育部物理课程教学指导委员会副主任顾牡教授（左一）向恽瑛致贺

中国物理学会教学委员会秘书长王稼军教授向恽瑛致贺

2007年，我获得了教育部物理课程教学指导委员会和中国物理学会教学委员会颁发的编号为001的"物理基础课程教学杰出贡献奖"，两会负责人清华大学李世群、吴念乐教授共同向我授予了奖状。这是两会颁发的全国第一个有关物理基础课程教学的奖项，这种自豪和喜悦之情，又怎是不善措词的我用语言可以表达出来的呢？

将实践转化为理论，这既是一个耗费大量时间和心血的过程，更是师友和学生们支持和配合的结果。回想七十年从教生涯，"两个及早"的提出如十年磨一剑，经无数淬炼方得以呈现在众人面前。然而这剑刃却并非寒光凛冽之物，如果它能在学生前进的道路上，为他们披荆斩棘，我便心满意足。

王桂琼　整理

"双语物理导论"课程的全新实践

"两个及早"教学理念成功创立后,我深切感到必须去解决下一个问题——如何落实、实现这一理念,这就需要创设一门新的课程。由于认识到教学模式改革的重要性,且自己有着深切的体会,我借鉴国际一流大学的教改经验,提出新课程的创设应遵循以下两条原则:

建立"跨学科课程串联"的思路,应用多媒体技术,链接物理、英语、计算机三门学科。

具体地说,为了培养具有跨学科理解能力、跨文化交流能力、长于自主学习和研究、能够进行多方合作的高素质本科创新人才,基于"两个及早"教学理念,贯彻"跨学科课程串联"的思路,应用多媒体技术,链接物理、英语、计算机三门学科,于是,我们课题组在 2000 年,针对大一新生,创设了研究性双语课程——"双语物理导论"(Introduction to Bilingual Physics)。

要实现"跨学科课程串联"的思路,必须要有多媒体课件和双语教材作为基础。而早在 1987 年,我们课题组就开始了编写、出版《大学物理学》(音像文字结合教材)的工作。

《大学物理学》(音像文字结合教材)的诞生

在漫长的物理教学实践中,我认识到教学方法、手段、教学模式和教学内容的改革,是同等重要的。

1987 年上半年,物理系叶善专教授向我建议,将电教多媒体手段应用到物理教学中,希望由我来领导组织这一工作。于是,我们成立了"现代化教学手段在大学物理教学中的应用"研究课题。课题组成立后不久,就得到联合国教科文组织(UNESCO)Reither 主任的支持和资助,在研究制作过程中,又得到 ICPE 主席 Jossem 教授的关心和多次指导,这些都极大地鼓舞了课题组成员的信心和勇气。课题组决定编写一套既有文字又有音像的教材，定名为《大学物理学》（音像文字结合教材），即含有文字教材和电视插播片两大部分。这项工作意味着改变传统授课模式，需要教师花费更多时间、精力，去探索新的教学模式、方法，将现代化教育技术恰当地运用在教学中。

1987年下半年，编写组成立了，由叶善专、周永平、蒋福明、马见慈、李仕澂、王克里（东南大学），夏西平、陆起图（空军气象学院），吴曾谟、张未央（解放军通信工程学院），王兴中（南京航空航天大学），孟宪显、施志聪（南京工业大学），顾定安、戴畅（河海大学）和我共六所南京地区高校的16位教师组成（后扬州工学院李寿松老师加入了习题集编写工作）。我担任编写组组长、主编，夏西平任副组长、副主编。电教拍摄团队由这六所大学所在的电教室负责，东南大学电教中心主任徐志瑞、孙荣玲主管。

这套教材是国家教委"八五"规划教材，国家教委高教司、电教司对这项工作大力支持，又始终得到江苏省教委高教处邱坤荣处长、东南大学李延保副校长的长期支持，才得以完成。有关教材的具体编写、出版，则先后经教育部工科大学物理课程教学指导委员会组织审稿，高教出版社立项，从1987年起持续到1995年整整八年。在这期间，得到教材主审西安交大吴百诗教授、西北工大徐绪笃教授、浙江丝绸学院吴颐教授和高教出版社责任编辑黄元铭、王致亮同志的指导、帮助。我深知这项工作的艰难，咬紧牙关和编写组的老师们知难而上勇于探索，共同为此连续奋战了八年，才得以完成这一艰巨任务。东南大学陈笃信校长也甚为关切，曾笑问我："你们的'八年抗战'完成了吗？"

《大学物理学》（音像文字教材）编写的理念，是以教学手段、方法的改革促进教学内容的优化，以教学内容的改革促进现代化教学手段的应用，研究一种现代教学手段与传统教学内容有机结合的新的教学模式。

这一新型教学模式的主要特点就是在课堂上插播有关的电视短片，发挥插播片在"时间、空间、动态、信息"上的优势，达到最优化的教学效果。此教材与传统教材的区别是在文字教材中编入了电视插播片内容。在九十年代，这是比较先进的理念和做法，其规模在中国物理教育界也是首屈一指的。

取舍文字教材内容的指导思想是：在中学基点上提高，适当加强近代物理部分，注意反映新技术的发展与物理学的关系。新教材编入了电视插播片的教学内容，教材的每一章开头列出了配合的插播片目录和主要内容，片中精彩和实用的画面，作为文字教材的插图。凡属电视插播片的内容在文字教材中就适当削弱其叙述。

插播片的内容与教学内容紧密配合，形成系列，针对性强，简洁明了。短片为 2～5 分钟，其内容既是各章节的基本物理概念和重要定律，又是各部分的重点、难点，以及难以用语言叙述的抽象图像、微观机理和在工程技术上的技术运用。全书有插播片 73 个，约 320 分钟。这套电视插播片也是本套教材的鲜明特色。

编写组要完成这部教材的难点，在于制作完整的、系列化的电视插播片，从专题、撰稿、分镜头、拍摄，再到修改、配音、配乐，任务十分艰巨。有的片子拍了三次以上，修改的次数就更多了。

编写组应用电视拍摄动画模拟的手段，用恰当的教学仪器，真实再现一些书本里同学们看不见的或难以理解的物理现象，以及难点、重点。如

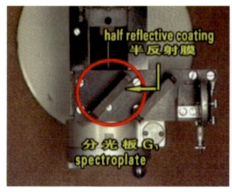 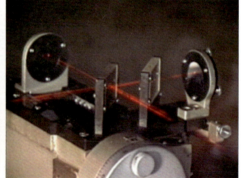

迈克尔逊干涉仪　　　　　　　　　　光路图

迈克尔逊干涉仪及其光路图，用插播片就比较容易明白其机理了。

那段时期，我的脑海中几乎都被文字教材怎么编写、电教片怎么制作所占满。编写组的老师们看到已经上了年纪的我对工作这样认真，也用同样的标准来要求自己。教师们不厌其烦地修改各自负责的电教片，直到满意为止，到 1995 年终于完成了这一艰巨任务。经过编审组主审的认真审阅，教材最终由高教出版社正式出版发行。

在制作过程中，我利用多次出国参加国际学术会议的机会，如 1991—1993 年在日本、马来西亚、美国等地的物理教育国际会议，向代表们展示了部分电视插播片，许多专家、学者对此既有兴趣，又高度评价。1993 年在美国 RPI 举办的有 450 位代表参加的"物理学导论课程国际会议"

音像文字结合教材编写组部分成员：周永平、孟宪显、夏西平、吴曾谟、恽瑛、徐绪笃（主审）、叫善专、马见慈、顾定安

上，我应邀作了"大学物理学电视插播片在课堂教学中的应用"报告，展示了编写组制作的"质心""惯性车""相干波"等电视插播片，得到全场多次热烈鼓掌，深受欢迎。ICPE 主席 Jossem 教授说："这些片子的技术是十分好的——达到了世界水平，且专题恰当，表现的手法也是优异的。"日本筑波大学副校长原康夫说："这是我所看到的电视片中最好的教学资料，虽然它们很短，却能说明一些重要的题目，专题十分恰当，使用的仪器简单，但能说明问题，能引起学生兴趣。"国外学者的高度评价更加激励了编写组成员的士气。

 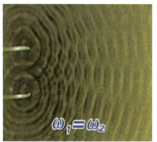 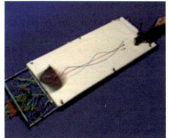

电视插播片中的惯性车、相干波、质心的几个画面

恽瑛在教材研讨会上作有关介绍

参加教材研讨会的代表们合影留念
第一排左五为徐绪笃，左七为冯端，右四为吴颐，左六为恽瑛

在教材正式出版前，我们的教材不仅在编写组的六所院校中试用，并推广到天津纺织工学院、郑州轻工业学院、郑州信息工程学院等十余所院校试用。课题组注意吸收学生的意见，如"旋进""原子核"等插播片都深受学生欢迎，我在课堂讲课时，经常有学生在教室门口"旁听"，体现了他们的浓厚兴趣。

教材编写组在江苏省教委和东南大学领导的支持下，举办过多次"《大学物理学》（音像文字结合教材）研讨会——现代教育技术在大学物理教学中的应用"，得到冯端院士、吴颐教授等的多方指导和积极支持，国内十余所工科高校每次都参加研究、讨论。在广泛听取反馈意见的基础上，最后定稿送审。正是这种严肃的态度，使教材达到了高教出版社的要求，并受到广泛好评和应用。

最终于1995年，由高教出版社出版了国内首部大学物理多媒体教材——《大学物理学》（音像文字结合教材），并于1998年获得国家教育部科学技术进步奖（教材类）二等奖；《大学物理学电视插播片》于1996年获得新闻出版总署、国家教委的优秀电视出版物奖二等奖。

《大学物理学》（音像文字结合教材）出版前，中科院院士、南京大学冯端教授亲自为这套教材写了序言：

恽瑛、夏西平教授主编的《大学物理学》（音像文字结合教材）经过多年的编撰、试用，再经过反复修改，终于全面问世，这是一桩十分可喜的事。我们知道，随着科学技术的突飞猛进，教学手段也变得更加丰富多彩了，过去教师施教只需要几支粉笔、一块黑板，现在情况不同了，有多种的音像技术可以供教师们来选择采用，随之而来的问题是如何利用这些新的教学手段，遗憾的是绝大多数的教材仍然停留在传统的框架之内，未能充分利用先进教学手段所提供的机会，恽瑛教授等所编撰的教材正好弥补了这一空缺，它将音像与文字结合起来，充满了活力，是这一新领域中一次十分有意义的尝试，其中音像部分曾在多次国际物理教学会议上进行展示和讲解，获得了与会海内外科学家的肯定和好评。这一教材的全面出版，将受到从事大学工科物理教学教师们的欢迎，并对我国普通物理教学事业有所促进。

中国科学院院士 冯 端

南京大学教授

1995年7月19日

1995年高教出版社出版的《大学物理学》（音像文字结合教材）共3册。该教材于1998年获得国家教育部科学技术进步奖（教材类）二等奖，上图为文字教材及荣誉证书

恽瑛于1998年获得国家教育部科学技术进步奖（教材类）二等奖

1995年高教出版社出版的《大学物理学电视插播片》，获得1996年新闻出版总署、国家教委的优秀电视出版物奖二等奖

《大学物理多媒体光盘》的出现

我带领的编写组经过"八年抗战",终于完成了《大学物理学》(音像文字结合教材)的编写、出版工作,教材部分的音像是由电视插播片组成。新世纪初期,录像带这种载体已经不再普遍,新兴的光盘开始占据多媒体教学市场。为使电视插播片能更好地应用于教学,我又开始着手将录像带做成光盘,但是,光盘的制作,要有人力,也要有经济上的支持。

编写组原先制作录像带时,就同时制作、出版了《大学物理学电视插播片选辑》(英文版),共26个专题。1998年,我到德国参加GIREP国际会议时,途经意大利,得到了东南大学当时的国际合作处黄大卫老师的帮助,后来才能获得UNESCO的国际理论物理中心(ICTP)的资助,得以完成有创新性的英文版的《大学物理多媒体光盘》。这份光盘并非是对录像带的完全复制,而是在它的基础上,加以删节、增添、扩展、改进,有一定的创意。光盘命名为《大学物理多媒体光盘》(英文版,*Educational Multimedia CD-ROM for University Physics*),它对我在2000年创设"双语物理导论"课程起到了奠基性的作用。

东南大学副校长黄大卫与恽瑛合影,于2018年6月20日在四牌楼大礼堂前

这套光盘共有三片:即CD-ROM 1,力学和振动;CD-ROM 2,波动和光学;CD-ROM 3,电磁学和近代物理,26个专题(后增至37个)。其内容是物理教学中的基本物理概念和重要定律,包括各部分的难点、重点,不易用语言表达的抽象图像,微观机理和工程技术上与物理有关的内容。

多媒体光盘中每个专题的内容包含以下四个部分:

1 教学目的(Teaching Objectives):每个专题解决一两个问题,并说明其"关键词";

2. 视频图像(Video Pictures):全程有英语解说的音频,可训练学生对专业英语的听力,不仅音频是英语的,画面上相应的图像的文字说明

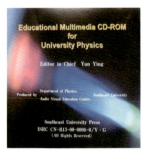
大学物理多媒体光盘（英文版）封面

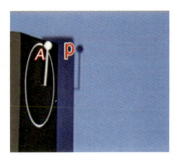
光盘视频中"谐振动"的模拟画面

实拍的"波源运动，波长变化"现象

也是中、英文对照；

  3. 思考问题（Questions for Thinking）：增添了选择题性质的思考题，帮助学生思考、理解概念、定律等；

  4. 答案（Answers）

  1996年，我在美国参加国际会议，会上见到哈佛大学Marzu教授采用的教学方法：对某一概念或现象，设计两三个似是而非的选择题，让学生回答，由此启发学生思考。我立刻想到，如果用电视片的画面，组成思考题，一定更能促使学生积极思考，效果会更好。于是，我在1998年开始制作光盘时，就在每一专题中加入了思考题。这一艰巨的工作，是在由吴宗汉教授推荐的吴健雄学院张莺、董铮铮、张宬乐等三位同学的帮助下，共同完成的。如"半波损失思考题"就对学生理解这一比较困难的概念十分有利，更能激发他们进行思考。

  我分别在1997年、1998年、2000年于匈牙利、德国、日本参加国际物理教育会议上展示了自制的《大学物理多媒体光盘》，深受国内外同行的好评和欢迎，他们纷纷向我购买，这也解决了课题组的一点经济问题。

  《大学物理多媒体光盘》于2000年由东南大学出版社出版。因光盘内容生动，思考题相当有利于理解物理概念，一经出版，就受到国内50余所高校及日、美、德等国外同行的热烈欢迎。

  光盘在使用中，又经多次改进，于2003年出版了第三版（中文、英文各一版）。

  中国物理学会原副理事长、北京大学物理系原系主任赵凯华教授，在光盘再版时题词如下：

  《大学物理多媒体光盘》是在《大学物理学电视插播片》选辑的基础

上加以增删改进而成的，也可以说前者是后者的再版。据我所知，在物理教学中使用电视插播片是恽瑛教授的创造。作为原版的电视插播片受到了广大师生的欢迎和国外一些知名物理教育专家的好评，如今的光盘又与现代强大的计算机技术相结合，将如虎添翼。在此我郑重地向用户推荐这套光盘，祝它在大学物理的教学中发挥更大的威力。

Zhao Kai Hua
2001.6.30

创设"双语物理导论"新课程

创设"双语物理导论"的新课程，是以"两个及早"教学理念为指导，贯彻"跨学科课程串联"的思路，应用多媒体技术，链接物理、英语、计算机三门学科，即以基础物理为平台，以多媒体 CD-ROM 为手段，借助多元的教学资源，创设新型研究性、互动式的教学模式，引导学生积极主动地开展自主学习和研究。为此，2000 年课程创设初期，定名为"物理·英语·多媒体·一体化"（Integration of Physics·English·Multimedia）。

我于 2000 年创设这一新课程时已 75 岁，阔别讲台也已十年，内心未免担忧：有没有学生来选修这门陌生的新课程呢？幸好，上课铃响后，教室里坐着十八位学生，我十分高兴，开始找回黑发时执教的那些热情，或许是受到老师热情的感染，学生们的学习积极性十分高涨，学习效果很好，这给了我极大的鼓励和信心，我觉得课程创立伊始的辛勤付出都是值得的。当时的班长顾吉同学在 16 年后即 2016 年与我重逢时说："记得那是 2000 年的 2 月，我大二，当时选修了恽瑛教授的'物理·英语·多媒体·一体化'课程。第一次上课，恽老师早早地来到了教室，她精神饱满，目光炯炯，拎着一个布包，里面装着一整包的教材。我们那一届是恽老师第一次开设这一课程，课程名称一出，就遭到他人的不理解，当时恽老师说，南京大学冯端院士看到这一书名后说，书名中的点是'一点点'之意，书名的意思就是：物理一点点，英语一点点，多媒体一点点。我们听后，全班大笑。后来课程的名称改为'双语物理导论'，听起来立马高大很多。"

顾吉的回忆，令我非常激动、非常骄傲。

2000 年只有 18 人选修这一课程，到 2001 年却猛增至 102 人，

2016年与2000年第一届学生顾吉（左）重逢

"物理·英语·多媒体·一体化"课程所用教材的初型

2003年"物理·英语·多媒体·一体化"教程编写成型

说明课程还是有生命力的呀！2003年课程更名为"双语物理导论"（Introduction to Bilingual Physics），教务处将这门课定为3学分48学时的必修课，在吴健雄学院一年级第一学期开设，软件学院亦从2005年开始设立此课程。

"双语物理导论"课程以基础物理为平台，连续16年选拔优秀一年级本科生参加国际学术会议。每年编印《学生习作》，为学生提供了层层递进的自主学习平台。在帮助学生转变学习模式、培养学生创新精神和研究能力方面走出了一条新路。

课程组经过十余年的教学实践，总结出"双语物理导论"是一门面向大一新生的引导性、研究型课程。而创建一门新课程，首先要有明确的教学目标，且有恰当的双语多媒体教学资源，更需开创出教学新模式，具体如下：

一、教学目标：强调 自主、桥梁、研究、创新

1. 引导一年级学生转变学习方式，培养其自主学习的能力；
2. 架设物理、英语间的"桥梁"，使学科内容和语言工具有机结合；
3. 激发科学研究、探索的兴趣，培养其初步的研究创新能力。

在教学活动中始终贯彻自主（Initiation）、讨论（Discussion）、研究（Research）、合作（Cooperation）这四个教学方式。

二、建设双语立体化教学资源

在长期积累的过程中，建设了一整套适宜于学生进行自主学习的双语立体化教学资源。

1. 编写了新型的双语教材 Bilingual Physics with Multimedia（《大学物理引论》双语多媒体教材），教材含有的 CD-ROM 部分为《大学物理多媒体光盘》（英文版），该教材由东南大学出版社 2005 年出版，2007 年第二次印刷，并在 2011 年获江苏省精品教材称号。

中科院院士南京大学魏荣爵教授为该书写了序言，序言如下：

恽瑛教授领导的课题组在物理教学方面从事研究工作已有近 20 年的历史。数年前，他们在多年教学研究实践的基础上创设了"双语物理导论"这一多学科集成的课程，以使大学低年级学生尽早具备阅读英文教材、物理文献的能力。这是一项非常有意义的工作。

该课题组在开展此项教学研究工作中，精心制作了《大学物理多媒体光盘》（英文版）并多次修改完善，在多年的教学实践中收到了很好的教学效果。同时，此套教学用光盘也得到了不少国内外知名物理学家的赞许。

最近，该课题组又正式推出了"双语物理导论"课程的依托教材——Bilingual Physics with Multimedia《大学物理引论》（双语多媒体教材）。该教材将动态的视频、音频的光盘，与静态的英文文字教材有机结合起来，是一项新颖而有益的尝试。此外，该教材还辅以适度的参考译文及英语词汇，这些译文和词汇是编者们根据多年的教学实践而编撰的，相信对我国的双语教学有所帮助和促进。

在此，我愿向广大的物理教师推荐此教材，并祝各位教师在此采用此教材的双语物理教学中取得更多的业绩！

中国科学院院士
南京大学教授

"双语物理导论"课程的主教材于 2005 年由东南大学出版社出版（第 1 版）

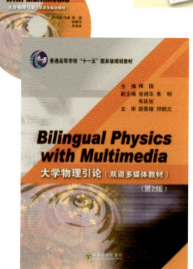

双语主教材（第 2 版）

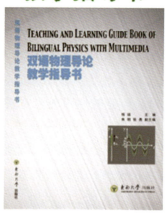

教学指导书

2. 编写了《双语物理导论教学指导书》，该教学指导书充分起到了导教与导学的作用，已被列为东南大学"十一五"校级重点教材规划，2008 年由东南大学出版社出版。

3. 研制出了适合于研究型、互动型双语课堂使用的多媒体电子教案，该电子教案能将抽象的物理概念用图形展示，或用对比的方法显示出相关的物理规律，有助于学生对问题的理解，也有助于教师备课，这对提高教学质量是十分有利的。

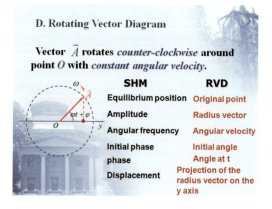

多媒体电子教案中"振动"的旋转矢量法图示

4. 建设了课程的网络教材。2006年制作开发的"双语物理导论"网络课程，为学生提供了网络自主学习平台，同时也为教师与学生间的课外交流提供了一个空间。

三、创建研究型、互动型教学新模式

这是教学课程教学模式中的重点创设项目，是将教学手段、教学方法结合起来的多途径的改革与创新，其主要做法如下：

1. 精心设计基础物理教学中的"关键线"（Key Line），留下学习拓展空间。

设计课程内容时，注重大学内容与中学内容的衔接与提高，以精心设计关键线（力学、波动、光学和电磁学部分分别以"矢量""相位""光程"和"通量"为关键线，近代物理部分以介绍"新现象"为主，如激光等）的方式来编排和串联整个课程内容。"关键线"的方式既保证了学生在知识上有所提高，又为后续课程学习留下自主学习和研究性学习的拓展空间。

内容"关键线"（Key Line）示意图

2. 巧用CD-ROM软件，实现"动、静"结合，激发学生学习兴趣

在进行课堂讲授时以自编的CD-ROM软件为手段，以光盘中"活的"视频直观地表现抽象的物理概念与定律，以"丰富"的音频训练学生的专业英语听力，运用"生动"画面中的中、英文对照词、句来扩大学生的专业词汇。通过恰当地控制"动态"视频画面与"静态"选读教材（Selected Materials）以及板书间的转换，结合教师讲授，将"动"与"静"有机地结合起来，从而形成"活"的课堂气氛。这既能提高学生的学习兴趣，活跃了课堂气氛，又有利于学生在课堂上主动思考，加深了对课程内容的理解。

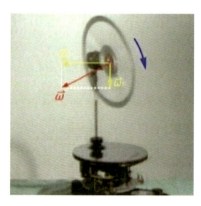

光盘中"角速度矢量"的"矢量叠加法"图示

课堂上恽瑛利用多媒体 CD-R 软件讲解物理问题

3. 活用投票机（Voting Machine）引发学生思考，加强师生互动

课程教学以围绕课程关键线与关键内容精心设计的"应答问题"来激活学生思维，并使用"投票机"（Voting Machine）系统进行课堂适时应答，这是本课程的创新之处。应答问题既可以由教师事先设计，也可以由学生自行设计；提问和回答全部采用英文方式；使用投票机既激发学生主动思考的热情，也培养了学生用英文思考物理问题的习惯和能力。

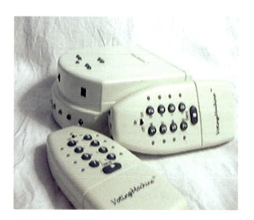

投票机（Voting Machine）

课堂上学生使用投票机进行讨论

4. 创建演讲报告（Presentation）平台，提升学生自主、研究、合作、创新能力

课程搭建了学生自主学习成果的展示平台：每次课都安排学生用英语作 5 分钟的"演讲"（Presentation），训练学生掌握专题研究的过程和

方法；期末安排大型演讲报告，由学生自行组队、专题、收集资料、撰写论文（论文内容大都涉及前沿问题，如"混沌""超导"等）、准备演讲PPT，并用英文做报告。该学习平台不仅培养了学生的合作和英语表达能力，更培养了学生自主研究能力。创建演讲平台是本课程的一大亮点。

5. 搭建提升学生科研素养平台，加强学生"成就感"

从2004年开始，课程组将学生课内外撰写的课程研究性论文（220余篇）、国际会议论文（18篇）、学习心得体会（70余篇）、后续学习的相关论文27篇，以及大量翻译文稿等学习成果，选编成《学生习作》（Students' Papers）。软件学院至2009年已编印了5期，吴健雄学院至2016年已有12期。这在很大程度上强化了学生研究性学习的"成就感"。

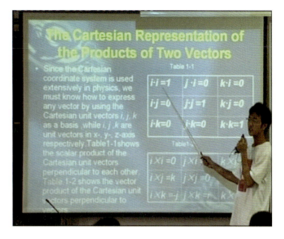

吴健雄学院2007级张腾翔在课堂上作5分钟Presentation

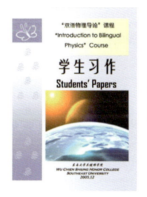 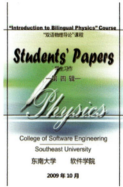

吴健雄学院的《学生习作》　　软件学院的《学生习作》

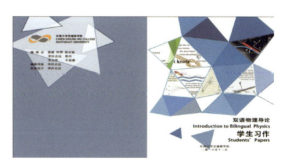

吴健雄学院2016年刊出的《学生习作》

6. 引领一年级学生登上国际讲坛，提高国际学术交流能力

2004年起，课程组从期末大型Presentation和课程论文中选拔三名优秀一年级本科生参加国际学术会议，后又于2005年、2006年、2007年和2008年连续四年带领共24位学生参加中国杭州、日本、菲律宾、美国的国际物理教育会议，学生们的大会报告及表现受到与会代表的高度赞扬。走出国门，开拓了学生的视野，也是实现"两个及早"教学理念的一个组成部分。此举系国内首例，国外亦鲜见。这一尝试对于参加国际会议同学的挑战是前所未有的：不仅要在研究方面取得一定的成果，而且要把自己的研究成果用英语流利地表达出来使听众信服，还要有能力听懂并解答外国专家们的质疑。利用国际讲坛这一平台，学生的国际交流能力得到了极大的增强，成就感和自信心得到了进一步的提升。至今，已选派了58位学生出国参会并登上国际讲坛。

2005级杜源、胡特（左一、二）、与姜坤、李鑫（右一、二）四位同学及恽瑛教授在ICPE2006东京会议的墙报前合影

2016年夏吴健雄学院4名2015级学生和指导老师参加美国AAPT国际会议

"双语物理导论"课程使用课内、课外相结合的教学方法。在课堂上，用英文视频形象地演示难懂的物理概念，使抽象的物理概念变得生动起来，让学生们在活跃的课堂氛围中学到知识，提高兴趣，并在适当时提问学生，以加深其对物理概念和英语的理解。

在课外，课程组要求学生自行选定研究小课题。在查找文献、收集资料、选定研究方案等环节中，启发和引导学生，并多次与他们讨论、研究论文内容。学期末，要求学生用PPT做英文的"Presentation"，进行答辩，报告其研究成果，此种形式得到了学生普遍的认可，给予很高的评价，他们认为这是该课程的一个"亮点"。

"双语物理导论"课程的国内外评价

"双语物理导论"课程自2000年创设，至2016年已有17载，讲授课程也有20多个轮次，在这期间，得到了许多老师、专家、学者的帮助、指导、肯定、赞赏。这些荣誉有的是来自美国著名杂志的，有国家给予的。课程组在此梳理已得到的鼓励，以求在今后的工作中能再上一层楼。

1. 学生对教学新模式的评价

"把物理、英语、计算机三者结合起来，以基础物理为平台，既锻炼了外语能力，又提高了计算机应用水平，是一种很好的教学模式，课程是很有生命力的。"

——机械系1999级顾吉

"课程提倡自主与创新……从'要我学习'变为'我要学习'，而这一转变，起到激发学生的创新意识和潜能的效果。"

——吴健雄学院2008级石路遥

"'双语物理导论'课程教给了我什么？我的更可贵的收获在于，第一次走近了大师，第一次体验了研究性工作，第一次为了论证自己思考的问题而查阅文献，第一次看到了自己被挖掘出来的潜能。对于我而言，这一年的'双语物理导论'课程的学习是一次别具意义的思想启蒙，我反复体会着什么是大学中的做学问，什么是我的大学之道。"

——软件学院2006级顾苏玉

"最重要的是通过导论课程，我们能够及时地了解科研工作，并可以亲身体现科研过程中的点点滴滴。虽然这只是一门导论课程，却让我们在阅读文献、撰写论文、做Presentation的过程中，提高了我们的科学素养，为我们日后的科研工作打下了基础。"

——吴健雄学院2015级郭兴

2. 举办省级、国家级高级培训班辐射教学经验

2003年和2005年由江苏省物理学会举办了两期"双语多媒体大学物理引论高级研修班"，全国各地共有三十余所学校的教师参加。

2008年、2011年、2013年，经教育部高教司批准，由东南大学先后承办三届"'双语物理导论'课程与研究型教学模式创新"高级研修班。全国有近50所高校参加。东南大学郑家茂教授多次参加培训班，并在会议开幕式上致辞，给参会代表很大的鼓舞。

本课程的教改经验辐射到全国六十余所高校，中山大学、福州大学等十余所院校先后开设此课或相应课程。研修班学员深感受益匪浅。中山大学理工学院赵福利教授由衷地赞誉："双语物理导论"课程是文化和科学

2011年郑家茂党委副书记在高级研修班上作报告

2005年"双语物理导论"课程讲习班部分参与人员，第二排右三为恽瑛

两个概念撞击的火花，是科学和语言浇灌成长起来一朵奇葩。

3. 教学成果鉴定会中专家鉴定会的评价

2008年3月20日清华大学等国内著名院校的七位物理专家对《"双语物理导论"课程的研究型教学模式创新》进行了评审和鉴定，专家认为：本项目以"两个及早"的创新教学理念为指导，面向大学一年级新生，以培养具有国际视野的高素质本科生为目标，创建了研究型教学新模式，专家们对该课程一致给予了充分的肯定，认为在培养学生创新精神和能力方面走出了一条新路，取得了一系列特色鲜明、具有国内首创性的教学成果，在国内高校中起到了很好的示范和辐射作用。成果曾被 Science 杂志专题报道，在国际物理教育界产生了重要影响。

专家们对"双语物理导论"课程的研究型教学模式创新实践给予了高度评价。南京大学冯端院士评价它："提供了一种可借鉴的教改经验，值得广泛实践和推广。"北京大学赵凯华教授对此成果的评价是："在培养学生创新精神和能力方面走出一条独特的道路"，"具有很好的示范意义"，"赢得了国际专家非常积极的反响"。

4. 世界著名 Science 杂志对本课程的高度评价

世界著名的科学杂志 Science，为了反映世界各国在本科科学教育改革上的进展，进行了广泛、深入的调查，并在2007年7月出版的第5834期上设立"全球本科教育"专栏，介绍了12个国家在大学本科科学基础教育改革的情况，12篇中就有2篇介绍中国的文章，一篇是 'It's Important to Ask Students to Do Some Work on Their Own'（《重要的是让学生自主做些工作》），介绍了"双语物理导论"课程中所进行的教改工作。文中指出："恽瑛教授创设的这门课程不仅讨论物理所用到的英语，而且也要求学生研究物理课题，并在课堂上报告他们的研究结果。相对于传统的以记忆为主的科学课程，这无疑是一个巨大的变化。"另一篇文章 Many Voices, One Message（《不同的表达，相同的信息》）在称赞本课题工作的同时，更是将我的名字与奥地利维也纳大学的人类生物学家舍费尔教授并提，誉为"代表了全世界致力于本科生科学教育"的科学家。Science 文章中的点评，是本成果的一个极好侧注，也是对我创设的研究型、互动型"双语物理导论"课程的极好的肯定。

Science 5834 期上介绍恽瑛的两篇文章

5. 课题组获得多项国家级奖项

自 2007 年起，课题组已获得江苏省省级教学奖 4 项，而后又获得如下国家级教学奖：

• 2007 年"双语物理导论"课程获得国家级首届双语教学示范课程称号；

• 2008 年 8 月获国家级精品课程称号；

• 2009 年 9 月获第六届国家级教学成果奖二等奖；

• 2014 年获国家资源共享公开精品课程；

"双语物理导论"课程组（获奖团队）成员
左起：张勇、朱明、恽瑛、李久贤、孙荣玲

• 2007年8月，我获得教育部高等学校物理基础课程指导委员会分委员会和中国物理学会教学委员会共同颁发的首个物理基础课程教学杰出贡献奖。

2008年，我已经82岁，但我仍然坚持在教学第一线，站在讲台上，给同学们授课。

2009年9月"双语物理导论"获第六届国家级教学成果奖二等奖

坚持工作了二三十年的"双语物理导论"课程组成员
左起：张勇、方晶、恽瑛、朱明、黄宏彬、孙荣玲、叶兆宁、朱延技

恽瑛教授与其授课的2008级吴健雄学院、软件学院一年级一班学生的合影

恽瑛近 30 年的工作地点——东南大学前工院 117 室

结语

培养学生的综合素质是非常重要的。我们国家一直倡导高等教育要培养具有创新能力的各类人才，而研究型、互动型"双语物理导论"课程正朝着这一方向努力。这门课程教会学生的不仅仅是物理学的专业知识，也不仅仅是英语的应用能力，更重要的是通过这门课程的教学，激发了学生自主学习的积极性，诱发了学生的研究兴趣，让学生们学会了思考，掌握了学习方法，进入了自主学习的模式与轨道，更好地激发和培养了他们的创新能力和自信心，提高了他们的综合素质。

研究型、互动型"双语物理导论"课程是我几十年来心血的结晶，我希望该门课程不仅仅是一个简单的发亮点，更是能够成为培养学生创新能力系列课程的起点！今后我还将把这项工作继续做下去，努力为国家、为社会培养更多的高素质的创新人才。

创设"双语物理导论"已有 17 年，除课程组老师们的辛勤努力外，还需感谢以下老师：党委副书记郑家茂，教务处陈怡、熊宏齐、朱明、潘晓卉、黄祖瑚，物理系杨永宏、周志勇、侯吉旋、张勇、朱延技、叶兆宁，电教中心徐志瑞、孙荣玲、吴军、黄亦兵、方晶、胡凤华，吴健雄学院况迎辉、钟辉，软件学院邓建明、王茜、吉逸、顾芳等。这里特别要衷心致谢的是吴健雄学院钟辉书记，没有她在这十余年中的坚持、发展、提高和创新，"双语物理导论"课程是不可能有今天的成就的！

王桂琼　整理

引领大一学生登上国际讲坛

生于 20 世纪 20 年代的我，在过去的九十余年里经历过了太多的第一次。这其中有我个人的，也有我们所身处的这个国家的。中华人民共和国成立之后，我第一次见到了大范围的民主选举。改革开放之后，我又第一次见到了外资企业在大陆如雨后春笋般的涌现。大概就是受到了所见过的诸多创举的影响，我这才第一次尝试将大一学生带上国际会议的舞台。而这一大胆的设想，也真的成为了现实。

"双语物理导论"课程创设之初，我并没有想过要把教学理念概念化成某个口号。但"及早引导学生进行自主学习、培养其阅读英文资料的兴趣与能力；及早培养其从事研究工作的兴趣与能力"的想法，也即"两个及早"的教学理念，确实是引导大一新生迅速适应大学学习，并走上自主学习、研究性道路的有效方式。我主导创设的"双语物理导论"课程一经实行，便收到了来自学生、同行、领导等多方面的肯定。而我并没有就此止步，总是在梦想"带领大一学生登上国际讲坛"，这才能使学生真正与国际接轨，并为此不懈努力，结果终于将这一设想付诸实践。这一想法也得到了国内外学者、专家的肯定，认为是国内首举、国外罕见。

前奏

"双语物理导论"课程开始面向东南大学本科一年级新生的时间是 2000 年 2 月，当年的我七十五岁，已经退休十年，但我并没有离开校园这片热土，而是选择了坚持站在讲台上，亲自为大一新生上好这重要的第一课。正因为我提出了"两个及早"的教学理念，深知新生教育的重要性，也希望能尽早将这些优秀的学生带领到科研学术的道路上，才会将数十年从教心得总结成这两句重若千钧的话语。之所以说它有千钧之重，并不是为了渲染"两个及早"理念的前瞻性，只为其中饱含了自己希望学生成才的赤诚之心。为学生开设双语学习的平台，并将其中最优秀者带到国际会

参加"双语物理导论"课程的老师们
左起：孙荣玲、吉逸、恽瑛、朱明、钟辉、顾芳

议的现场，物理系的朱明教授将这一举动称为"授之以鱼，不如授之以渔"。

2003级吴健雄学院的学生计元曾问我："您教的是英语课，还是物理课？"我的回答是："我既不是教'大学物理'课，也不是教'大学英语'课，我是教你们学会用英语回答有关物理问题，说明相关问题，学会阅读文献……"

此课程采用的授课方式也不同寻常：平时，我们使用 CD-ROM 等多媒体手段，融物理概念和英语听力为一体；精心设计思考题，用以激活学生思维；学生使用 Voting Machine（投票机）系统进行课堂实时应答；且每位学生都要在课上用英语做 5 分钟的"Presentation"（演讲报告）。期末考查也不采用传统的闭卷考试方式，而是由学生组队做一个稍大规模专题的研究并以"Presentation"的形式进行汇报，据此考查并给出成绩。这些日常的演练，实际上就是为他们登上国际讲坛、能够在学术会议上表达自己观点做铺垫。这些课堂形式在今天也许已经司空见惯，但在当时还为数不多。而这些孩子也就成为了"第一个吃螃蟹"的"勇士"。其中最锻炼人的，莫过于"演讲报告"，在提升了自信的同时，还让学生增强了自主学习的能力，在不知不觉中提高了成绩。上文提到的计元，也认为这门课程令自己受益匪浅："每次课都会用多媒体放映一段与课文配套的电视教学片，通过短片对有关问题的阐述，可以帮助我们加深对物理概念的理解，可以在今后我们撰写英文论文时有所帮助。"

不仅如此，在独立探究、团队合作、英语汇报的几个环节中，学生们在不知不觉中便已对国际交流所必备的能力进行了反复的锻炼。但要参加世界前沿的学术会议，只能流畅地表达还远远不够，必须要有自己的"看家本领"。这"看家本领"，便是此课程的独立创新之处。在2009年国家级教学成果奖评定之时，鉴定组组长、清华大学吴念乐教授给出了如下评价：

国家级教学成果奖鉴定书

成果名称	"双语物理导论"课程的研究型教学模式创新
成果第一完成人及其他完成人姓名	恽瑛　朱明　张勇　李久贤　孙荣玲
成果第一完成人及其他完成人所在单位名称	东南大学
组织鉴定部门名称	全国高等学校教学研究中心
鉴定组织名称	教学成果鉴定专家组
鉴定时间	2008年3月20日

鉴定意见：

受全国高等学校教学研究中心委托，专家组于2008年3月20日对"'双语物理导论'课程的研究型教学模式创新"的教学成果进行评审、鉴定。专家组听取了项目主持人的总结报告，审视了网络课程和成果展示，仔细审阅了成果推荐书和相关资料，进行了认真的讨论，形成如下鉴定意见：

"双语物理导论"课程于2000年开始创设，经过8年14轮教学实践，在培养学生创新精神和能力方面走出了一条新路，取得了一系列可喜的成果：

1. 创设并实践了一种研究型、互动型的教学模式：强调自主（Initiative）、讨论（Discussion）、研究（Research）与合作（Cooperation），人人参与的演讲报告（Presentation）等教学手段能充分激发学生的求知欲望，极具挑战性，深受学生欢迎。

2. 编辑出版了"双语物理导论"课程系列教材：《Bilingual Physics with Multimedia》（《大学物理引论》，双语多媒体教材）、《教学指导书》、《"双语物理导论"课程教学研究论文集》、《学生习作》等。这些内容详实的书面资料与多媒体资料对希望从事研究型教学模式探索的师生们具有很好的借鉴意义。目前已有多所高校使用这些教材，并参照他们的经验，开设了相应课程。

3. 面向大学一年级新生，坚持两个"及早"的教学理念：及早引导学生进入自主学习，培养其阅读英文参考资料的兴趣和能力；及早引导学生进行自主讨论与合作研究，培养其从事研究工作的兴趣和能力。从编印的5册《Students' Papers》集、发表的课程论文以及学生参加国际会议备受关注的情况都充分表明，这一课程的学习使大一学生在自主学习能力、合作研究能力、国际化视野和中英文交流表达能力方面都得到了很大的提高；课程被评为2007年国家级的双语教学示范课程。

4. 教学改革是一件很艰难的事，需要教师长时间、全身心地投入精力。令人感动的是完成此项教学改革并取得丰硕成果的带头人是德高望重、从教60年的恽瑛教授。我们欣喜地看到，在恽瑛教授精神的感召和精心组织下，一支老中青结合的教学团队已经形成。

本项目以两个"及早"的创新教学理念为指导，以培养具有国际视野的高素质本科生为目标，创建了研究型教学新模式，取得了一系列特色鲜明、具有国内首创性的教学成果，在国内高校中起到了很好的示范和辐射作用。成果曾被《Science》杂志专题报道，在国际物理教育界产生了重要影响。鉴定组一致同意通过该项成果的鉴定，并建议推荐申报国家级教学成果奖。

鉴定组组长：吴念乐

2008年3月20日

国家级教学成果奖鉴定书

"双语物理导论"不仅获得了教育界的认可,还获得了学生们的一致好评。2008级顾志毅说:"双语物理导论与其他大学课程有根本性的不同。其一,开设课程的目的不同;其二,课程的进行方式不同;其三,课程达到的效果不同。"

将本科一年级的学生带到国外,参加世界级别的学术会议,这种在今天被称为"创举"的实践,最初其实来自脑海中一闪而过的想法。或许这种突然闪现的念头会被湮没在繁琐的工作之中,然而我牢牢抓住将这转化为"双语物理导论"付诸实践的灵感,开始认真考虑,积极地创造条件、争取机会。对任何一位教师而言,要将一年级学生带到国外参加国际会议,都是无法独立完成的工作。我深知工作开展起来将会遇到的难度,于是决定向郑家茂、李久贤等学校领导寻求支持。在得到教务处、物理系、吴健雄学院、软件学院等各方面的积极回应后,我变得越发有信心了。当时我已年过八旬,但每到选拔出国学生时都一定会亲自参加,和钟辉、周智勇、吉逸等老师一起确定最终人选。对于受家庭经济条件限制的学生,我还积极地向学院请求支持部分经费,为的是让有才能的学生能够走上国际舞台,锻炼自己、展示自己。

打破常规:带领大一学生走进国际会议

记得改革开放不久,一种叫"可口可乐"的外国饮料开始出现在我们的视线里。第一次喝到这种碳酸汽水的人当中,有的说这东西有一股子药味儿。可就是这有点儿药味儿的饮料,即使在现在也仍然为人们所喜爱。当时我就在想,有些时候,打破常规的尝试未必就会失败呢!

本科一年级学生参加国际学术会议,这不仅对大多数学生而言是遥远的梦想,就连资深的教师也未必能做出这一具有挑战性的创举。然而伴随"双语物理导论"课程的日益成熟,我认为到了可以尝试的时候了,可以让学生进行"真刀真枪"的演练了。因此,在得知2005年由浙江大学、东南大学联合主办的"国际物理教育研讨会暨第四届中日美大学物理教育研讨会"召开之后,我"灵机一动",立刻与吴健雄学院常务副院长李久贤教授商量,看能否挑选吴健雄学院2004级几位优秀学生,去杭州参加国际会议,李院长当场认可了这种创想的可行性,这就是一个打破了常规的活动。

2005年暑假,我带领顾俊辉、孙紫徽、孔蕾等三名学生首次出席了在杭州召开的国际物理教育研讨会。这三位大一学生都已完成了"双语物理导论"课程的学习,他们都觉得通过学习这样一门创新的课程,"单词量有了明显提高,听力水平也提高了";不仅如此,还能"独立地阅读一些英文的文献,来扩充自己的物理知识"。对于此次国际会议,他们无不怀着期待的心情跃跃欲试,但欣喜之余,又有些不安。

我和学生都知道,将大一学生带上国际会议这一举动,在受到关注和期待的同时,也必然要面对质疑,也正因如此,他们更深知要用实力说话。

吴健雄学院2004级顾俊辉在《大学回忆》一文中这样写道:"我能够成为我们这一届的三个学生代表之一,跟随恽老师参加2005年在杭州的国际物理教育研讨会,是我意料之外的'幸运',非但如此,我还获得了一次在国际会议上作演讲的机会,而这次会议留给我的,是敢于表现、对自己充满自信的心态,哪怕是在国际会议、哪怕是在学术界泰斗面前。"

功夫不负有心人,经过师生的共同努力,顾俊辉同学作为三名学生的代表,以题为"The Effect of Enhancing Quality and Ability from the 'Introduction to Bilingual Physics' Course"作了发言,发言流畅而精彩,获得了一致好评。后来顾俊辉在回忆的文章中曾经这样写道:"因为这是国际物理教育会议,虽然是第一次身处这样的大场面,却因为某种内心深处微妙的心理,发言总体是成功的。"

孔蕾在《杭州之行有感》一文中对于参加国际会议也有着相似的心情:"我们感受了国际会议的气氛,锻炼了胆量,能够鼓足勇气当着那么多名教授的面提出自己的问题、讲出自己的见解,真的是件很困难的事情。我

2005年参加国际物理教育研讨会暨第四届中日美大学物理教育研讨会人员合影
左起:恽瑛、近桂一郎、孙紫徽、顾俊辉、孔蕾

们对自己所要讲出的一切都要深思熟虑。"而孙紫徽也曾提到,教授们一言一行都表现出严谨的治学精神,对出现的问题绝不放过,追根究底不含糊,都让他受益匪浅。

2005年的杭州会议作为一次成功的尝试,是我今后带领大一学生出国的良好开端。

2006年东京ICPE国际会议:大一新生走出国门的创举

我到现在仍然记得换下蓝色工装,穿上印花裙子的那一刻,蓝、灰、黑的海洋,随着国门的打开,渐渐开始有了斑斓的色彩。这种变化不仅仅表现在人们服装上,更是一点点渗透到了心里,仿佛阴天之后的彩虹,让思想开始活跃了起来,对广阔的世界开始有了前所未有的强烈向往。我想,今天的孩子是幸运的,他们有着太多的机会和可能性走出国门,到完全不同的地方去看一看。

2005年,顾俊辉等三位同学在杭州国际会议上的出色表现,受到了国内外学者、专家的一致好评,同时,也增强了我带领大一新生参加国际会议、登上国际讲坛的信心。当时,我就得知2006年夏东京即将举办一次大型ICPE国际会议,日方代表近桂一郎、小林正明等教授主动邀请我第二年带领学生参加东京会议。于是,在吴健雄学院李久贤、钟辉和软件学院王茜、邓建明等老师的积极支持下,选出了李鑫、杜源、胡特、姜坤四位同学赴日本参加东京召开的ICPE东京国际会议。此次会议相距1986年的ICPE会议恰好二十周年,ICPE主席Jossem教授特意印了相隔20年的两张照片作为留念。

在选定学生后,四位同学都怀着紧张而兴奋的心情极其认真地准备自己的论文。他们先在各自的班上作了报告,而后又与老师共同讨论、修改摘要,再形成英、中文各一份文稿,作PPT及宣讲的过程中更是力求完美。据杜源回忆,当时"论文的一个Abstract就前前后后修改了八遍,每一遍都是恽老师细细审查然后给我们提出各种修改意见"。又如胡特在离开上海前又讲了一遍,李鑫对自己的PPT反反复复地完善,姜坤的张贴文章则一再选用图像、彩页,以使观众更易理解。而后来会议上这几位小将流利的发言、自然的回答,回报了他们之前辛勤的付出。

2006年8月13日,我的愿望终于实现了:这是我首次独自率领四名大一学生赴日本东京参加ICPE国际物理教育会议。当时的会议代表有430余人,来自25个国家。为了在这首次"出征"中凯旋,师生们早在

胡特、姜坤、李鑫、杜源、四位同学及恽瑛在 2006 年 ICPE 会上与原 ICPE 主席 E.L.Jossem 教授（右一）合影

四个月前就已开始了紧张而有序的准备工作。在 5 篇论文摘要投交会议组委会后的一个月，我即被会议主席兵头俊夫通知：论文已被接纳，需要在 7 月前全文寄出，并说明我和李鑫、胡特三人为口头报告（Oral），杜源、姜坤为张贴报告（Poster）。

报告题目是：

1. 恽瑛、张勇、叶兆宁、朱延技：*Cultivating Creative Ability of Freshman Students by Bilingual Physics Teaching*

2. 李鑫、陈军：*Time Travel*

3. 杜源：*Yesterday, Today and Tomorrow of Space Flight*

4. 胡特：*Beauty of Physics and Art in My Eyes*

5. 姜坤：*The Nature Behind the Phenomena of Light*

回想起在东京会议上报告结束之时的场景，我的耳畔仿佛还有久久不息的雷鸣般的掌声。当时师生们的表现获得了全场人员的认可。胡特同学的文章内容新颖，他流畅的英语表达更为论文增色不少，而且，他敢于在 400 余人的大会上向报告教授提了一个有质量的问题；杜源、姜坤的张贴报告吸引了许多代表，他们也消除了开始时的紧张情绪，自如地与各国的学界代表交流，介绍自己的观点……

当然，最引人瞩目的莫过于大学一年级学生参加如此大型的国际会议这种行为本身。

会场上，有的学者对"双语课程导论"课程本身感兴趣：我与李鑫的报告是在同一会场，这无形中现场展示了"双语物理导论"课程的目的与作用，会后便有意大利、日本等国代表索取 Bilingual Physics with Multimedia 教材，并对李鑫同学在繁忙的一年级学习中权衡多门课程的学习能力表示欣赏。有的学者更关注这些大一学生撰写的论文。有的学者对"双语课程导论"课程本身深感兴趣。

会后，马里兰大学著名物理学家 Redish 教授遇到我时就表示关心："Your Students？"ICPE 原主席 Jossem 教授则像一位长者不断提醒他们应注意的问题。四位同学也很懂礼貌，他们向日方主席兵头俊夫、近桂一郎、笠耐等教授表示感谢，感谢教授们帮助他们能如期参加会议，他们也积极地向会议多位代表们学习。

美国马里兰大学 Redish 教授（右三）、恽瑛（左三）和四位小将

2006 年 ICPE 东京会议，左三是日方主席兵头俊夫教授

2006 年 ICPE 东京会议，左四是日方组委会委员上智大学笠耐教授，左三为恽瑛

四位同学学到了什么呢？下面是他们的感言：

吴健雄学院杜源写道："张贴海报时，'两怕'让我手心的温度变化很是剧烈。但当我交流的欲望让我勇敢地邀请第一个参观者之后，一切都变得那么自然。第一次让我感受到了连续说英语两三小时，把自己嗓子说哑的自豪感和满足感。"

软件学院姜坤在《从无到有》一文中写道："在 poster 张贴前……在等待，我们怀着希望别人关注又畏惧别人关注的矛盾、紧张心情……当时的场景，很多人友好地听了我的讲解，并且给了我很多好意见，这让我深受鼓舞……而我当时的感觉就是 enjoying it。"

吴健雄学院李鑫在《东京之行的收获》一文中写道："我们也明白，做到充分了解先进的东西，并学会思考创新地应用它，才能真正让自己成为国家需要的人才，让自己的国家强大。这次东京之行的收获，会让我们充满坚定的决心。"

胡特同学在《感受物理所带来的》一文中写道："在一次全体大会上，我用英语向作报告的教授提了一个问题，教授也认为我提的问题很有价值。这是一件让我十分自豪的事情，证明了我的胆量、勇气及交际能力。也让我有了一个更加清醒的英语学习目的！""总体来说，我们这次在会议期间的一切，都足以让我们深深的思考。我印象最深的是恽老师说的一句话：'做事要时时准备好！'教授们对我们的关注及嘱咐，让我们深深感到自己所肩负的使命。"

同学们的这些出自内心的感言，表达了他们从会中得到的收获。

对于参加了 2006 年日本东京 ICPE 会议的软件学院 2005 级胡特同学，学院副书记顾芳老师这样评价："胡特参加会议前后判若两人。以前是很调皮的，现在每天清晨一大早就到宿舍房顶上去念英文、背英文单词。"

同时参加会议的同济大学王祖源教授在她的会议报道中写道："学生们在会议上的精彩发言以及会议期间的表现，引起了与会代表的很大关注，成为本次会议的又一亮点。"

东京之行，是大一新生首次出国，他们在国际会议上表现出色，深受赞扬，为此次会议增添了光彩。会议的场景和师生的情谊是我终生难以忘怀的。

2006年胡特在东京 ICPE 大会上作报告

ICPE 大会上，杜源在张贴他的墙报旁

2006 年日本东京 ICPE 国际物理教育大会与会代表合影，第二排左十四为恽瑛

巩固成绩，菲律宾 IOSTE 国际会议

我依然记得，东京会议结束后，不少美国、意大利、日本、巴基斯坦代表都在会后问："Your Students？"并纷纷要求合影留念。学生们第一次出国，就能在国际物理教育学术研讨会这样的重要会议上，提出有价值的问题，会后能与代表们交流，反映了他们的英语能力与科学素养，这使我对学生们的信心就更进了一步。

每年带领大一学生出国，参加国际会议，是良好的愿望，但也要考虑是否有适合的会议、会议的负责人是否愿意邀请学生参加。我从 2006 年 ICPE 会议后，就考虑这一问题。当时第一个想起的，是日本上智大

2007年恽瑛等带领吴健雄学院、软件学院2006级7位大一学生去菲律宾参加IOSTE国际会议，左四为恽瑛

学的笠耐教授，她是我的好朋友，可以请求她的帮助。果然，笠耐很快答复，2007年菲律宾Talisayang教授要组织国际会议。我与她也是老朋友了。这样，2007年夏在菲律宾大学召开的IOSTE（International Organization of Science and Technology Education，科学与技术教育国际委员会）会议，Talisayang教授是会议主席，她很快就给我们9人（吴健雄学院郭昱晨、钱逸、胡秦然，软件学院尤昊、顾苏玉、李煜、陈敏伟，我和黄宏彬老师带队）发了邀请信，而且每一位都要口头报告，这是多么难得的好机会啊！

　　会议一开始，就令外国代表们感到惊讶：怎么恽瑛带领了7位一年级学生来呢？幸好，正式大会开始，主席就请我作报告，我满怀激情地说明了"双语物理导论"课程的内涵、特色、多年实践的经验、学生们的积极反映，特别是这几年带领一年级学生参加国际会议的实况等。过后，郭昱晨同学反映说："恽老师给我们开了个好头，如潮的掌声和接踵而来的赞赏，使我信心大增……"后来，当他自己作报告时"我开始讲第一句话时，我看到的是一双双饱含着鼓励的眼睛，在这时，我已完全忘记了我正站在一个国际舞台上展现自己……虽然，我的报告还有很多不足之处，然而我们所听到的，还是来自各方的褒扬和鼓励……我们要做的就是将这种热情和希望转化为成功。"

胡秦然同学在 IOSTE 大会上作报告

IOSTE 会议主席邀请顾苏玉（站立者）、尤夒（中）、胡秦然（左）三人报告后到主席坛上接受答辩

答辩后，会议主席（左二）与尤夒（左一）、顾苏玉（右二）、胡秦然（右一）合影留念

会场上，钱逸同学的"混沌（Chaos）"报告受到了极大的欢迎，因为这是一个难懂的物理新概念，他却能利用PPT深入浅出地让概念易懂。报告后，美国、菲律宾等大、中学老师都向他来索取课件，场面十分热烈！

尤夒、顾苏玉、胡秦然三人在大会报告后，主持人请他们三人坐上主席台，接受代表们的种种提问。对此场景，我也十分吃惊。自己也没有经历过这种场面，不知学生能否应对。令人意外的是，三位同学回答时镇定自若，会场上掌声一片！

尤夒回到学校后说："从一开始什么都不懂的大一新生，到最后懂得如何自己去做研究，是一个从无到有的过程。但是有还是远远不够的，从无到有的只不过是一个从'0'到'1'的过程，而我们要做的就是将这个'1'变大……"2017年，当她回忆十年前首次出国的经历时写下了《十年，如故》的文章，其中满怀对老师的感激与深深的感慨："十年，重要的不再是那次出国，重要的不再是那次演示，重要的甚至也不再是那次经历；重要的是，早已习得的英语使用能力，终身相伴的自我学习能力,以及从恽先生那里学习到的深入骨髓里的坚持,坚持梦想、坚持努力、坚持折腾,这样的我始终相信即使我一辈子是一个平凡人,也能做出不平凡的事情。"

吴健雄学院郭昱晨同学在《追逐梦想》中写了如下感想:"……正是这门课程,给了我追逐梦想的机会。让我在枯燥的学习中,找到了一个自我研究、自我挑战的平台。我想,这也是恽老师设立这门课程的初衷吧……这门课给予我们的,不仅仅是知识和能力,还给了我们去实现梦想的平台,给了我们机遇,如何去把握机遇。"

同学们的报告和表现,得到参加会议的专家、学者们的多方面的表扬和鼓励:

" …But above all, I congratulate you for a job very well done. I'm so much impressed and inspired seeing you on stage presenting your 'masterpiece' of still a very young age. (……祝贺你们做了这些非常精彩的报告。看到你们还是如此的年轻就站在国际的讲台上呈现你们的'大师之作',让我印象深刻,同时也让我深感鼓舞。)"

——Prof. Genesis G. Camarista, West Visayas State University

"To Gu Suyu, Very good presentation at the IOSTE Regional Conference at University of the Philippines. Keep up the good work, and be a frontrunner in your field. (顾苏玉:你进行了一次精彩的演说。请继续保持这样出色的工作,并在自己的学科领域中做一名前驱者。)"

IOSTE 大会组委会发给胡秦然同学的论文证书

—— Prof. Yoong Suan, IOSTE Governing

IOSTE 大会中许多教授、代表在听过东大学生的报告后说:"This reflects how successful the Bilingual Physics and Multimedia program has demonstrated……(学生的出色工作反映了双语物理导论课程是多么成功……)"

IOSTE 大会组委会发给每一位报告者一张正式的论文证书,这显示了组委会对同学们工作的肯定和尊重,值得珍惜。

IOSTE 会议中东大参会学生与会议主席 Talisayang（右五）及部分代表合影，右六为恽瑛

IOSTE 会议结束后，胡秦然同学多次收到多位会议中的国际友人的来电、来函，邀请他参加其他国际会议，他都不知如何应对这种友情。如今，胡秦然在取得博士学位后，已开始在美国哈佛大学进行博士后的深造，或许，在世界的某一地方，朋友们可能再次相会。

步入常态：AAPT 会议的出色表现

2007 年在菲律宾参加的会议十分成功，这无疑更加坚定了我的信念：一定要把这项工作坚持下去，给学生提供一个展示自我的平台，拓宽他们的国际视野，提高他们的国际学术交流能力。但是，如何能在每一年找到适合学生参加的国际会议呢？我此时立刻想到 ICPE 原主席 Jossem 教授，请他与美国 AAPT（American Association of Physics Teachers，美国物理教师协会）联系，同意学生参加会议。果然，Jossem 很快就告知应该如何申请参会、办理各种相关手续等等。由此，从 2008 年至今的 10 年，每年都有选拔优秀学生去美国参加 AAPT 会议，而且他们每次都深得好评。

2008 年暑假，钟辉老师率领 5 位 2007 级一年级学生参加了在加拿大埃德蒙顿举办的 AAPT 会议，他们是东南大学吴健雄学院 2007 级的孟玲玲、张腾翔和戴斌斌，软件学院 2007 级的黄虹影和张泽西。

软件学院黄虹影等 5 位学生在《我们的成长》中写道:"……我们获得的不仅仅是一篇论文,获得的是做研究、做学问应持有的态度……做任何一件事,结果重要,过程更重要。自主学习、研究和团队精神就是我们在大一时期在'双语物理导论'中学想到的最宝贵的东西。"

吴健雄学院戴斌斌在《我们才刚刚开始》一文中写道:"在加拿大埃德蒙顿参加 AAPT 会议时,在做 Poster 报告的前一天晚上,在宿舍里无比兴奋与激动,以致整晚都未能入眠……第二天做 Poster 时喷射出的唾沫星或许还在展板上,但是,那种回忆会像我用图钉在展板上面留下的痕迹一样深刻。""……我们能够深刻认识到,恽老师给我们定下的'两个及早',她希望她的学生能够通过她创立的'双语物理导论'这门课程,把这门课程作为我们开始的一个起点,去一步步完成那'两个及早',早日能够与国际接轨,能够和别人在同一起跑线上竞争,复兴中华!"

到了 2009 年,我和钟辉、顾芳三位老师带领 7 位同学,赴美国参加 AAPT 会议,7 位学生分别是吴健雄学院 2008 级学生翟晨曦、周佳骥、顾志毅、周佩佩、梁乐、刘岩,以及软件学院的张楷旋,他们展示自己研究成果的方式都是全英文的口头报告或张贴海报。

这次赴美的日程是先在 OSU(俄亥俄州立大学)举行一小型研讨会,然后再到 Michigan 大学参加 2009 AAPT 大会。

在马里兰大学获得博士学位的包雷教授是从东南大学毕业的,他已在 OSU 负责物理教学工作。从 2006 年开始的几年,他始终帮助我和钟辉老师解决学生参加 AAPT 会议的各种困难。这次,他多安排了一次研讨会,以使学生得到锻炼。

会上,Jossem 作了报告。会后,他还请所有代表吃饭,精神很好!哪知他在 10 月就突然离世了!那么好的一位杰出物理学家,令所有人为之扼腕叹息!我更是感到伤心不已,因为我从他那里得到了太多指导和帮助!

2009 年，恽瑛、钟辉、顾芳三位老师带领 2008 级 7 位同学赴美国参加 AAPT 会议

2009 年，Jossem 教授在 OSU 餐厅宴请全体参加会议代表，图为代表们的合影，前排右一为恽瑛

  在 AAPT 会议上，同学们都积极展示自己的 presentation，并与前来观看的代表们交流，可见他们也逐渐成熟了。2008 级周佩佩在经过美国海关时看见当时使用的检查仪器恰好与她的论文内容相关，因而十分兴奋。她在 Michigan 大学 AAPT 展示她的墙报后写了《"沙漠"里的"绿洲"》一文，其中有"大一第一学期的'双语物理导论课程'是我的'绿洲'，带给我信心、力量和渴望奋斗下去的决心……""在 Michigan 大学绿意

葱葱的校园里，浸润在她特殊的科学与文化氛围中，我收获的不仅仅是知识，更是一种态度、一种心境。那时对科学严谨、认真又不失活泼的态度，一种把科学当伙伴不为之所累的心境，而这，也是属于'双语物理导论'的魅力，使我在最艰苦的环境中，对将来的工作、生活，都充满信心！"

2008级学生梁乐的个人感悟为："双语物理导论"让我第一次有机会完全用英语去做课题研究，并用全英文展示团队所取得的研究成果，这对一个大一学生而言的确是一个巨大的成就。一方面，这大大提升了我的自信心，另一方面也帮助我培养起高年级以及研究生阶段从事研究工作的基本习惯和能力。2009年赴美参加AAPT会议的经历更是让我有幸能在大一就感受到国际学术研究的氛围，这对我后来选择出国留学和继续从事研究工作产生了非常重要的影响。

在与北美学者交流的过程中，学生们被学者们热情和爽朗的性情、严谨而务实的治学态度深深感染。而在与同龄学生的相处中，他们更是发现了自主研学的重要性和价值。回国后学生们撰写的参加国际会议的感受被刊登在《国际物理教育通讯》上。更重要的是，学生们在参加国际会议回到学校之后，还能定期举办感受交流会，向同学及学弟学妹们分享自己的与会心得。例如，2009级同学举行的内容充实、有创意的总结会，名为"'双语物理导论'课程经验交流会 美国之行——起航"，鼓励后辈们奋发努力，力争继续参加国际会议及相关活动。

值得一提的是，从2005年起，吴健雄学院每年坚持编印《学生习作》（*Students' Papers*），坚持至今，已有12期，目的是通过将学生撰写的心得体会、研究性学习论文、翻译的有关文献、Presentation等文章刊印成册，增强学生的"成就感"。

2010年后，在吴健雄学院况迎辉、钟辉、周志勇、侯吉旋老师的悉

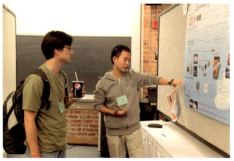

周佩佩（右）与外国学者在AAPT展示会场上　　梁乐向外国学者讲解自己的墙报

2016年吴健雄学院编印的《学生习作》,封面与封底图案由学生自制

心指导下,加上同学们热情、认真的努力,大一学生每年一度参加AAPT的活动已成常规。在出国留学已经成为一种常见选择的今天,我依然希望孩子们能够努力争取、珍惜在国际会议上与外国专家交流的机会,同时也希望这一举措,今后能继续坚持、发扬光大。

2016年夏吴健雄学院2015级学生在美国旧金山AAPT国际会议上与外国学者合影

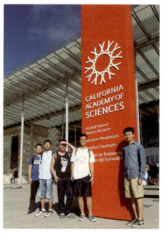

2016年吴健雄学院2015级四位同学与授课侯吉旋老师(右二)赴美国旧金山参加AAPT国际会议

SPS 的创立、《初鸣·扬帆》的出版

仅仅有一部分学生拥有宝贵的参会经历是不够的,我更希望他们能像一面反光的镜子,把投射到他们头脑中的学科前沿之光,反射回自己的母校,让更多的同学受益。发挥大一学生的研究潜力,引领他们走上学术道路,这正是我坚持开设"双语物理导论"课程的目的所在。

2010年,美国物理联合会(American Institute of Physics,AIP)北京代表处首席代表艾星涛博士特邀东南大学加入"大学生物理学会"(Society of Physics Students,SPS),当年12月,她与Mark Cassar博士一同来南京,在东南大学举行启动仪式,成立了"东南大学SPS分会",这是国内首个大学生物理学会分会,第一届主席为吴健雄学院2008级梁乐同学,秘书长为2009级杨云捷同学。

大学生物理学会是一个旨在为物理学习者和物理教师服务的专业性学术组织,目前在全球拥有4 100余名会员,遍布全球众多高校。

启动仪式刚刚落下帷幕,大学生物理学会东南大学分会就举办了第一次活动:Poster Session,参与海报展示的有第六届江苏省物理竞赛论文的两个特等奖作品——霍雨翀的《两个不等光强非相干光源的分辨研究》

SPS启动仪式后合影
前排左起:梁乐、熊宏齐、朱明、恽瑛、钟辉
后排左起:周智勇、艾星涛、Mark Cassar、杨云捷

和钱辰的《一种测量有序多孔纳米薄膜材料厚度的新方法》等。

2013年，吴健雄学院参加AAPT会议的学生在会议上得知大学生物理学会（SPS）东南大学分会获得2012年度全球杰出分会奖的喜讯兴奋不已。

由"双语物理导论"课程将学生带领上国际舞台的良好传统保留至今。让我印象极为深刻的是2010年，因教师的出国签证未能及时批准，当年仅有四位同学前往美国参加会议。这四位大一学生克服了航班延误两天、环境陌生、错过发言时间等一系列困难，迎难而上，多方联系，陈述原委，最终顺利在会议上做了报告，这让我对学生们的成长欣慰不已。

《初鸣·扬帆——"两个及早"引领大一学生走上国际讲台》一书于2009年出版

"双语物理导论"课程改变了教师唱主角、学生当听众的传统教学模式，以学生主动学习为主体，强调学生自主学习、研究。在数年的积累后，产生了大量的优秀学生习作，于是便有了《初鸣·扬帆——"两个及早"引领大一学生走上国际讲台》一书的诞生。这本以记录学生成长为主体的书，分为《足迹》《感想》《求索：研究性学习》《远航：后续发展》四个篇章，收录了学生学习"双语物理导论"课程以及参加国际会议的亲身体会、经验和感受，展示了"双语物理导论"课程在"两个及早"的教学理念的指导下，如何激发了学生学习的热情，培养学生自主学习、研究能力，如何开展研究性学习，以及如何促进本科四年后发展的深远意义。

在《初鸣·扬帆》出版之际，北京大学赵凯华教授还特意撰写了热情洋溢的序言，并期待其能激发更多学生进行科学研究、探索的兴趣。序言里写道：

恽瑛先生从2000年起开设的"双语物理导论"课程，经过9年17轮的教学实践，在培养学生创新精神和能力方面走出一条独特的道路，引发了学生（特别难得的是非物理专业的学生）浓厚的兴趣，极大地调动了他们学习的积极性和主动性，取得了非凡的效果。恽先生的教学理念是两个"及早"，即及早引导学生进入自主学习，培养其阅读英语参考资料的兴趣和能力；及早引导学生自主讨论和合作研究，培养其从事研究工作的能力。这一理念符合当前国际高等教育改革的大趋势，具有很好的示范意义。在这门课程的带动下，恽先生每年组织修读此课的部分大学一年级学生参加国际物理教育会议，他们在大会上发言和张贴墙报交流，赢得了国际专家非常积极的反响。*Science* 杂志还专门对此工作作了报导，在国际物理教育界产生了重要影响。这一课程的学习使大一学生在自主学习、合作研究、中英文表达和交流的能力和主动性方面的提高，非常突出。

北京大学教授 赵凯华

于二〇〇八年十一月

Science 报道的相关情节

也许您还记得，前面已经提到过：世界著名杂志 *Science* 2007 年 7 月在 5834 期的"全球本科教育"专栏中，介绍了 12 个国家大学本科科学基础教育的情况，其中有两篇文章介绍了我的研究型"双语物理导论"课程的教学探索和实践，并作了详细报道。这无疑是对"双语物理导论"课程的创设，以及将大一学生带出国门参加国际会议这一系列创举的肯定。

2007 年年初的一天，我接到了一个来自北京的陌生电话。一位自称是 *Science* 的记者 Dennis Normile，开门见山地问了"你为什么要做带大一学生参加国际会议这件事"等三个问题。我记得我的第一个回答是，之所以做这件事，是"一定要培养学生学会自己做些研究工作、学会自主学习"！在此次通话里，我建议记者与中科院高能所薛景埕教授在北京见面，因为薛教授是我们的"双语物理导论"教材的主审者，当面讨论，才可能把情况说得比较清楚。

不久之后，Dennis 又打电话给我，问是否可直接打给当时参加东京会议的胡特、杜源、李鑫三学生，我说当然可以。当三人

Science 记者——
Dennis Normile

接到电话时，既兴奋又紧张，但还是比较好地作了回答，尤其是胡特，Dennis 在电话中夸他说："Your English is very good！"这使胡特欣喜不已！此后，Dennis 又打了几个电话给东南大学相关领导，进一步了解情况。

Dennis 记者为什么起意要在 Science 报道此项工作？我推测，可能是 2006 年东京 ICPE 会议上我报告了"'双语物理导论'课程的创建和发展"以及学生们的出色表现，引起了 Dennis 的重视。

有关"双语物理导论"课程的相关工作及其特色的相关报道便出现在 2007 年 7 月的 Science 上。其中：'It's Important to Ask Students to Do Some Work on Their Own'（《重要的是让学生自主做些工作》）写道："恽教授从 1980 年访问了美国几所主要的研究型大学以后，就一直酝酿着如何改进物理教学。她确信有必要让那些想出国深造的中国学生掌握相应专业的英语，同时意识到'重要的是让学生自主做些工作'。这两点正是'双语多媒体物理'教材和 CD-ROM 的核心思想。这门课程不仅讨论到物理所用到的英语，而且也要求学生研究物理课题，并在课堂上报告他们的研究成果。相对于以记忆为主的传统的科学课程，这无疑是一个巨大的变化。"

另一篇文章 Many Voices, One Message（《不同的表达，相同的信息》），则将我与奥地利维也纳大学的人类生物学家舍费尔教授并提，誉为"代表了全世界致力于本科生科学教育"的科学教育家。

"世界的发展要依靠青年的努力！"

2016 年相距 2006 年的 ICPE 东京会议恰好十年，软件学院 2005 级胡特同学特意从美国回国、回母校看望他的老师们。过去调皮的他，如今已小有成就，他悄悄地告诉我：在"虚拟现实"专业领域里所能得到的奖项，他都拿到了。

胡特的作品获得多项全球奖项，如：全球最大数码艺术杂志选出的"明日之星 2011"10 人中，25 岁以下他是唯一的中国人；2012 年获"概念艺术大师奖"，全球数码艺术顶级年鉴颁发，10 000 多份全球作品中只选 20 个，他是其中之一。这让我十分欣喜，真心祝愿他更上一层楼！

胡特在国内外获得一系列重要的奖项后，其系列作品《逍遥游》又于 2018 年获得了第 15 届中国动漫金龙奖（最佳插画奖金奖，相当于中

2016年软件学院2005级学生胡特（右二）从美国专程回母校看望恽瑛（右三）、邓建明（左一）、姚莉（左三）等老师们

国动漫的奥斯卡奖）。他现为工业光魔资深技术美术总监，并有其他多种职位。

  更令我高兴的是，2014年我九十岁寿辰之际，吴健雄学院钟辉书记等组织了多位曾受益于"双语物理导论"课程并出国参加国际会议的同学，包括现在留学国外的学生给我发来生日的祝福，再次表达自己的感激之情。

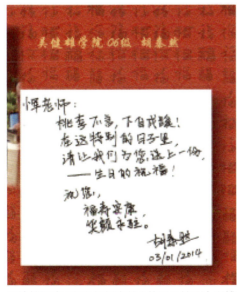

吴健雄学院2006级胡泰然（美国田纳西大学博士、哈佛大学博士后）发来的生日祝福

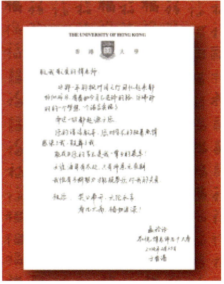

吴健雄学院2007级孟玲玲（香港大学）发来的生日祝福

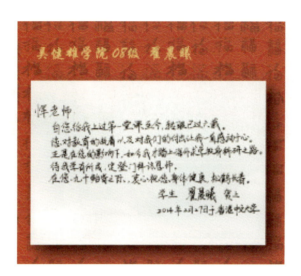

吴健雄学院 2008 级翟晨曦（香港中文大学）发来的生日祝福

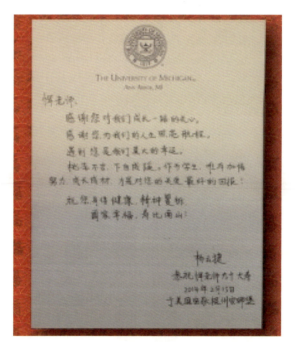

吴健雄学院 2009 级杨云捷（美国 MIT 物理系博士在读）发来的生日祝福

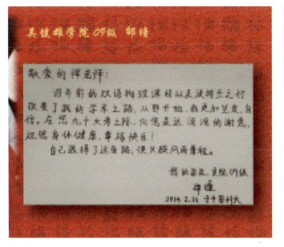

吴健雄学院2009级邵瞳（中国科学技术大学博士在读）发来的生日祝福

吴健雄学院2011级彭志刚（东南大学博士在读）发来的生日祝福

  时隔数年回想这一切，仍会有惊喜交集的情绪涌上心头。我最初的愿望其实很简单，就是从大一开始，培养学生的自主学习能力，使之既具备研究、创新意识，又有广阔的国际视野和与人交往、合作的能力，将其培养成具有自信心的人才。而"双语物理导论"课程的创设，以及将大一学生引领上国际讲坛的成功，都是这强烈愿望的具象化后的现实。经过70年的教学生涯，我深深地体验到：教学是一份爱心，一份责任；一生创造，一生奉献。我殷切地希望我的学生们在工作中永远要勤奋、敬业、坚持、创新，今后展翅高飞，终生为国效力！

张梓烨　整理

第一编　梦里依稀

在国际物理教育的世界里

1980—2010年间,我先后二十余次应邀赴美国、德国、日本、意大利、埃及、马来西亚、泰国、菲律宾等国参加国际物理教育学术会议,并在大会上作学术报告,深获好评。我与东南大学物理课题教学团队在国内主办、协办过国际会议七次,推动了国际间的物理教育学术交流。

一、1986年南京工学院主办国内首次国际物理教育学术讨论会

1980年,我在美国认识了OSU(俄亥俄州立大学)物理系主任Jossem教授,他于1984年当选为全球组织IUPAP(International Union of Pure and Applied Physics,国际纯粹物理与应用物理联合会)下的ICPE(International Committee on Physics Education,国际物理教育委员会)主席。同年,Jossem教授初次来到南京便向我提出:希望1986年在中国由南京工学院主办国际物理教育学术讨论会。

这个建议得到了中国物理学会副理事长、北京大学副校长沈克琦教授的支持,大连工学院郭永江教授也表示愿意联合举办。南京工学院领导研究决定申请三校联合主办,由南京工学院承办,并委派我牵头,与叶善专、吴宗汉等老师共同筹备这次会议。

我和沈克琦、郭永江三人在1985年到国家教委外事处申报1986年8月在南京工学院召开ICPE国际会议。王复荪处长认为时间比较紧张,但我和沈、郭三人坚持希望会议在1986年召开,因为1986年夏天,ICPE在东京有会议,如果紧接着在南京召开大会,外宾参加会议将比较方便。申请最后终于得到了国家教委的批准。时任校领导管致中、韦钰都亲自过问会议的准备和进行情况。

由于这是国际物理教育界首次在中国召开的大型会议,大家都缺乏经验,加之当时通讯条件差,举办会议有很大的难度。南工、北大、大工三

1985年ICPE南京会议前的准备会议人员合影，前排有冯端（左三）、沈克琦（左四）、梁昆淼（右二）等，前排左二为恽瑛

校十分积极努力地进行筹备工作，并得到了UNSECO（联合国教科文组织）的资助，使会议的准备工作能够顺利进行。

为了开好会议，沈克琦教授建议先在南京组织筹备会议，我们商请南京大学冯端学部委员及清华大学徐亦庄、复旦大学蔡怀新等教授前来参加筹备会议。最后，大家一致商定1986年8月26—29日在南京召开"一九八六年国际物理教育学术讨论会"（1986 International Conference on Physics Education，ICPE南京会议）。

南京工学院对此次会议非常重视，管致中院长亲自带领有关人员视察主会场、休息地点及实验展览厅等处，以确保会议能够顺利进行。正式会议前的欢迎晚宴上，作为东道主的南京工学院准备了各种美味小吃，得到了与会者的夸奖。1989年，德国杜伊斯堡大学的Born校长与我再次相见时，回忆起在南京的这次晚宴，还念念不忘道："那天晚上的食物非常好吃！"

1986年南京工学院主办的这次会议是ICPE首次在中国举办的国际物理教育会议，参加会议的代表有130余人，其中有来自13个国家的外国代表26人，有UNESCO官员Haggis女士、ICPE主席Jossem教授、德国杜伊斯堡大学 Born 校长、美国 RPI Meiners 教授、华盛顿大学 Arons 教授、意大利帕维亚大学 Borghi 教授、菲律宾大学 Talisayang 教授等。国内有特邀作大会报告的南京大学魏荣爵学部委员及北京大学沈克琦、清华大学徐亦庄、哈尔滨工业大学洪晶、复旦大学蔡怀新、北京师范大学尚世铉等教授，南京工学院管致中院长与几位副院长也出席了开幕式。

作为本次会议的倡导者，Jossem 教授结合国际物理教育现状作了题为"从形式不同中寻找本质上的共同点"的报告。大会的主要报告还有：Haggis 女士的《让物理教育为本国的发展作出贡献》、Arons 教授的《教育研究与新技术对教师培养与专业发展的意义》、Born 校长的《课堂物理教育研究及其实施改革成就》、Borghi 教授的《应用微机进行力学教学的一个教案》。Haggis 女士在报告中对中国物理教育的活动给予了高度的评价；Arons 教授的报告结合了技术的最新发展，内容十分生动有趣；Born 校长团队的物理教育改革开拓了与会者的视野；Borghi 教授的报告使与会者看到了在物理教育中应用计算机软件的巨大潜力。

除大会报告外，会议还组织了物理实验仪器展览会，展示的仪器十分先进，其中有南京工学院物理老师们自制的密立根油滴仪、弗兰克赫兹实验仪，以及汉代"鱼洗"的仿制品等，展览内容引起了代表们的极大兴趣。会议结束后，主办方出版的英文版论文集也深受广大代表的欢迎。

在这次国际会议上，代表们交流得十分欢畅，国外的专家们对中国物理教育的现状有了更加全面、深刻的了解，而国内的物理教育学者们也有了向国际展示自己工作的舞台，并通过该平台了解了国际物理教育的新动向，还与外国教授们结下了深厚的友谊，开罗大学 Wassef 教授在会上就邀请我参加第二年的开罗 ICPE 国际会议。不少中国学者由此起步，之后在国际物理教育领域里发挥了相当重要的作用。

南京工学院管致中院长致辞

北京大学沈克琦副校长致辞

ICPE 主席 Jossem 教授致辞

UNESCO 官员 Haggis 女士致辞

恽瑛在大会开幕式上发言

大会会场，前排左一为 Born 校长

大会的欢迎晚宴

开幕式前代表们进入大厅，右一为 Haggis，右二为 Talisayang 教授

与会贵宾，右起：Meiners、Arons、恽瑛、Jossem、吴超明

ICPE 南京会议的全体代表合影留念，第一排左八为恽瑛

二、《国际物理教育通讯》的诞生与坚持

为了巩固 1986 年 ICPE 南京会议的成果，继续扩展国际物理教育的交流，1987 年 3 月，中国物理学会决定在教学研究委员会下成立"国际交流组"。沈克琦教授委派我担任国际交流组组长，成员有蔡怀新（复旦大学）、张之翔（北京大学）、郭奕铃（清华大学）、尚世铉（北京师范大学）、郭永江（大连工学院）、罗蔚茵（中山大学）、张继恒（北京实验中学）、吴宗汉（东南大学，兼《通讯》编辑部主任）。

"国际交流组"成立后，沈克琦在第一次工作会议上指出："在力所能及的范围内，扩大国际交往；出版刊物向国内外介绍国外物理教学动态。"依照沈先生的建议，国际交流组自 1987 年 4 月开始即陆续与有关的国际物理教育组织取得联系，并得到相应的肯定答复。这一举措，对此后的国际物理教育交流工作和发展，起到了极为有力的推动作用。

中国物理学会当时还决定主办一个《国际物理教育通讯》（简称《通讯》）的半年刊物。学会副理事长、教学研究委员会主任沈克琦教授委派我兼《通讯》主编，蔡怀新（复旦大学）为副主编，工作地点常设在南京工学院，并特邀中国物理学会名誉理事长周培源教授为《通讯》题词。ICPE 主席 Jossem 教授特为其封面作了有特色的图案。

沈克琦教授在《国际物理教育通讯》第一期的创刊词中对它寄予厚望："《国际物理教育通讯》（International Physics Education Newsletter）和大家见面了。这是中国物理学会教学研究委员会为适应我国教育事业发展的需要、为加强国际物理教育经验交流、为建设具有中国特色的大学和中学物理教学体系、改革教学内容和教学方法、提高教学质量而创办起来的。教学研究委员会委托国际交流组主持本刊的编辑工作。本刊除了向国内介绍我国在物理教学方面的优秀成果，在国际物理教育中应发挥我们应有的作用。值此创刊之际，我代表中国物理学会预祝《通讯》能办出特色，办出水平，发挥作用，也希望全国广大物理工作者来关心她，使她始终保持旺盛的生命力，成为我国物理教育领域中活跃的园地。让我们大家共同探讨，为深入物理教育改革、促进四化建设作出应有贡献。这就是我们的衷心希望。"

《通讯》自创刊以来，得到中外学者多方面的关心，如吴健雄教授、袁家骝教授、谢希德院士、魏荣爵院士、赵凯华教授、Jossem 教授、小沼通二教授等中外学者均为《通讯》题词、撰文。

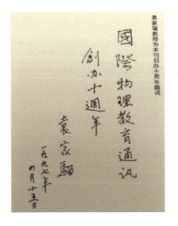

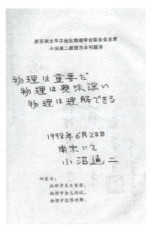

第一编　梦里依稀

为加强国际信息交流，《通讯》刊登的文章题材广泛，如美国 Holcomb、Resnick 教授的 IUPP "大学基础物理学规划"、日本物理教育学会会长平田帮男教授的《日本物理教育的危机和研究新物理课程的必要性》等文章，介绍了俄罗斯、西班牙、德国、中国、日本、美国等国家物理教育进展及有关研讨会的情况。另外，刊登的诸如 1997 年中美成立 "中美大（中）学生科学素质现状及培养对策" 等研究课题也深受广大读者的欢迎。《国际物理教育通讯》杂志的创办建起了一座国际物理教育界间的桥梁，正如 Jossem 教授所讲，"从形式不同中寻找共同点"，使国内外学者能够借此进行广泛交流、学习和展示。

后来清华大学徐亦庄教授建议，《通讯》应扩大来稿范围，不要只报道国外信息，也应刊登国内学者的来稿。这一建议得到全国各地大、中学校广大教师们的欢迎和支持，大家踊跃投稿，如大连海事大学刘定宇教授的《思维网络光神经网络与教学》、人教社扈建华老师的《关于高中物理课程改革的几点思考》等都受到广大读者的欢迎。由此，《通讯》的活力倍增，这也是它能够在经费支持较少的条件下持续不断出版的原因之一。

1989 年，杨振宁教授应邀来东南大学，参观了物理实验室自制的密立根油滴仪，杨教授不仅赞赏了仪器的质量，并提出向国外介绍的建议。我还向杨教授介绍了 1986 ICPE 南京会议情况，说明了《通讯》的创立与发展，杨教授对我们的工作表示赞许，并给予了鼓励。

恽瑛向杨振宁教授介绍《国际物理教育通讯》

1993年夏，在东南大学举办的一次国际物理教育研讨会上，大家很关心《通讯》的出版经费问题，有学者建议搞个人赞助。Jossem教授当即掏出一张100元的人民币钞票。看到此种情况，北大赵凯华教授立即说："我建议愿意捐助的人就按这个数出。"当场许多学者捐助了100元。我当场感动得不禁流泪。

1997年，《通讯》创刊十周年，Jossem教授在9月12日写了一封亲笔信给我，给予热忱的祝贺。信中写道："在中国物理学会教学研究委员会的国际交流组成立十周年之际，谨致热忱的祝贺，祝愿国际交流组继续取得成就。回顾过去的十年，我深深感受到物理工作者和物理教师们为物理教育取得的进展。""在中国举行的多次物理教育国际会议、中国建立的物理教育研究国际交流组、出版的中国《国际物理教育通讯》和近年成立的中国'国际物理教育信息交流中心'，都为世界规模上发展物理教师间的合作网络做出了重要贡献。这里，我要为中国的物理教师在这些领域的卓越成就和他们为全世界物理教育事业做出的贡献，表达我衷心的祝贺。我希望并也深信，全世界物理教师间的合作和信息交流，不仅在物理教育上将造福于我们大家，也有助于支持全世界各国人民之间的友谊。"

自1987—2010年，《国际物理教育通讯》已经出版了45期，能坚持23年之久，与中国物理学会的大力支持、资助，全体编写组成员坚持不懈的努力，以及广大读者的长期支持是分不开的。回顾这一历史过程，《通讯》对传递国际物理教育信息、报道举办多种国际会议的概况、交流国内外广大物理教育工作者的心得与建议等等，都起到了积极的推动作用，没有辜负沈克琦先生在发刊词中的殷殷嘱托。

三、"中、日、美物理教育研讨会""中、日"物理教育研讨会

1986年，在日本东京举行ICPE国际会议时，Jossem教授建议，希望邀请日本、中国联合举办中、日、美三国国际物理教育会议，三方一致同意。日本方面由日本物理教育学会会长平田帮男和上智大学笠耐牵头，中国方面由中国物理学会副理事长赵凯华和我负责，商定将分别在1989年、1991年、1993年在美国、日本、中国先后举行。

参加第一届中、日、美物理教育研讨会部分代表，第一排右一为张继恒老师，第二排右一为Jossem教授，第二排左二为赵凯华教授，第一排左一为恽瑛

参加第一届中、日、美物理教育研讨会部分代表，第一排左一为平田帮男教授，左二为笠耐教授，左三为恽瑛

1. 第一届中、日、美物理教育研讨会

1989年7月在美国夏威夷大学举行了第一届中、日、美物理教育研讨会，开会前，东道主美国麻省理工学院French教授、Jossem教授亲自到机场迎接中国代表团。东道主亲自到机场迎接会议代表是很少有的，可见两位主持者对中国代表团的重视与关心。

参加本次会议的物理教师共六十余人，其中中学教师和大学教师人数比大约是一比三，但中国代表团中只有两位中学教师，其中一位是北京实验中学张继恒，她是新中国的第一届特级教师，是中华人民共和国成立前北平辅仁大学的硕士，英语水平本就不错。可是，她为了更好地参加会议，每月都到北京青年会学习英语，从中可见她对会议的认真态度。

这次会议讨论的专题有：1. 物理课程设置；2. 物理教材建设和低成本实验；3. 未来教师的培养和在职教师的进修；4. 关于物理概念形成的研究；5. 物理教育中计算机的运用；6. 中学物理与大学物理的衔接问题。大会还有物理实验演示、仪器展览。中国代表团介绍了国内多所高校主编的《大学物理演示实验及仪器目录》，内容含有教学仪器研究、生产、供应等方面的资料，引发了代表们高度兴趣，活跃了会议的气氛。

虽然这次会议是三国物理教师第一次会面，因大家都为物理教育的发展、改革而来，发言、讨论、研究都十分热烈，会议举行得分外完满。会议上决定第二届会议于1991年由日方主持。

2. 第二届中、日、美物理教育研讨会

第二届中、日、美物理教育研讨会，中国代表团由北京大学赵凯华教授为团长，我和罗蔚茵教授（中山大学）为副团长，代表团共17人，其中中学教师人数比第一届有明显增加。全体团员在东京、富士、静冈、大阪等地积极、认真地参加了多种会议，不仅主动地反映交流了我国大、中学校的物理教育情况，并且广泛地结交了同行、朋友，学习了国外的良好经验。吸取第一届的经验教训，中、日、美三国都在会前准备了"背景材料"，更有利于了解三国各自的物理教育情况，十分有益于会议期间各项工作的开展。为更好地开好这次会议，东道主上智大学笠耐教授十分关心代表们的生活，使中国代表感到方便、安适。

本次会议分成六个子会议，其中大学组做报告的有：北京大学李椿的"北大物理教学及UNESCO的物理改革计划"；清华大学张三慧的"清华大学物理教学"；我代表东南大学做了关于"《大学物理》的改革——音像文字结合教材"的报告；美国方面介绍了IUPP（大学基础物理课程改革）的情况；日本组织20余名大中学校教师研究物理教学的情况。会议决定第三届中、日、美物理教育研讨会于1993年7月在中国广东肇庆举行。

罗蔚茵教授（前排左三）、张继恒老师（前排右一）与代表合影，前排左一为恽瑛

3. 第三届中、日、美物理教育研讨会

第三届中、日、美物理教育研讨会于1993年7月在中国广东肇庆举行。会议代表共134人，其中美国33人、日本44人、中国57人。会议由中国物理学会及中山大学主办，得到肇庆市市长及中山大学校长、西江大学校长等各级领导大力支持，会议进行得十分圆满，美国及日本朋友一再表示这是十年来开得最好的一次会议。

赵凯华、恽瑛、平田帮男、日本友人在肇庆研讨会上

会议主要以分组讨论为主，分为六个小组，讨论的内容分别是：物理课程的改革与重建；物理概念的发展；物理实验的建设与实验课的改革；多媒体和计算机；大、中学物理教师之间的合作；科学、技术、社会组（STS）。会议的论文集由罗蔚茵教授主编，于1994年出版。

会议总结时，日本九州大学中山正敏教授说："物理教师应当利用物理教学中的研究成果来指导课程设计，使之有利于教学策略。这些都应当在课堂教学经验的基础上进行实验并加以改进。"此外，中国的美食令外国代表赞赏不已，日本平田帮男教授对豆豉尤感兴趣。

这三届研讨会的成功举办，对三国的物理教育工作者起到了极好的相互了解、交流作用，为今后的国际交流活动打下了坚实的基础。

4. 第一届 中日物理教育研讨会

1989—1993年，中、日两国又于1990年在中国举行了第一届"中日物理教育研讨会"。

中、日双方从1987年就着手准备的第一届"中日物理教育研讨会"，经多次讨论和协商，于1990年8月在南京东南大学召开，出席会议的日方代表有亚洲太平洋地区物理学会副主席、日本物理学会副会长小沼通二及日本物理学会教学委员会笠耐教授和日本筑波大学附属高中代表四十余人，中方出席会议有大、中学代表七十余人。会议期间，中、日双方物理

1990年第一届"中日物理教育研讨会"在东南大学举行，执行主席在主席台上

教育工作者就现代科学技术的发展和物理教育的关系，及青少年科技后备队伍的培养、关于大中学物理教育研究、现代教学技术和教学手段在大中学物理教育中的应用，中、日两国物理教师相互交流，并研究如何进一步交流和合作。

这是中日两国物理教育工作者第一次在我国举办的、规模较大的学术会议，研讨会内容丰富、形式多样，安排紧凑，达到甚至超过了会议的预定目的。会议具有以下特点：① 突出"研讨"重点，安排分组活动时间多，代表们有充分时间交流和讨论；② 会议使用中、日两种语言，通过翻译进行交流，使代表们收到实效；③ 会议始终体现了中、日双方友好合作的精神。中、日双方一致认为这种形式的会议主题明确、花费少、组织工作相对来讲比较容易，因此今后可以定期举行。

5. 第二届中日物理教育研讨会

第二届中日物理教育会议于2000年8月在日本东京早稻田大学举行。经中国物理学会推荐，日本物理教育学会、日本早稻田大学邀请，中国有25位大学教师、4位中学教师参加了本次会议。早稻田大学校长奥岛孝康教授、中国东南大学的我、日本物理教育学会会长霜田光一教授在开幕式上讲话。

大会报告有：日本明星大学高重正明教授等做了"前沿技术与物理教育"的报告，并做了超导演示实验。北京大学吴思诚教授做了"中国的大

恽瑛在开幕式上发言

2000年第二届中日物理教育会议大会主席台，左二为吴宗汉教授

会议积极筹备、支持者——早稻田大学近桂一郎教授（左一）、笠耐教授（右一），前排右二为恽瑛

恽瑛手举会议代表们的签字板

2000年第二届中日物理教育会议大会部分代表合影

学物理实验课程及其改革"的报告。此外，70余位代表中很多都有论文，会议安排了张贴报告，使更多的代表能相互交流。

这次会议的成功召开，离不开中国方面东南大学吴宗汉、日本方面早稻田大学近桂一郎、上智大学笠耐、东京理工大学小林正明等教授的共同努力。他们花费了很多精力筹集资金，以使更多中国教师能参加会议，使会议进行得更加完美。会议期间，近桂一郎教授还组织代表们在纪念板上签字，并将这一宝贵的纪念板送给笠耐和我，这使我们深深感受到中、日双方朋友们的热情、友好，这种在知识界之间建立起来的情谊终生难忘！

四、东南大学主办国际物理教育会议（20世纪90年代）

1. 大学基础物理教学改革国际研讨会（1992年5月）

受IUPAP下属的ICPE的委托，由东南大学主办的"大学基础物理教学改革国际研讨会"于1992年5月在东南大学召开，会议得到了国家教委、ICTP、中国物理学会的指导和支持。参加会议的有来自美国、日本、德国、印度、新西兰和中国等地的代表70余人。世界著名物理学家吴健雄和袁家骝教授夫妇应东南大学邀请特来参加会议，并在闭幕式上作了精彩的报告，题词祝贺会议的成功。

开幕式上，德国Nachtigall教授宣读了ICPE主席Jossem教授的致辞，他说："我非常荣幸和高兴代表ICPE、ICTP、IUPAP向所有参加这次国际基础物理教学改革会议的代表表示衷心的问候。我们的会议出现了'改革教学'四字，改革意味着能产生新的更好的观点——理论教学也就是实践理论，我希望理论和实践都能在这次会议上得到进一步的探讨。物理教学还应考虑到：学生离开学校10年、20年或30年后，物理还对他们产生什么影响，学校应该考虑到这个问题。"

吴健雄教授夫妇在大会闭幕式上做的报告，使与会者受到莫大的鼓舞。吴健雄的讲话原文摘录如下："我想教育问题是一个非常迫切而重要的问题，在美国也同样如此，我们的总统也称自己为'教育总统'。当前，不仅是搞教育的人认识到了教育的重要性，整个美国也都认识到了这一点，特别是对中、小学教育，我认为中、小学教育更为重要，因为孩子们在此期间会打下一定的基础以及成型。""我对我的学生们说，如果你对物理学有了一个很好的了解的话，那么你就可以自如地将物理学应用于生物学

吴健雄教授（右一）、L. McDermott（左二）与恽瑛（左一）在大会后讨论

吴健雄教授为大会题贺词

中去，我认为这是一种新的现象，它有可能产生另一门新兴科学。"我们应该牢记吴健雄教授的殷殷教诲！

会上，华盛顿大学 L. McDermott 教授说，她年轻时就仰慕健雄教授，这次有幸相遇，十分高兴。会议结束后，在复旦大学蔡怀新（蔡元培先生之子）教授的积极提议下，健雄教授夫妇欣然为《国际物理教育通讯》留下了宝贵的贺词。

2. 大学物理课程改革与建设国际学术研讨会（1993 年 6 月）

经国家教委批准，1993 年 6 月在东南大学召开"大学物理课程改革与建设国际学术研讨会"，会议汇聚多位致力于物理教育改革的专家、学者，就大学基础物理课程的改革和建设，进行专题研究和讨论。

会议主要内容为：

（1）国内外著名学者的专题报告：世界各国物理教育改革概况——ICPE 主席 Jossem 教授；物理教育与现代科学技术的关系——中国物理学会理事长、南京大学冯端院士；大学基础物理的现代化——中国物理学会副理事长、北京大学赵凯华教授；光学教学内容的现代化——复旦大学潘笃武教授。

（2）建立联络网：会议代表一致拥护成立"国际物理教育信息交流中心"，并得到 ICPE 主席 Jossem 教授、中国物理学会理事长冯端院士、中国物理学会副理事长赵凯华教授等的大力支持。经协商，"交流中心"

挂靠东南大学，这得到了东南大学领导的支持。

会后，中国物理学会教学委员会委托东南大学负责进行有关"中心"的工作。1994年3月，中国物理学会常务理事会批准成立"国际物理教育信息交流中心"。"中心"为教学委员会下属的一个实体，"中心"主任：恽瑛（东南大学）；副主任：潘笃武（复旦大学）、邓新元（清华大学）、王小力（西安交通大学）、叶善专（东南大学）、史兰新（东南大学国际合作处）。

国际物理教育信息交流中心于1994年邀请了我国著名的五位物理学家、物理教育学家作为"中心"的顾问，得到了他们的热情支持与同意。这五位是（按姓氏拼音为序）：冯端，南京大学教授、中科院院士、中国物理学会理事长；沈克琦，北京大学教授、国家教委中小学教材审定委员会副主任；魏荣爵，南京大学教授、中科院院士；谢希德，复旦大学校长，中科院院士；赵凯华，北京大学教授、中国物理学会副理事长。

在几位物理学家前辈的关怀下，"中心"得到很好的发展，在此后的国际物理教育交流中起到了很重要的作用。

3. 国际物理教育研究与发展学术研讨会——物理教学改革新动向（1995年8月）

1995年8月，由东南大学、中国物理学会、国际物理教育信息交流中心和日本教育研究会联合发起的"国际物理教育学术研讨会——物理教学改革新动向"在东南大学举行，这是东南大学在20世纪90年代举办的第三次大型国际物理教育会议。会议得到国家教委的批准和资助，同时获得IUPAP、ICPE、ICTP的资助。

参加会议的代表共160余人，其中有来自美国、日本、津巴布韦、埃及、加拿大、马来西亚等国外代表57人，ICPE原主席Jossem、IUPAP副主席Marx、中国物理学会副理事长赵凯华、ICPE委员兼日本物理教育研究事务局长笠耐等教授都参加了会议。东南大学校长陈笃信教授到会致辞，并热烈祝贺大会的召开。

大会主要内容为：

（1）大会报告：面向21世纪的教育——IUPAP副主席、匈牙利G. Marx教授；物理教学中电视插播片的应用——东南大学恽瑛教授；日本中学物理教学的改革——日本东海大学附属中学广井帧教授。

1995年东南大学主办的国际物理教育学术会议全体代表合影留念，前排左十三为恽瑛

（2）分组专题讨论：教学内容和教学方法的改革、现代教学媒体的应用、物理实验教学、中学教学等。

（3）展览与演示：大会的演示实验表演受到了广泛的欢迎。

（4）信息反馈：本次会议语言定为英文、中文、日文三种，大会报告用一种语言发言，同时配有其他两种语言的投影，该方法使会议更有成效。

一位美国代表说：这是一个十分成功的国际会议！一位来自专科学校的老师说：这次国际会议为我们架起了桥梁，他们在会上通过翻译，与日、美两方代表深入具体地讨论了一些问题，感到很有收获，几方商定今后继续保持联系，共同探讨研究。

会议收到国内外代表的论文119篇，其中大会特邀报告论文6篇，其余论文在会议上也以多种形式进行了报告、交流和研讨。全部论文汇编成会议论文集。

4. 东南大学与其他院校联合主办的国际物理教育会议

（1）ICPE国际会议——国际物理实验建设学术研讨会（1990年，天津）

会议由南开大学、北京大学和东南大学联合主办，南开大学承办。得到IUPAP、ICPE和ASPEN的支持。

徐亦庄教授（右三）与1954年在清华大学进修的部分教师，左二为恽瑛

赵凯华教授（左二）及恽瑛（左四）与参会的日本、菲律宾代表

1994年赵凯华（右一）、恽瑛（左二）教授与国外代表于杭州国际议合影留念

第四届中日美大学物理教育研讨会会议主席团，Jossem教授（左三）、恽瑛（左五）、南京大学卢德馨教授（右五）、日本小林正明教授（右二）、东南大学叶善专教授（右一）

（2）国际中专物理教育学术讨论会（1994年，杭州）

会议由东南大学国际物理信息交流中心与中国教育学会联合主办。

（3）国际物理教育研讨会暨第四届中日美大学物理教育研讨会（2005年8月，杭州）

会议由中国物理学会教学委员会、日本物理教学学会主办，浙江大学与东南大学联合承办。经中、日、美三方同意，会议亦为第四届中日美大学物理教育研讨会。

五、"中美大（中）学生科学素质现状和培养对策"课题

1996年，我和赵凯华、罗蔚茵教授受Jossem教授、马里兰大学Redish教授的邀请，参加在马里兰大学举办的"大学基础物理教学研讨会"。会上，我们三人商量，希望会后能继续两国间关于物理教育研究的交流，为此，我们与Jossem、Redish商讨、研究有关中、美双方物理教育研究合作事宜，双方一致同意，会后设立一个研究课题，以利继续讨论上述问题。Redish教授的博士生包雷（后为OSU物理系教授）对我以后的国际物理教育交流工作，起到了很多重要作用。

回国后，经申请，研究课题得到教育部高教司、外事司的批准（教外司美1007号文），并给以资助；又得到中国物理学会批准，由中国物理学会教学委员会、国际物理教学信息交流中心负责。1997年，赵凯华、叶善专、吴宗汉教授及我共同研究，成立了"中美大（中）学生科学素质现状和培养对策"课题组，赵凯华教授牵头主持，并由叶善专、吴宗汉及我协助工作。

参加课题组的成员有清华大学、浙江大学、福州大学、湖南师范大学、中国工商大学、郑州信息工程学院、台州中学、株洲市二中等四十余所大、中学校，自1997—2005年持续八年，每年举办课题的学术研讨会议，课题组成员始终积极参与、热烈探讨。

1998年、1999年先后在东南大学召开了两次会议，Jossem教授、Redish教授和笠耐教授都热心来南京参加讨论，会议还得到东南大学韦钰校长的关怀，这都为课题组此后6年的发展提供了良好的开端和基础。

课题组第一阶段是进行问卷调查。调查工作得到了包雷教授的大力帮助，使用了美国马里兰大学的试卷。总体来说，中国中学生的物理水平要高于美国学生。第二阶段的工作是培养对策的研究，分八个方面进行，这也是以后几届会议探讨的重点。调查的学生有八百余人次，其中中学生约占百分之三十五。各高校都有自己的方案，通过调查，相互了解，并在下次会议上进一步交流。有的老师，如湖南株洲市二中黄国雄老师，设立了

自己所在地区的子课题，吸收了许多其他学校教师参加子课题，取得了良好的效果，扩大了影响，得到地区教育部门的表扬。

课题组先后在南京、台州、深圳、太仓、长沙等地举行了八次全国会议，每一届会议都得到当地学校领导的支持和关心，使会议举办得相当完美。赵凯华教授更是出席了多次会议并作报告，如在长沙大学对学生作了"对称性与非对称性"演讲；而课题组的各校老师们，每次都积极写论文、参加会议、认真热烈地讨论，老师们之间的友谊也不断加深。为了交流经验，课题组先后由《通讯》出版了《教学素质教育论文集》五集，共收论文200余篇。

1997—2005年"中美大（中）学生科学素质现状和培养对策"（每年一次学术活动）

时间	届次	地点	主办方	主持人
1998	第一届	南京	东南大学	叶善专　吴宗汉
1999	第二届	南京	东南大学	叶善专　吴宗汉
2000	第三届	台州	台州教师进修学院	池先宋
2001	第四届	深圳	深圳外国语学校（现代教育技术与物理教学中的科学素质教育研讨会）	张天麟
2002	第五届	太仓	明德中学（物理教育与创新思维和创新能力的培养）	吴颐
2003	第六届	长沙	长沙大学（物理教育与创新思维和创新能力的培养）	罗维治
2004	第七届	吉安	吉安教育局	恽瑛
2005	第八届	长沙	长沙大学、桃园一中	罗维治

1998年第一届中美课题组在南京召开会议，代表有：Redish教授（一排左四）、池先宋教授（一排左二）、叶善专教授（一排左三）、笠耐教授（一排右三）、Jossem教授（一排右二）、吴宗汉教授（一排右一）等，前排左五为恽瑛

2000年第三届中美课题组在台州召开会议，代表有：池先宋教授（左三）、赵凯华教授（左四）等，左五为恽瑛

1999年第二届"中美大（中）学生科学素质现状和培养对策"学术会议在东南大学举行
第一排：罗蔚茵（左五）、刘定宇（左六）、Jossem（右六）、恽瑛（右五）

2001 年第四届中美课题组会议在深圳举行

六、参加国际物理教育会议的相关概况

自 1980 年访美，我有机会在三十余年中参加了近三十次国际物理教育会议，得到很多国外物理学家、物理教育学家的指导、帮助。如 ICPE 主席 Jossem 教授（连续担任三届主席），日本的物理教学委员会会长平田帮男、早稻田大学近桂一郎、上智大学笠耐教授等，GIREP 主席、英国国王学院的 Black 教授，德国杜伊斯堡大学的 Born 校长，慕尼黑工业大学物理系主任 Luchner 教授等，都是十分热心于物理教育事业的，对我工作的关心、帮助，也都是几十年如一日。我参加的国际物理教育会议的主要情况如下。

1. 1982 年南京工学院邀请美国著名物理学家 Resnick、Meiners 教授来校访问，并获"客座教授"荣誉。1993 年我应 Resnick 教授邀请至 RPI 在 450 人参加的"物理学导论课程国际会议"上作大会报告，并展示了我们团队制作的"质心""相干波"等电视插播片，得到全场多次热烈

1982 年 Resnick（后排右三）、Meiners（后排右一）与恽瑛（前排右二）等合影

1993 年恽瑛在 Resnick（左一）家中做客，右一为其女儿，她是白宫的秘书

鼓掌，深受欢迎。当时，ICPE 主席 Jossem 教授就高度地评价了我们团队的工作，他说："这些片子的技术是十分好的——世界水平，且专题恰当，表现的手法也是优异的。"

2. 1986 年，Jossem 教授推荐我参加日本 Tokyo ICPE 国际会议并作大会报告。2006 年日本又一次举办 ICPE 国际物理教育大会，我第一次带领东南大学 2005 级 4 位大一学生出国参加国际会议，Jossem 与我再一次相遇在东京，时隔 20 年，参加了两次会议的有 13 人，Jossem 教授送给每人 2 张相隔 20 年的照片，非常有意义。

1986 年 ICPE 东京国际物理教育会议合影

2006 年 ICPE 于东京举办，参加国际物理教育会议部分人员合影，右六为恽瑛

3. 1987年，应埃及开罗大学物理系主任 Wassef 教授邀请，我参加了开罗 ICPE 国际会议，并作大会报告。

1987年 ICPE 开罗会议代表在金字塔边合影

恽瑛在 ICPE 开罗会议上作报告

4. 1988年，我应德国慕尼黑工业大学物理系主任 Luchner 教授邀请，参加慕尼黑 ICPE 国际会议，我带去的"鱼洗"表演，使代表们十分欣喜。1989年，应德国杜伊斯堡大学校长 Born 教授邀请，参加在德国举办的欧洲 GIREP 会议，与 ICPE 会议的许多老朋友们再次会面。

1988年德国慕尼黑 ICPE 会议的全体代表合影，第二排右二为恽瑛

1989年赵凯华、Jossem、恽瑛（左三）、罗蔚茵、Black 参加德国 GIREP 会议

1989年恽瑛、Jossem、英国女教授、笠耐教授于德国 GIREP 会议

5. 1997年，我应 IUPAP 副主席 G. Marx 教授邀请，由赵凯华带领中国代表团，参加匈牙利 ICPE 国际会议。每位代表都在会前写好了论文（英文），《通讯》刊印成论文集，为开好会议做了准备。

1997年匈牙利 ICPE 会议部分中国代表与英国 John Lewis 教授（右四）合影，左四为恽瑛

美国马里兰大学召开的国际物理教育大会部分代表合影，后排右三为恽瑛

6. 1998年，我应邀参加德国 GIREP 国际会议，并作大会报告，演示我们教学团队创作的"多媒体大学物理教学光盘"。会上，Jossem 主席风趣地问观众："有谁不认识恽瑛？"赵凯华教授立刻回答："我！"大家哄堂大笑。

1998年德国 GIREP 国际会议美、中、日、德、菲部分物理教育专家合影，左四为恽瑛

恽瑛演示多媒体大学物理教学光盘

7. 2005—2009 年间，我和钟辉先后 5 次率领东南大学大一学生出国参加国际会议，登上国际讲坛。在这几年的过程中，先后得到 Jossem、近桂一郎、笠耐、Talisayang、包雷等教授的大力帮助，使这一创新行动得以顺利、圆满进行。

2005 年 2004 级大一学生顾俊辉（左一）等三人参加杭州国际会议

2006 年，胡特等四人在东京 ICPE 会议上与外国专家合影

Jossem 教授参观东南大学九龙湖校区

笠耐教授、Jossem 教授、恽瑛三位老朋友

七、在物理教育世界中遇到的知己

1. 魏荣爵院士于 1951 年回国，到南京大学任物理系主任。魏先生治学特别严瑾，为人又十分友善。我虽然只做了他一年的助教，但师生的情谊却有 50 余年，魏先生长期指导、帮助我。1986 年，他慨然应允我为大会作特邀报告，2003 年为"双语物理"教材写序言等等。魏先生永远是后辈们学习的榜样。

1986 年魏荣爵院士（右一）在 ICPE 会议与恽瑛合影

2008 年魏荣爵（中）夫妇在家中与恽瑛（右一）合影

2. 复旦大学校长谢希德院士与我是北平贝满女中校友。1954 年我在清华大学进修期间，开始了与谢先生的学术交流。此后在中国物理学会会议上，谢先生多次与我研讨国际物理教有关情况，对我进行热情指导，并慨然同意担任"中心"的顾问。1988 年，谢先生推荐我成为 TWOWS（第三世界女科技工作者协会）成员。之后我参加了 1988 年在意大利里亚斯特召开的第一届会员代表大会，2010 年我又参加北京举行的第四届会员代表大会等活动。

谢希德院士（中）、卢嘉锡院士（左二）与恽瑛（右二）等在意大利 TWOWS 第一届会员代表大会的国际会议上

3. 1948 年起，冯端院士就开始帮助初到南京中央大学物理系工作的我，共事 4 年中对我多有提携，我视其为"大师兄"。虽然 1952 年后不在同一学校，冯先生却还是处处关心、帮助我。1980 年后，冯先生还提名我为江苏省物理学会副理事长，帮助解决南工学生参加 CUSPEA 考试的问题，多次应我之邀在国际会议作学术报告，为我主编的教材写序言、评语等。在我成长、发展的过程中，处处有冯先生的关怀。

2007 年冯端院士与恽瑛在家中合影

2006 年合影，右起：冯夫人、冯端、吴颐、恽瑛

4. 1954 年，我到清华大学物理教研组进修，徐亦庄教授是主任，他治学十分严谨。1980 年，国家教委首次为物理教育组团出访，徐先生是团长，他带领我们三人（复旦郑广垣、北师大尚世铉）访美，处处指导、帮助初次出国的我们学习美国学校的优点。1982 年，他再次带领我、郑乐民赴美参加 AAPT 会议。1986 年，ICPE 南京会议得到了徐先生的大

1980 年在美国访问，右起：徐亦庄、郑广垣、恽瑛、尚世铉

1982 年在美国参访，右起：徐亦庄、恽瑛、郑乐民

力支持。此后，徐先生始终关心国内外物理教育事业的发展，提出了很多好的建议，指导我做好国际物理教育交流的工作。

5. 赵凯华教授是 ICPE 委员、中国物理学会副理事长、北京大学物理系主任。1986 年起，我始终跟随赵先生参加各种国际物理教育学术会议，学习到许多知识，得到了很好的锻炼。在每次国际会议前，赵先生都要向 UNESCO、ICPE 和教育部等单位申请资助，以使多一些的老师们能够参加会议。我遇到困难求助赵先生时，他也总是给予协助，从不厌烦。在我的物理教育工作中，赵先生所给予的帮助是最多的，我非常尊敬他。

2007 年在太仓浏河，前排左起：赵凯华、赵夫人、恽瑛；后排左起：吴念乐、邓新元

2012 年赵凯华教授与恽瑛在东南大学吴健雄纪念馆前

最后，我衷心感谢国内外关心、帮助、指导过我的长者、学者，使我能在国际物理教育的世界里，游弋近四十年！

王桂琼　整理

深切怀念吴健雄教授

有幸与吴健雄教授认识、交往了二十余年。作为同行，我眼中的吴健雄教授，是世界著名的物理学家，她在实验物理学方面的卓越才能为世界所一致公认，对近代物理学的发展做出了巨大的贡献。作为后辈，她又是一位亲切随和的长者，和她在一起常常如沐春风、深受教益。

健雄先生德高望重，生前十分关心祖国的物理教育事业，多次造访东南大学。去世后，遵照她的遗嘱，将她所有的藏书、证书及工作用品捐赠给母校，母校也在四牌楼校园内为她

吴健雄教授最喜爱的照片

建了一座纪念馆。每每走过这里，我就会回忆起与吴教授交往的点滴往事，总想把它记下来，告诉所有与我一样怀念和敬仰她的人。

正如李政道教授在致太仓市人民政府及健雄职业技术学院的贺信中所说的："她智慧崇高、工作刻苦……为人谦逊，是科学家中的楷模、人间君子……"李政道教授的评价是中肯的。我深深觉得，吴健雄教授虽然成就巨大，但在生活中却是一位极为平易近人的人间君子，对祖国的物理教育和国际物理教育事业是始终殷殷关切、拳拳在念。

人间君子，心系故土

有了 1980 年在美国会面的经历，对吴健雄教授，我除了敬仰，更多了一份亲近。1988 年 10 月 14 日，东南大学邀请吴健雄、袁家骝教授来东南大学重访母校，我有幸受韦钰校长委派去金陵饭店迎接吴、袁两位来

位于江苏太仓浏河明德学校内的吴健雄墓　　吴健雄墓志铭上李政道题词的末句写道："仅以此纪念吴健雄对时代的重大科学贡献"

四牌楼校区。吴、袁二位一到达学校，就受到了东大老师、学生的热烈欢迎！在签到处，健雄教授认真地写下"母校的新气象和新精神给我们很深的印象"的题词，在旁的韦钰、顾冠群二位校领导和其他人员都十分兴奋。是啊，东南大学的前身是中央大学，是健雄教授在三十年代学习、毕业的母校，今天的科学馆（现易名为健雄院）就是她当时在物理系就读的地方。如今她又回到这里，大家都激动万分。

当天的行程安排紧凑而充实，吴健雄、袁家骝教授先后到侵华日军南京大屠杀遇难同胞纪念馆等处走访。吴教授兴致很高，一路不时向身边的人询问一些详细的情况。我全程陪同健雄、家骝教授，并在六朝松下合影留念。那时那种荣幸和激动之情，直到今天仍在心中激荡。我想，这是我毕生的珍藏！

1988年10月14日吴健雄教授在东南大学四牌楼校区签到处

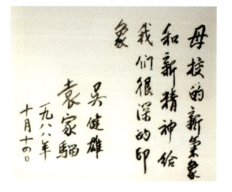

1988年10月14日吴健雄教授为东南大学的题词

1988年韦钰(左三)、恽瑛(左一)陪同吴健雄(左二)、袁家骝(右二)教授在南京参观

1988年吴健雄(中)、袁家骝(左一)教授与恽瑛(右一)在六朝松前合影留念

1988年吴健雄教授(前排右二)、袁家骝教授(前排右一)、齐康院士(前排左一)、恽瑛(前排左二)在侵华日军南京大屠杀遇难同胞纪念馆

  与健雄教授的相见并没有到此为止。1992年，吴健雄教授八十岁寿辰时，东南大学在大礼堂二楼会议室为她举行了庆祝典礼。我代表东大师生在庆祝会上致贺词。健雄教授对东大的悉心招待表示了感谢。中午，在庆祝气氛浓郁的榴园宾馆欢迎宴会上，韦钰校长亲手切了生日蛋糕，我有幸陪同，与健雄、家骝教授共进了午宴。宴会上，吴、袁二位教授兴致很高，频频与周边老师交流、询问，气氛十分融洽、欢乐。寿宴结束后，我继续陪同健雄、家骝参观校内诸多实验室。

  还有一个细节值得一提。1989年秋，吴健雄、袁家骝二位教授应东南大学邀请来学校参观访问。到达学校大礼堂时，东南大学物理系倪尚达教授站在大礼堂前迎接吴、袁夫妇。吴健雄教授下车后，一看到倪尚达教授，

韦钰校长为吴健雄教授八十岁寿辰切了生日蛋糕

韦钰校长（右二）、恽瑛（左一）等与吴健雄教授、袁家骝教授交流

就立即向倪尚达教授深深地鞠躬九十度。吴健雄在中央大学物理系就读时，倪尚达教授正是吴健雄的老师、系主任，据说健雄教授去美国留学的推荐信还是倪教授签字的。站在一旁的我为这一场景深深感动：只有发自内心的恭敬，才会鞠躬九十度！

吴健雄教授很怀念在国立中央大学度过的学生时代，十分希望能再看一看自己曾住过的女生宿舍。该宿舍位于校西，尽管得知此处现在已十分破旧，但健雄教授仍坚持重访了故地。其对故土的梦萦魂牵，从这份对求学时光的怀念便可见一斑。

身在国外，心怀中华

直到今天，我家中仍小心翼翼地保存着一封信。这是 1988 年 12 月吴健雄教授从美国纽约寄给我的一封亲笔信。这是一封充满爱国爱家之情，而且十分关怀祖国教育事业的热情洋溢的信。我当时读到这封信时就不禁潸然泪下，即使到今天，只要想到信中的最后两句话，"我身在国外，心怀中华"，仍会热泪盈眶。

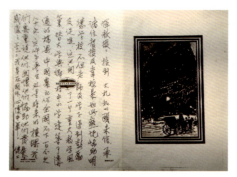

1988 年 12 月 28 日吴健雄教授从纽约寄给恽瑛的亲笔信

信的原委要从 1988 年 10 月 14 日晚上的一个电话说起。那天，吴颐教授给我打电话，说健雄教授有事相求，希望可以与我通话。当时已是 60 多岁的我，仍有些兴奋、紧张。健雄教授在电话中说话依然那么和蔼可亲，说有事要拜托于我，问我第二天早晨可否去金陵饭店面谈。次日早晨，我早早便赶到了金陵饭店，健雄教授说："因为恽教授您从事的是物理教育，我希望您可以具体关心一下我父亲创立的太仓浏河明德学校的发展，促使其发展为国内的一流中学。"对吴教授的信任，我既荣幸，又担心自己的力量微薄，无法很好地承担起这份责任。于是在答应健雄教授之后，我立即向学校领导汇报，以尽力帮助明德学校。陈笃信校长立即表示学校将大力支持。

　　健雄教授虽然将此事委托给了东南大学，但她自己并没有因此就少过问，实际上，1988—1992 年间，健雄、家骝教授多次来东南大学召开座谈会，就帮扶明德学校一事与老师们交流经验、出谋划策。

　　此后，在东南大学校领导的直接帮助下，我与叶善专、潘人培、罗庆来、江本云、何树良等十余位任教物理、数学、化学、外文等科目的有经验的教师被选派出来，每年都到明德学校和该校教师座谈、讨论，在推进其教学改革的过程中起到积极的作用。不仅如此，东大还赠送给了明德学校很多仪器、设备等，帮助完善其教学硬件设施。

1990 年吴健雄、袁家骝教授在物理系座谈会上

第一编　梦里依稀

吴健雄教授逝世后，袁家骝教授给恽瑛的亲笔明信片

袁家骝教授（右三）与东大老师讨论明德学校工作，右二为恽瑛

有一次，在各位老师前往浏河的路上，因为雨天路滑而遭遇了车祸。外语教师汪本云被碰伤，头部流血不止，大家当即把她送回了南京。吴颐教授得知后，专程到南京探望她，让大家感动不已。这仅仅是在此期间遇到的种种困难中的一例，但这些都没能让东大的老师们停止帮助明德学校的脚步。即使在健雄教授逝世后，家骝教授仍十分关心明德学校的发展，还曾给我寄来明信片，表示希望与东大的老师们继续交流讨论。

为了给明德学校创造向国外学习的有利条件，"中美大（中）学生科学素质现状和培养对策"第五届主题研讨会在太仓召开，北京大学赵凯华教授等参加了会议，并参观了吴健雄纪念馆。至今，东南大学和明德高级中学的合作关系仍然十分密切，明德高级中学也通过自身的努力及太仓市政府的关怀，迅速成长为江苏省重点中学。健雄教授如地下有灵，定会感到十分欣慰。

关心祖国高等物理教育事业

吴健雄教授不仅关心家乡基础教育，对祖国高等教育的发展同样给予了厚望。她与袁家骝教授曾两次参观东南大学的物理教研室、物理实验室，并举行了座谈会。让我印象最深刻的便是1982年吴教授的那次莅临。当时由南京工学院钱钟韩院长亲自陪同，一行人一起参观了物理实验室。物理实验室内的Millikan（密立根）油滴仪，是潘人培等老师自制的，属于当时比较先进的设备。他们二位观看时，一听说是自制的仪器，就亲自通过显微镜观察油滴的运动，还鼓励老师们多生产自制的

1982年钱钟韩院长（右二）陪同吴健雄（左二）、袁家骝（左一）教授参观物理实验室

1982年恽瑛陪同吴健雄、袁家骝教授参观潘人培等老师自制的密立根油滴仪

1982年袁家骝教授亲自通过显微镜看密立根油滴仪中油滴的运动

1988年，吴健雄、袁家骝教授在韦钰校长陪同下，再次观看密立根油滴仪，右一为潘人培教授

物理实验仪器。当时，吴教授还深情地说："我和家骝的结婚典礼就是在他家，由Millikan教授主婚的！"想必是这一自制的仪器勾起了她年轻时的美好回忆吧。1988年，吴健雄、袁家骝教授在韦钰校长的陪同下，再次来到物理实验室参观密立根油滴仪，可以看出他们二位对祖国教育事业的关怀。

1977届物理师资班俞楠、宋毅，1979届左福林和王孜杰等多位学生也有幸与吴教授有了一面之缘。30余年后的今天，左福林说："印象较深的是实验课里用上了物理教研室自制Millikan油滴仪，通过这个实验我们对电荷的量化性有了很清楚的认识。这种仪器在国内当时非常罕见，它增加了学生对物理概念的认识。"俞楠说："恽先生领导她的教研组成员建设了最先进的物理实验室，我非常喜欢做那些迷人的物理实验。"王孜杰说："恽老师当时是基础科学系副系主任，她与世界著名物理学家吴健雄教授联系较多，相互间的物理教学活动也不少，我们也因此受益很大。

1982 年，南京工学院校领导请吴健雄教授来校访问，吴教授曾来我系的物理实验室考察，全班同学有幸见识了吴教授。"俞楠、宋毅和左福林三位同学还先后通过了 1980 年李政道先生创办的 CUSPEA 考试，赴美继续深造，如今，他们工作颇有建树，这都与早先的经历有着必然的关联！

回想到这里，我又忍不住想说一说那次与健雄教授在美国的初会，因为这段回忆对我而言真的十分重要。1980 年夏，国家教委首次组织中国物理教育代表团到美国参观访问，并委派清华大学徐亦庄教授为团长，其他三人为复旦大学郑广垣、北京师范大学尚世铉和南京工学院的我。抵达纽约后的第二天上午，吴、袁两位教授早早地就站在家门口等待徐亦庄一行，这是我没想到的。代表团要去 RPI（栾斯里尔多科性工业学院）开会，健雄教授得知我们一行人为交流的问题担心后，立刻说："我已请 Melba Philips 教授在 RPI 等候，你们有什么事情尽管说，不用担心。"果然，当次日一行人所乘的长途汽车到达 RPI 校门时，Melba Philips 教授已经等候多时。身为大名赫赫的物理学家，却仍能为种种细节操心策划，这大概是所有成功者共有的闪光点吧！

1986 年 8 月，经国家教委批准，由北京大学、南京工学院和大连工学院联合在国内首次举办大型的"国际物理教育学术讨论会"，主办方为南京工学院。会议得到了联合国教科文组织（UNESCO）的资助，当时有 13 个国家的 26 位国外物理学家参加。会前我曾向吴、袁二位教授发出了邀请，没想到事务繁忙的他们很快就给了我回复，说他们要到庐山参加科学大会，不能前来，但祝大会圆满成功。这虽然是一个小得不能再小的举动，却让我深深感受到吴、袁二位教授对国内物理教育事业的关心、厚爱。

1987 年，受中国物理学副理事长沈克琦教授委派，我创办了《国际物理教育通讯》刊物，这次创刊得到了中国物理学会理事长周培源教授的大力支持，并欣然为本刊题词。《通讯》自创办至 21 世纪初，始终得到吴健雄、袁家骝教授的关怀。他们在 1992 年和 1997 年为《通讯》两次题词，这也是我能坚持办刊 23 年之久的因素之一。

积极推进国际物理教育事业的发展

1992年,东南大学再次召开"大学基础物理教学国际研讨会",韦钰校长把邀请吴健雄教授作为一项重要的任务,委托给了我。

有了前后几次的接触交流,我与吴教授之间已经建立了深厚的信任。于是,这次一经邀请,健雄教授夫妇便欣然应邀前来参加会议,并在大会闭幕式上作了报告,使与会者受到莫大的鼓舞。现将吴健雄在"大学基础物理教学国际研讨会"闭幕式上的讲话原文抄录如下:

我想,教育问题是一个非常迫切而重要的问题,在美国也同样如此,我们的总统也称自己为"教育总统"。当前,不仅是搞教育的人认识到了教育的重要性,整个美国也都认识到了这一点,特别是对中、小学教育,我认为中、小学教育更为重要,因为孩子们在此期间会打下一定的基础以及成型。

我们回上海的主要目的是因为那儿有一所我们父辈所建的学校(即太仓明德学校,编者注),我总是认为教育是发展中国家的根本。如果大多数的人没有受到良好的教育,而是少部分人受到了高等教育的话,我认为这就不是一个健康的教育体制,我们必须让所有的人都受到教育,起码让他们懂得如何去用科学、技术。

美国对物理教育问题显示出极大的关切。近来,在我们物理学的领域中发生一些变化,我认为最重要的一点就是物理学必须拓宽自己的研究领域,物理学的内容是在不断地被充实、更新的。而当前,由于建立超级对撞机很昂贵,所以进展很慢,同样固体物理也面临此境地。70年代以来,生物学也发生了彻底的变化,现在生物学所探讨的内容是基因及生命科学,你必须懂得分子生物学才能学习生物。很高兴地看到我的一个学生,毕业后担任了哥伦比亚大学生命科学系的系主任,他说:好多事情有待于学物理的人去解决,很多公司利用生物学方面的高新技术制造出许多药品。我对我的学生们说,如果你对物理学有了一个很好的了解的话,那么你就可以自如地将物理学应用于生物学中去,我认为这是一种新的现象,它有可能产生另一门新兴科学。

在物理学教育方面,我认为培养我们的教师是一个非常重要的因素。因为许多教师都是多年以前毕业的,他们失去了学习新技术、新知识的机会。所以在美国,有几个国家实验室,像Brookheaven实验室、费米实验室,3~6个月的一些暑假学校,对一部分优秀的中学教师开放,有很好的教师进行指导他们学习最新的科学技术。这样可使他们回去把学到的知识传授给学生。

这些都是一些应急措施。我们从未有过像你们这样,大家坐在一起开一个专门关于物理学教育问题的会议,讨论关于教学手段、教学方法、教学内容的改革问题。你们这样做了,我认为这样的会议非常好。

同时,袁家骝教授在会上,也作了简短的发言:

我很荣幸地被邀请来参加你们这些物理教育学专家的会议。我做了一生的物理学研究工作,但教学的经验很少。作为一个外行,或许我的观点对你们来说是比较有趣的。记得在天津上中学时,给我们上物理课的老师就是我们的校长。上第一堂物理课时,我发现他是一个长胡子绅士,他在黑板上画了两幅画:一幅画是一个人穿着溜冰鞋站在冰面上在推他面前的一堵墙;另一幅是同样的一堵墙,但他已被墙推开去了一点。所以校长说:这第一节课是关于作用与反作用的问题,就是你们看到的人推墙的那幅画,墙把人推开就是反作用。就这样,我能非常清晰地记住这幅图像至今约70年了。给我印象最深的就是他的这种讲授方法。

在我接受了他的知识三年之久以后,我就有了一定的物理知识背景,加上老师在数学、地理方面的指导,很快地在天津考入了大学,后转入燕京大学。Dr.Steward是我的老师。上学时,我就对无线电很感兴趣,开始装收音机。所以说我对物理的兴趣是起源于收音机。无线电对我的研究宇宙射线的生涯起到了重要的作用。

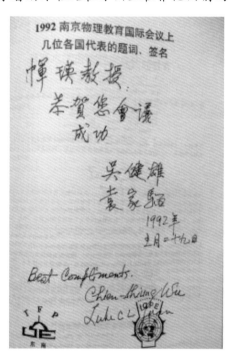

1992年国际会议上吴健雄教授夫妇在《国际物理教育通讯》上题的贺词

我始终认为,坚持不懈的努力在学习物理学知识方面是非常重要的。因为我深信:天才是99%的汗水加1%的灵感。希望大家能理解这一点,为各自的事业奋进。

当时,前来的外宾中有西雅图华盛顿大学的美国知名学者L. McDermott,她说年轻时就仰慕健雄教授,这次有幸相遇,十分高兴。

会议结束后，在复旦大学蔡怀新（蔡元培先生之子）教授的积极提议下，健雄教授夫妇欣然为《国际物理教育通讯》留下了宝贵的贺词。

1992年"大学基础物理教学国际研讨会"全体合影，前排有韦钰（左五）、吴健雄（左六）、袁家骝（左七）教授，右六为恽瑛

　　落英缤纷的回忆之途，终有走到尽头的一天。我在这二十余年中与吴教授几番交流，感到获益匪浅。我多么希望能再多与这位令人敬重的长辈多几次相处的机会。然而，无奈吴教授年事已高，身在国外，只能抱憾。1995年，我还收到袁家骝教授的亲笔来信，告知吴健雄教授的近况。

　　我最后一次与健雄教授通话是在1993年的夏天。当时我应RPI的邀请，在纽约州Troy市参加一个有450余位学者到会的基础物理教育国际会议。在一天晚上，我应约到美国知名教授Resnick家中作客。我就在他家打电话向健雄教授问候。那时吴教授的身体健康已不太好，但她的话音依然亲切和蔼，还问起韦钰校长可好、东南大学的近况等。1997年健雄教授逝世的消息传来，我扼腕不已，那时为什么不再到纽约去拜访她呢？这成为了我久久无法释怀的遗憾。

吴健雄纪念馆内吴健雄的半身塑像

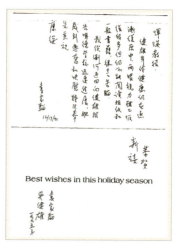

1995年袁家骝教授给恽瑛的亲笔信

1993年摄于Resnick教授家中,在这里恽瑛与吴健雄教授通了最后一次电话

吴健雄教授在故乡浏河常住的小楼——紫薇阁

吴健雄诞辰95周年时在太仓浏河明德学校内吴健雄墓前合影留念

2009年恽瑛到浏河明德中学吴健雄墓园悼念健雄教授

1997年，吴教授永远地离开了。她逝世后被安葬于故乡浏河明德学校内，我出席了安葬仪式。在现实中告别的，终将在回忆中重聚。虽然，吴健雄教授已经仙逝，但是她的殷殷爱国之情、盼祖国教育发展的强烈愿望，却如跳跃的火苗，始终闪烁在我的心中。

吴健雄教授，我们永远怀念您！

张梓烨　整理

我这一辈子，就做了一件事，从事基础物理教学；我一生的追求，就是努力做一个好教师。

从 20 世纪五六十年代，引进国外优秀教材、开设新课、编写习题指导，到八九十年代，主动学习国际先进教育理念，全面开展大学物理教育教学改革，我全部工作的目标就是一个，提高大学物理教学水平，为学生打下扎实的业务基础。由于种种原因，我认为自己做得还不够好，我的埋想还没有完全实现。

六十五岁退休后，我不愿清闲度日，颐养天年，我还想为物理教学改革，为我的学生做一点有意义的事，于是开始了创设研究型"双语物理导论"新课程的探索。这一干，就是二十年，其中甘苦自知。所幸这一全新的课程不仅受到了学生的广泛欢迎，还得到了国内外同行的首肯，也是我晚年最大的欣慰。我感谢学校和各方人士对我的支持，更感谢和我一起朝夕奋斗，不计得失的同事朋友。

苏轼诗云："人生到处知何似，应似飞鸿踏雪泥。泥上偶然留指爪，鸿飞那复计东西。"这里收录的几篇文章，如雪泥鸿爪，记录了我和我的同事们二十年探索的点滴印记，也希望能给有志于物理教学改革的同道一点帮助和启迪。

第二编 雪泥鸿爪

一辈子没离开的物理讲台

《大学物理学》（音像文字结合教材）与多媒体物理学教材的构想与展望

十年前，我们七所院校（东南大学、空军气象学院、通信工程学院、南京航空航天大学、南京化工大学、河海大学及扬州工学院）中一些相当有教学经验的物理教师们，怀着对教学改革的一片赤诚之心，着手编写新型《大学物理学》（音像文字结合教材），以教学内容改革及教学方法、手段的优化，寻求一条提高教学质量的新途径。

正因为有了国家教委电教司的支持，有了江苏省教委，特别是高教办公室邱坤荣主任的持久指导与帮助，有了七所院校各级领导的支持，以及多位专家教授对我们的指导，如冯端院士为教材写了有创见性的序言，徐绪笃教授、吴百诗教授、吴颐教授对教材进行认真、细致的审阅，更有高教出版社责任编辑黄元铭、王致亮的认真审校，才使我们编写组的全体同志及各校电教中心同志们能坚持近十年的工作，完成了教材编写这一系统工程。

经过1987—1997年这一个十年，再来回顾我们过去的设想、指导思想、实践以及反馈信息，看看哪些是行之有效的，哪些是应该改进的，并展望面对21世纪的要求，我们又该如何开拓、进取，这是这篇拙文的期望。

有关领导曾指出：21世纪的特点是知识化、信息化、国际化（特别注意经济及教育方面），我们以这三个方面来衡量过去的工作，展望未来的发展。

一、编写《大学物理学》（音像文字结合教材）的指导思想

我们在编写这一套教材时对内容取舍的指导思想是：

作者：恽瑛、夏西平（空军气象学院），1998年2月。

（1）在中学基础上提高起点；

（2）适当压缩经典部分，加强近代和现代物理的内容；

（3）注意反映新技术发展与物理学的关系；

（4）努力提高书中插图的质量。

就这四点指导思想，略举处理的方式，如力学部分压缩牛顿定律，加强了守恒定律的要求等；又如力学（含振、波部分）和电磁学各占学时的1/4，留下1/2学时给光学和近代部分；为了加强统计概念，内容上做了与传统不同的尝试处理，即将统计物理简介与热力学部分放在第四篇近代物理中，以利学生对玻尔兹曼统计及费米统计有一些粗浅的了解。为了加强学生对新知识的了解，扩大视野，还特请几位专家、学者写了有关"熵的概念"等四个专题。在某些部分也引入一点新的概念与新的技术，如力学中略提出混沌的概念，电学中略补充了超导现象等。

虽然我们注意了在中学基础上提高，限于十年前的观点，从今天的视角来审视难免显得不足，如力学、电磁学部分还可以紧缩且立足点可以更高一些，应该与时代"衔接"得更紧密些；虽注意了加强近、现代知识，但显得力度还不够。

大学物理课程仍然是一门基础课，而不是一门理论课程，它应为学生适应当今科技的发展打好物理基础。我们不妨看看近十年来美国大学物理课程改革 IUPP 中的一种模式"Physics in Context"的内容。其全课程分为四个部分：

（1）星际旅行：包括牛顿力学、引力和引力场，它以"人们如何从地球走向火星"来提出问题，实际上内容仍包括参考系、抛体运动等一系列力学问题；

（2）地球变暖：包括能量、能量转换和守恒、热力学，它以"人将最好地利用有限的能源（环境问题）"来提出问题；

（3）雷雨物理学：包括电磁学、波动和光学，它以"如何将远距离的物体成像于电视屏幕上（成像问题）"来提出问题；

（4）粒子干涉：包括量子物理，它以"单一的电子如何可以同时经过两个狭缝（微观旅行）"来提出问题。

我们且不评论这种模式的优缺点，但我们认为它的一个很大特点是将学生引向当今科技发展所面临的情景，让学生去思考这些问题，而内容的实质仍为物理学的力、热、声、光、电等等，只是让学生知道这些内容从何而来，又向何处去，呼应了"Physics in Context"这一名称。

那么我们在大学物理课程进一步的内容改革中，应如何思考呢？我们认为以上提出的四点指导思想仍然是可以参考的，但应做到：

（1）确实是在中学的基点上提高"一大步"，使内容有"时代气息"；

（2）"压经典，强近、现"，不是将物理学的新内容都包罗进去，而是在每一部分有明确的主题，减什么，加什么，都应有一定的道理；

（3）反映科技新发展与物理学的关系中可以选择几个适当的点略作较深入的讨论，让学生理解物理学的魅力。

总之，教材的改革既要看到当今时代的需要，也要使它能为教学所用，更应切合我国国情。现在全国有近四十所高校使用了这套教材。中国矿业大学自开始就试用这套教材，郑又琴教授在运用插播片中又有了她自己的做法，即在学期末了，再将它放播一次，让学生回忆，并对插播片内容出题考试，这种做法很受欢迎。她来信写道将于明年继续使用这套教材。从试用情况看，学生是欢迎的，内容较为丰富、易读，如果录像带做成光盘，使用起来将更方便。

二、电视插播片的作用和时代的要求

音像教材与文字教材结合是这套教材的特色，也是一种创新，电视插播片与课堂讲授有机结合是一种新的教学模式。电视插播片给学生的信息量是很大的，且它不受时空的限制，教师能促成学生从"形象思维"上升到"抽象思维"，既能使重点、难点得到一定程度的解决，又能激发学生探索新问题的积极性，从而培养他们的思维能力，有利于学生素质的培养。

这一套电视插播片的特点是：与教学内容紧密结合，形成系列，针对性强，简洁明了，表演的手法与形式有创造性。在课堂上使用插播片，教师要认真地、仔细地备课，既要发挥教师的主导作用，又要充分调动学生的主观能动性，使这些片子真正作为教材的有机组成部分，成为文字教材的体现和补充。目前已有近130所大专院校、中学使用了这一套片子。在国外，如日、美、泰、德等国也使用了该插片，充分体现了它们的价值。

国家教委高教司钟秉林司长近日指出：在人才培养模式改革、课程体系改革有了眉目后，教学方法和教学手段的改革就是必然的。我们必须理解，在物理教学中，技术的应用处于什么地位。为了使教学环境对学生的学习有利，科技是最有价值的辅助教学手段，利用视频技术，如电视插播片，就能将一些不易观察到的现象体现出来，而信息技术又能给学生提供许多不同的信息。总之，改变原来的"黑板 + 粉笔"的模式是必然之路。

电视插播片在教学中起了很好的作用，但时代的进步对我们提出了更多的要求。随着计算机的广泛使用，我们拟将这一套电视插播片做成光盘，它不仅能在 VCD 机上放映，也能在 586 上运行，同时可以采用"菜单"，使用者可以很方便地使用，这是我们的第二步工作。

三、多媒体物理学教材的构想与展望

有了电视插播片，有了 VCD 光盘，还可以做什么呢？再一个任务就是编制多媒体光盘 MCAI。

从目前国际上教学发展趋势来看，现代教育技术在物理教学上的应用是愈来愈重要了，当然模式可以是多种多样的，不能说哪一种模式是好的，哪一种不好，好与不好应该由长期教学实践来验证。

近期我们做了一个近代物理部分的《大学物理教学用多媒体光盘》，它由四个专题构成，每个专题包括以下三个方面：

（1）专题的教学目的；

（2）选择有关的电视插播片画面移至计算机屏幕上，有画面，有声音；

（3）每个专题都配有问题或选择问题，加强交互性。

多媒体物理学教材应是什么样子，课堂上又应该如何组织？姑且以第三册教材中第 22 章原子核物理简介为例提出粗浅的构想。

首先改变教师逐点讲解的传统模式，教学环境应以学生为中心（但教师的作用更重要），在一章中选择重点放映多媒体教材，其中的问题可供教师与学生讨论，教师也可自行设计一些其他问题。原子核这一章就可选择"放射性"和"核反应"两个多媒体教材。

MCAI 一：放射性

（1）三种放射性问题；

（2）放射性衰变规律问题；

（3）放射性的应用举例（尽量结合当今科技的发展）。

MCAI 二：核反应

（1）核反应的发现问题（适当介绍原子核结构的现代观点）；

（2）重核裂变和轻核聚变问题（让学生理解利用原子能比用煤燃料

有什么优势）；

（3）核能的应用。

这样就可以在一节课中讲解以上问题，而传统的上法就需两个学时，这既节省了时间，又可提供给学生大量的信息，而且可以介绍当今科学技术发展的某些观点或动态。我们可以在全部教材中选择若干个点（30个左右），做成多媒体物理学教材，同时发挥教师的创造性，以营造生动活泼的教学氛围，充分激发学生的学习兴趣。目前，我们已将"大学物理多媒体CAI光盘"在"九五"国家重点科技项目（攻关）计划中立项，预计于1998年内完成，我们相信，教学改革的春天必然会到来！

大学物理教学用电视插播片、多媒体光盘及其应用的探索

在国家教委、江苏省教委的支持与帮助下,由东南大学等七校组成的"现代化教学手段在物理教学中的应用"课题组同志经过近十年的共同努力,研究、开发、编制了以下几种文字及音像教材:

序号	名 称	数量	出版社（年份）
1	《大学物理学》 （音像文字结合教材）	3册（70余万字）	高等教育出版社（1996）
2	《大学物理学电视插播片》 （中文版）	3盒（320分钟） （73个专题）	高等教育出版社（1995）
3	《大学物理学电视插播片选辑》 （英文版）	1盒（110分钟） （26个专题）	高等教育出版社（1995）

自编制完成以来,全国先后有近40所高等院校使用了这套教材,有110余所大学、大专和中学使用了这一套电视插播片,英文版选辑已有20余盒售至日本、美国、德国、泰国、印度尼西亚等国。经过近十年在全国使用该教材的高校的教学实践,效果是明显的。电视插播片中的"刚体力学"部分于1990年获得国家教委举办的"首届全国普通高校优秀电视教材"三等奖;全套《大学物理电视插播片》（中文版）于1996年10月在由新闻出版署及国家教委联合举办的"首届全国优秀教育音像出版物"中荣获二等奖。

作者：恽瑛、孙荣玲，1998年2月。

一、电视插播片与课堂讲授作有机结合是一新的教学模式

在课堂上，将讲授与插播有关的电视短片做有机的结合，能发挥插播片在"时间、空间、动态、信息"上的优势，既能节省讲课时间，又能解决重点、难点上的一些问题，并能激发学生的学习兴趣，引导其思考，提高教学效果，各校的实践也证实了这一点。

这一套电视插播片有以下的几个特点：①教学内容紧密配合，形成系列；②针对性强，简洁明了；③片中所选择的仪器虽简单却有利于说明问题；④表演的手法与形式有创造性。

如何使用和发挥这些短片的优势，自然是教师在备课和授课中十分值得注意的问题，在课堂上既要发挥教师的主导作用，又要充分调动学生的学习积极性，即要注意教与学的相互交流，使学生能参与到课堂教学中去。这样，可以使这些片子成为教材的有机组成部分，成为文字教材的体现和补充。

根据实践，有以下几点值得注意：

（1）插播片的运用必须密切结合讲解、帮助讲解、帮助理解；

（2）讲授中应在针对某一问题时插播，不宜从头播放到尾；

（3）提供学生反复观察、思考的机会，教师应提出恰当的问题；

（4）插播片可与其他演示实验配合使用。

为了在课堂上诱发学生的思维，应充分注意短片上所表现的画面，并且要使学生从形象思维进一步提高到抽象思维，而不是停留在画面上。教师除注意如何使用和放映外，提问也是极其重要的。提问得好，可以使学生提高到理性阶段。下面举一例子，例子中提出了三种答案，让学生选择，其中有似是而非的答案，这样将有利于澄清学生的错误概念。

[例]播放"简谐振动的旋转矢量法与相位"一短片，看过一两个示例后，可以问学生：

简谐振动的初相位决定于：

（1）旋转矢量 $\vec{A}$ 与 t 轴夹角的大小；

（2）x–t 图上所示曲线在 $t=0$ 时的位置；

（3）作简谐振动的质点在起始时刻的位置与速度。

请问哪一个答案是正确的，另两个错误的原因何在？

我们认为对于每一个短片，如能认真地提出一两个问题，每一个问题涉及某一基本概念，而且每一个问题中又包含几个似是而非的答案，如可

能，将它们形成画面，那么，学生在选择时，就会暴露自己在概念上的错误，将有助于真正理解短片上所展示的画面，这样，更有助于师生之间的相互交流，并能引导学生集中注意到概念的深入理解上去。这是我们要进一步将它们做成光盘或多媒体光盘的原因。

二、使用现代教育技术，加强电视插播片的交互性是制成光盘的原因

了解目前国际上使用现代教育技术手段于物理教学中的情况，对我们如何进行课程改革是有利的。恽瑛曾应邀于1993年5月参加美国RPI召开的"物理学导论课程国际会议"，经过会议的讨论，我们认为当今基础物理的改革可以研究以下三个方面的问题：

（1）教与学的相互交流，特别注意学生如何学到手；

（2）多种媒体教学手段的使用，应利用各种媒体的特点；

（3）采用多种教学模式、多种观点与形式，不能说哪一种是唯一的。

1996年恽瑛前后又参加了在美国、泰国由IUPAP举办的物理教育国际会议，使我们进一步肯定了以上三点看法。

1996年7月，IUPAP举办的"大学物理教育国际会议"在美国马里兰大学召开，会议讨论现代教育技术在物理教学中的应用，教改中有哪些不同的教学模式等。此次会议与1993年会议相比，特别使我们感到：美国在基础物理导论课程中应用新的科学技术非常突出。例如，1993年曾听过哈佛大学Mazur教授介绍他在课堂上如何加强教与学的交流，当时他将印好的问题纸片发给学生；而1996年他再介绍时，就让学生使用internet，课堂上当场就可得到学生反馈信息的统计，十分有利于教学。1996年12月，在曼谷IUPAP又举办了"面对21世纪物理教学计划中的现代科学与技术"，这一会议的宗旨是：介绍物理教学中的新进展、物理教育中的信息技术、物理教学中多媒体和计算机软件的应用、实验中的新技术和新设备等。可以看出面对21世纪的科技发展，世界各国的物理教育工作者都十分认真地将新的技术应用到物理教学中去。

面对当今的环境，针对我们研制的这一套插播片的特点，我们应该如何在使用中进一步发挥它们的作用，今后又该如何改革和发展？这是我们所要研究的问题。

在电视插播片已取得初步成果的基础上，我们在相当艰难的条件下，制成了《大学物理教学用多媒体光盘》。归纳起来，我们逐步使电视插播片向多媒体光盘发展：

序号	类型	名称	目的	编制
1	VCD	《大学物理电视插播片选辑》	选择了电视插播片中26个的专题，在原片子上选编做成一光盘（中、英文各一盘），它便于教师和学生使用、携带	恽瑛、孙荣玲
2	光盘	《大学物理力学部分光盘》	选择了力学部分（含力、波）的插播片，在原片子上选编其中的10个专题做成一光盘，可在网上运行	恽瑛、夏西平、吴敏
3	MCAI	《大学物理教学用多媒体光盘》	在近代物理中选了四个专题：激光及在原片子上选编的电子云、放射性、核反应；专题除了原有的视频材料外，加上适当的问题或选择问题，利用CAI的优势，加强其交互性。光盘可在586上运行，操作十分简便	恽瑛、夏西平、吴王杰

在《大学物理教学用多媒体光盘》中，某一个专题包括以下四方面的内容：

（1）专题的教学目的；

（2）专题将电视片中的视频画面转换至光盘画面，并配有声频；

（3）对应于视频画面，可提出有关问题或选择问题，加强思考和交互性；

（4）选择问题的答案。

这种光盘仍是教学辅助材料，在课堂上，教师可将有关画面与讲授做有机结合，也可让学生课外使用，以利于加强理解。

这是我们第三步工作的起点，沿着这一教学思路，相信能逐步完善光盘的内涵。如中科院院士、南京大学冯端教授在为此教材写的序言中所述："……辅助的音像教材就十分必要而这一套插播片是该课题组同志几年来共同奋战的成果。插播片中创造性和设计的新颖给人们以深刻的印象。"我们衷心感谢冯端教授自始至终对我们这一工作的关心与指导。我们还将在教学手段现代化的工作中继续不断地努力奋进。

关于《大学物理学》（音像文字结合教材）

《大学物理学》（音像文字结合教材）是国家教委"八五"规划教材，已于 1995 年、1996 年由高教出版社先后出版了其音像部分及文字教材部分。国家教委工科物理课程教学指导委员会和高教出版社组织西安交通大学吴百诗教授、浙江丝绸工学院吴颐教授和我共三人担任审稿工作。现简要汇报一下本教材的基本情况和个人感受。

一、编审的过程

自 1987 年开始，编写组就编出了初稿，先后在各地近四十所院校试用。在正式出版前，已印刷了六次。在终审意见书中，对这套教材的评论意见有："该教材是对工科大学物理教学改革的一次极有意义的尝试，是编者多年探索和实践的总结，是一套较成功的大面积发挥现代教学手段优势的新型教材。""该教材充分发挥文字与音像相互配合的特色，在满足工科大学物理教学基本要求的基础上，注意联系科学技术的新发展，加强近代物理基本理论的介绍，扩大学生的视野，在提高学生物理素质方面做了有益的尝试。该教材叙理妥切，表述流畅，便于教学实施，图片精致规范，习题选配适度；音像插播片能充分发挥形象化功能，短小精悍又能覆盖全部教学内容，制作颇具匠心，有利于学生建立正确物理图像，提高理论联系实际的能力。"

二、教材的特点

这套教材的最大特点是文字与音像相结合。这是将音像教学辅助材料融入传统的文字教材而合编成一套统一的教材，既可提高课堂教学效果，

作者：徐绪笃［西北工业大学教授，《大学物理学》（音像文字结合教材）主审］，1998 年 2 月。

也利于学生课后复习。电视插播片是一段段的，每段仅几分钟，而这些短小精悍的片子却又广布全书，是以实与虚——实景与动画、远与近——全貌与特写、快与慢、静与动、声与色巧妙地结合起来的，使有关信息能生动地感染学生而激发起学习主动性。使用中可以反复，也可以定格，可按需支配。这样，形象信息与词语信息，抽象思维与形象思维交互作用，把传统教学手段和纯文字教材难于尽收的效果集中起来，以期达到最佳的教学效果。

教材的第二个特点是内容的处理上有其特色，反映在以下三个方面。首先，编者将某些内容单列成一节，并作了适当引申，又配有精彩的短片，使学生对这些概念、规律能更清晰地理解。例如惯性力、惯性离心力、质心、质心运动定律、变质量物体的运动、刚体平面平行运动、谐振分析、气体导电与等离子体、量子统计等。

其次，结合基本理论内容，或作适当扩展，或反映现代应用原理，如冲击波、速度选择器、质谱仪、磁镜与托克马克装置、电子感应加速器、能级宽度与平均寿命、定态与德布罗意波、热管、集成电路、穆斯堡尔效应、夸克等。以上两方面处理表现出"稳中有进（升）"的思路，既对大面积教学有利，又有利于因材施教。

第三个方面是在体系的变革上。编者将统计、热力学放在近代部分，先微观后宏观，使学生能更好地接受量子统计、激光等概念。

为进一步扩大学生视野，引发深入思考，并拓宽至现代前沿，由有关专家撰写了四篇专题分别附在各册正文之末，它们是力学中的"力表象"与"能量表象"、熵的概念、铜氧化体中的高温超导现象、非线性光学的概念。文章不长，却极富知识性和启发性。

三、今后的建议

提出以下三点建议，仅供编者参考。

（1）电视插播片与文字教材结合，实为多媒体教材的雏形，建议在此基础上利用计算机的优点，进一步做成多媒体教材。这将有利于教师的备课，并可放在图书馆内供学生借阅，这将十分有利于学生的复习。

（2）推广其使用范围，可向电大、函授、成人教育扩展，发挥这套教材已有的优势。

（3）编写一些文字、音像结合的课外小丛书，帮助学生开阔眼界，提高兴趣，增强素质。

鉴于教材编写的内容有一定的限制，而为了适应当代科技的发展，可将一些近代、现代物理学的发展编成小丛书，其内容可如宇航、天文、基本粒子、生命现象中的超快过程（激光探测）、传感器（运动形式的转换）、光通讯等，其深度可以是一般的高级科普，使学生学了基础物理后，能有更上一层楼的感受。

第二编　雪泥鸿爪

对建立大学物理文字、音像有机结合教材体系的认识和建议

由东南大学物理系恽瑛教授负责，七所高校有关物理教师、电教人员参加的现代教育媒体在大学物理课程中的应用研究，已取得了初步成果，并在 6 月 29 日—7 月 3 日的扬州研讨班上做了演示，得到了省内外高校同行专家、学者的一致好评。这项研究成果，在一定程度上展示了我国电化教育深入发展的方向。正如中央电教馆副馆长武克同志在研讨班开始时所说："这是电化教育进入新的发展阶段的一个标志。"因此探讨这项研究成果的意义，更好地把这项研究工作坚持下去，以实现最终目标，是必要的，同时也是理论概括的需要。

一、教育、教学改革的实践，使课程建设成为教学改革的重点

这个背景孕育并最终产生了现代教育媒体在《大学物理》课程中应用研究的初步成果。

党的十一届三中全会以来，我国高等教育得到了迅速恢复、扩建和发展，教育、教学改革在许多方面展开，取得了很大成果。同时，电化教育事业也得到了相应的发展，促进了教育规模的扩大、教学内容和教学手段的现代化，以及教育质量的提高。但是问题也很多，仍然存在着同社会主义现代化建设的需要不相适应或严重不相适应的矛盾。许多学校认识到建立教学标准、抓紧课程建设是教学领域中一项带有全面性的基础工作，他们花了很大精力来抓这项工作。就在这时，东南大学、空军气象学院、通信工程学院、南航、南化、河海大学、扬州工学院等院校的物理教师，将电视插播片应用于"大学物理"课堂教学，受到了学生的欢迎。不久前，

作者：邱坤荣（江苏省教育委员会工科处处长），1998 年 2 月。

他们提出了比较系统的课堂教学设计、设想和方案。这个方案的基本思想和特点是：

1. 根据"S-O-R"的现代教学原理，充分利用多媒体的综合作用，充分调动学习对象的各种感官对外界刺激的积极反应和学习对象内在学习心理的因素，以增强教学效果，提高课堂教学质量。

2. 根据多媒体与教学内容有机结合（多媒体作为教学内容的载体），能够改善教学结构、增进教学功能的原理，重新编制了文字、音像有机结合或融为一体的新教材。书与非书资料的结合，增加了教学容量，解决了重点、难点问题，开阔了学生视野，活跃了学生思维，搞活了课堂教学。

3. 教师丰富的教学经验、学术水平和电教人员丰富的编制影视教材的经验、技术水平结合在一起，使电教在"深入教学、深入学科、深入课堂"方面大大向前迈进了一步。同时在"结合"的过程中，教师与电教人员相互学习、相互交流，又各自得到了提高、锻炼，学会在更高层次上把握整个大学物理的教学和课程编制。

这个方案在 1989 年 3 月召开的"现代教育媒体在大学物理课程中应用研讨会"上，受到省内外高校 50 多位物理教师与电教专家的赞同。这个方案实施的初步成果在 1989 年 6 月 29 日至 7 月 3 日扬州举办的"大学物理文字、音像结合教材研讨班"上，得到来自省内外 60 多位物理教师的肯定和支持。东南大学、南航等校对此方案的实施针对学生进行调查，结果也是肯定的。

二、建设大学物理文字、音像有机结合的教材体系

大学物理文字、音像教材编制的意义不仅在于促进了基础课程的改革，而且促进了课程编制过程的改革，改善了课堂教学结构。在这一点上，其意义已经超出这项工作的范围，展示了课程改革的一种方向。

基础课在构建大学生智能结构中有重要作用，但基础课的教学空气沉闷，提不起学生的学习兴趣，几乎是"几十年一贯制"。许多人也想改变这种局面，但由于种种原因，往往未改先退。因此改革基础课教学不是一件容易之事。要改，一要有教学改革的理论指导，二要有较高学术造诣和丰富教学经验的人带头，三要有不怕苦、不怕累、敢于探索的精神，还要有敢于向传统教学模式、教学思想挑战的勇气。以恽瑛教授为首的课题组基本具备上述三条，所以其得以应运而生，并研而有果。

系统论认为，教学是一个系统，它是由教师、学生、教学条件等三个因素构成的。教师的因素包括教师的师德（应具备的政治素质、思想品德和职业道德）、师学（学术水平）、师才（掌握教育科学，善于依据教育规律组织教育活动，掌握"教师基本功"）和师风（在教学活动中良好的作风）；学生的因素包括智力水平、个性心理特征、生理素质、已有知识积累等四个方面的内容；教学条件的因素包括保证正常教学活动所应具备的物质条件——教学软件，图书馆、资料室等教学硬件，实验室、实习场所以及教学手段。上述这些因素的组成与作用，是决定教学质量的关键。当然，还有系统与环境的作用。环境的因素包括社会、家庭以及校园文化的影响。大学物理文字、音像结合教材的编制，不仅仅使教学条件因素发生了变化，而且也促使了教师因素的变化，进而激起了学生因素的变化，这样就活化了教学系统，提高了教学质量。这是恽瑛教授等进行大学物理教学改革遵循的教学理论之一。

恽瑛教授等所进行的大学物理教学改革，还遵循了现代课程编制理论和教学法理论。课程编制是指学校教育中的教育媒体——教学内容、教育活动的组织和改善的方法和技术。从广义上说，包括了国家、社区和每所学校的课程组织——学校课程编订、实验实施及对其过程与成果的评价、改进。课程编制要解决两个基本问题：①什么知识最有价值？②如何处理好学科之间的关系？课程编制过程中最重要的是要确定教育目标，主要包括确定教育目标（目标）、选择与组织教育内容（教材）、选择与组织学习经验（教学）、教育评价等四个过程。我国高校提出了课程建设的六条标准：①有一个革新的教学大纲；②有一套完整的教材；③有一套好的教学方法；④有一套科学的考核方法；⑤有一套现代化的教学手段；⑥有一支高水平的教师梯队。

恽瑛教授等对大学物理的教育目标以及各章节的教学目标，依据国家教委关于工科大学物理课程的教学基本要求，重新进行了研究和确定；根据教育目标，把大学物理课程内容分成几个部分，每个部分选择对于工科大学生最重要的内容，重新进行或正在进行编制；根据新编制的教材，面向学生进行课堂教学实验，寻找最佳的编制方案；最后请学生和同行评议，实际上就是教育评价过程。因此恽瑛教授等所进行的大学物理课程改革的过程，不仅符合课程编制原理，而且符合课程建设的方向。由于大学物理教学采用了电视插播片、计算机教学软件以及幻灯、投影等电化教学方法和手段，可以更好地实现教学内容，达到教学目的。

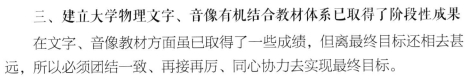

三、建立大学物理文字、音像有机结合教材体系已取得了阶段性成果

在文字、音像教材方面虽已取得了一些成绩，但离最终目标还相去甚远，所以必须团结一致、再接再厉、同心协力去实现最终目标。

我认为当前要抓好这几项工作：

1. 课题组的教师、电教人员要结合实际，认真学习有关教育理论。任何实验、任何改革没有理论指导是难以成功的，因此必须用马列主义、毛泽东思想以及邓小平同志有关教育理论的论断来武装自己。

2. 进一步端正教育、教学思想，进一步明确改革的方向和思路，增强改革的信心和决心。进一步做好宣传工作，争取有关高校领导、中央电教馆以及物理界对这项工作的理解和支持。

3. 要精心收集大学物理课程改革的有关数据、资料，选择班级，深入进行比较教学研究。

4. 已经编制完成的大学物理文字、音像教材要抓紧试用，注意总结经验，不断修改、完善。同时要积极做好公开出版的准备工作。

5. 电教的发展和课程建设如何更好地结合，使它们融为一体，这是一个新的课题，希望省高校电教研究会也关心并参与此事。现代教学媒体在大学物理课程中的应用研究，不仅是大学物理教师的事，也是大学电教人员的事，大家都应该关心它，爱护它，支持它。

国际物理教育掠影

推动物理教学改革，提高大学物理教育质量，很重要的一条是向先进学习，通过学习、交流、比较、借鉴来不断提高自己。这就需要有一个参照系，看看国外一流大学是怎么做的。了解国际上的情况，并不是说我们要照搬他们的成果，而是通过了解他们的观点、方向、办法等来帮助我们思考问题，以求得教学改革更具有活力。

我因工作关系与国外的物理学家、物理教育学家有较多联系，了解一些国外大学物理教育的情况。借此机会与大家交流，其交流的内容方面涉及美国的多一些，也有一些日本、德国的情况。

一、国际上有关高等教育、课程建设与素质教育的观点

1998年下半年召开的"面向21世纪的教育国际研讨会"上提出了衡量素质教育培养的7条标准：

① 积极进取、开拓精神；
② 崇高的道德品质和对人类的责任心；
③ 在急剧的变化和竞争中有较强的适应能力；
④ 有宽厚、扎实的基础知识和基本技能；
⑤ 学会学习、适应科学技术领域的综合化；
⑥ 有多种个性和特长；
⑦ 具有与他人协作和进行国际交往的能力。

如果我们原则上同意这7条标准，那么高校的整体教育、课程的设置及内容的安排，进而到大学物理课程的教学目的和内容选择又应该如何与之挂钩？还有，有人提出"为未来所做的最好准备，不是为某一具体职业而进行的狭窄的训练，而是使学生能够适应变化的世界的一种教育"，这

作者：恽瑛，1999年11月。

很值得我们深思。

为提高与改善大学生的整体素质，国外理工科院校都比较注重对学生进行人文社会科学教育，培养为世界文明和进步做出杰出贡献的人才，如英国高校开设了西方传统的文化课程，同时也注重对东方文明的研究，正如他们所认为的：高校不能只培养"经济动物""机器人"，而要培养他们的公民素质。

美国加州理工大学是所世界闻名的高等学府，其教学计划中一年级的所有专业都要修读概率论、一元和多元微积分、经典力学和电磁学、普通和定量化学、现代生物学基础、人文和社会科学基础讨论及实验等课程。不同专业课程从第二学年开始，如生物专业、电子工程专业等皆有统计物理学、波和量子力学；再如杜克大学也开设技术物理学基础课程。

课程的设置只是培养过程的一个方面，各个学校在培养学生素质、提高创新能力方面有不同的做法。

（1）跨学科课程串（洛杉矶加州大学）：第一年课程串，它是由两个学期的讲座、讨论和第一学期的讨论班组成，通过这二个连续的学期进行某一个主题的学习，培养学生坚实的基础，这样比单个学期更深入地探索某一学科知识，形成学习者群体，相互受益。

（2）课程 2000（杜克大学）：这是一种课程结构，课程内的活动有探究方式、重点探究、能力培养、外语能力、写作能力、研究能力，它能确保学生对每个领域的学习热情。

（3）低年级讨论课程（斯坦福大学）：培养学生主动性学习习惯，其目的是通过让大学生与一些知名教授相互交流，使学生们进入大学的智力生活中，使学生有机会与资深的教授以小组的形式接触和辅助工作，建立长期的指导关系，如有"力学新生讨论组""理解宇宙""定量观测"等。

（4）跨学科课程（洛杉矶加州大学）：跨学科课程能促进智力增长，增强学科知识，改进批判性思考和交流能力，为学生进一步学习打下基础。

（5）强化导师制和讨论式教学（英国）：研究新的课程设置，而不拘泥于一成不变的传统模式，以求发挥学生的创造性，培养、提高其科学素质。

二、物理教育与教育研究

从 20 世纪 80 年代末开始，许多发达国家的教育部门或物理教育团体先后组织知名物理教师、教授研究大学基础物理课程的改革。例如，日本文部省成立了由 26 位专家组成的"基础物理教学研究组"，通过三年的工作，提出了调查报告及多种大学基础物理大纲。美国自 1987 年起，在国家自然科学基金委员会（NSF）的资助下，历时近十年，组成了四种教改模式，其中"覆盖物理学的六个概念"和"物理学的来龙去脉"为比较成功的模式。

1996 年 9 月，美国 AAPT 资助研究本科物理教育的修订和改革；1998 年 10 月又举行了"物理改革会议——为 21 世纪构建物理本科计划"，动员了不少教授组织研究，以下择要说明两点：

（1）本科物理教学的处境：物理教育工作者承认，对基础物理的教学是有一定的目的的，而学生从此课程中所学到的与前者之间有一定的"间距"。现有 30 万名学生在两年制和四年制的大学中学习基础物理课程，他们将是 21 世纪在科学、技术、管理、法律中的领头人，更重要的是，他们中有一部分将是从事基础教育的教师，所以基础物理教育是非常重要的。

（2）有关基础物理的教学：很多学生只关心解题，却不注重概念的掌握，并在这一基础上扩宽自己的思路与能力。工程技术人员往往认为物理教师在这一方面的工作不是很有效，而物理教师又往往以过去自己学习的方法来教学，物理学家虽然知道物理学是动态的、发展的，对科技的发展十分重要，但又不能将这些移入课堂内，所以必须进行改革。

由此，物理教学、物理教育研究逐步为学者、教师们所重视，美国于 1999 年 7 月开始，每年出一期《物理教育研究》，以满足这一领域内日益增长地交流、研究的需求（主编为马里兰大学的 Edward F. Redish 教授）。

国际纯粹物理应用物理联合会（IUPAP）及国际物理教学委员会（ICPE）每年都在不同的国家召开物理教育的国际会议，近三年的国际会议列举如下：

时间	会议名称	会议地点	会议主要议题
1996.7	大学物理教育国际会议	美国马里兰大学	物理专业、理工科专业的大学物理教学，现代教育技术在物理教学中的应用
1996.12	面对 21 世纪物理教学计划中的现代科学与技术	泰国曼谷	介绍物理教学中的新进度，信息技术、多媒体和计算机软件的应用，以及实验中的新技术
1997.8	物理教育中的创造性——国际高中物理教学会议	匈牙利肖普朗市	创造性实验、创造性的计算机程序、创造性的练习题
1998.8	物理教育中的自制实验国际会议	德国杜伊堡大学	交流多种自制教育仪器及各种教学手段
1998.10	物理教育中的新技术会议	中国科学技术大学	交流各种新技术在物理教学中的应用

（1）1996年马里兰大学的会议后，主席团发表了一篇文章名为《大学物理教学改革势在必行》，说明了会议的三个主题：大学物理专业的物理、服务于科技和工程学生的物理、师资的培养。而每一个主题又包含三个隐含的问题：正确的目标是什么？研究的结果是什么？技术怎样起作用？

（2）在1998年德国杜伊堡大学的会议中，美国Kannas州立大学Dean Zollman教授的报告 Hands-on Quantum Mechanics 介绍了他让学生应用发光二级光管和激光等简单装置做实验，使学生感兴趣且认识了"可见的量子力学"，然后引导学生去学习量子力学的有关理论。

（3）在1998年德国的国际会议中，英国的Philp Brition和Lan Lanwrence略述了他们思考国家课程改革方面的工作，并概括了面向16～19岁学生的超前物理课程项目，他们认为：教什么在本质上是不持久的，因此比怎样教次要得多。

美国马里兰大学Edward F. Redish教授在1998年美国AAPT所设的Millikan奖的获奖大会上的报告中谈到有关物理教育研究问题。他和他的研究生在 The Physics Teachers 1999年第1期上发表的《正确指导学生理解机械波》中，介绍了他们用"心智模型"来解释学生是如何理解物理的，他们的工作十分深入仔细。如在机械波这部分中应用了两种形式：一是开放形式，二是多项选择题形式，在教学后对这两种形式做了多方面的了解，与学生分别交谈、了解细节。这种着力于从学习物理的理解过程和错误中探索、研究的方法，值得我们思考。

三、高中及大学基础物理教材

日本1990年在文部省的领导下编写出版了文部省检定教科书，其中高等学校(中学)理科用书物理IB一开始就给人全新的感受，有时代气息。全书198页，共五章，分别为：力和运动、能量、波动、电学、原子和原子核，每章都有一定数量的实验。

美国《物理教师》1999年5月份刊刊登了由14人组成的"教科书推选委员会"推选了7种高中教科书，它们是：

（1）现实的物理学

（2）概念性物理学

（3）HEALTH 物理学

（4）HOLT 物理学

（5）PHYSICS AL

（6）物理学：原理和问题

（7）PSSC 物理学

我们从这些选出的教材可以看出他们教学改革的一些端倪。

1998 年 11 月美国物理研究所调查的美国二年制大学中广泛使用的物理教科书的情况如下：

序号	书的类型
1	以微积分为基础的大学物理学
2	以代数、三角为基础的大学物理学
3	概念性物理学
4	技术的、应用性物理学

四年制大学物理教材用得比较普遍的大致是表中所列的"以微积分为基础的大学物理学"，其中大家比较熟悉的 Halliday, Resnick, Waleker 的 *Fundamentals of physics* 已于 1997 年出了第五版。

1. *Fundamentals of physics* 第五版

（1）作者在序言中声称，这是在前四版的基础上的加强应用，帮助学生架起概念与理解之间的桥梁，不仅告诉学生什么是物理，而且要让学生知道他们是否理解这些概念并应用于真实的世界，所以书中加强了"概念的检测""解题的策略""典型例题""计算机应用"和"习题与真题"，希望本书能为学生将来的工作提供帮助。

（2）增添了新的教学法特点，目的是帮助学生真正理解学过的概念，而且能将理论与实践相结合，从而为今后在真实世界中遇到的问题增强判断能力。

（3）全书共 45 章，自第 38 章相对论后的 7 章论及物质波、原子、固体、原子核及夸克、轻子等。在可能的条件下，尽早地引入了近代概念，如力学开篇不久即说明角动量的电子化概念、正负电子轨迹等。

2. *Physics Art Hobson*

全书分为以下几个部分：序幕、星体和原子、牛顿的宇宙、有规律的王国、转变至新的物理、牛顿后的宇宙、观察者闯入、在原子内部、原子核的燃烧、太阳的燃烧。

3. 覆盖物理学的几个概念

（1）物理学是普遍的牛顿力学；（2）相互定律受到守恒定律的制约（三大守恒定律）；（3）某些物理量是相对的，但物理定律是绝对的；（4）电和磁是联系的，场是变态的电磁学。

4. 物理学的来龙去脉

改革的幅度很大，全课程分为四个部分：（1）星际旅行：包括牛顿力学、引力和引力场，它以"人们如何从地球走向火星"提出问题；（2）地球变暖：包括能量、能量转换和守恒、热力学，以及"人类如何最好地利用有限的能源"；（3）雷雨物理学：包括电磁学、波动和光学，以及"如何将远距离的物体成像于电视屏幕上"；（4）粒子干涉：包括量子物理，以及"单一的电子如何同时经过两个狭缝"。

结语

经过多年来教学改革的探索，也因1990年以来连续多年每年能参加国际会议，我认为今后的物理教学改革（我想其他课程也是类似的），应注意以下三个方面的问题：

1. 注意教与学的相互交流：特别要对学生的学习做深入研究，力争调动学生的学习积极性，发掘其创造性潜力。

2. 运用多媒体教学手段：教学法的运用仍然是十分重要的，它十分有助于提高教学效果、提高教学质量，但不要为用而用。

3. 提倡多种教学模式：不能说哪一种教学模式最好，而只能说比较好，教师要根据自己的特点创造出适合自己的方式，但都要是合理的、科学的。

总之，教改的行程是长远的、艰难的，愿我们共同努力向前迈进。

基础课程串联与创新能力的培养
——"物理·英语·多媒体·一体化"课程的创建

本文作者之一恽瑛结合五十余年的基础物理教学实践,以及个人自我发展过程中的经验、教训,对于如何培养学生的基础学科水平、英语水平及创新能力,也就是说,对培养、提高学生的科学素质,有以下几点见解:

(1)基础物理教学模式应该改革,不应墨守传统的"黑板+粉笔"的形式,而是应用现代化教学手段,在课堂上启发学生积极思考,提高教学效果。

(2)从低年级开始,教师就应该为学生创造条件与环境,及早让他们参与一些研究工作,发挥其创新才能,发掘他们的潜能。

(3)从低年级开始,就应使学生养成阅读外语专业参考资料的兴趣与能力,使他们习惯使用英语工具提高专业水平。

一、近十余年做的两项工作

基于这些思考,自1987—2000年,我们与其他同事们在近十余年内共同做了下面两项工作:

1. 改革教学模式

自1987年开始,我们在大学物理课程改革中应用现代化教学手段——电视插播片,编制了《大学物理学》(音像文字结合教材),1996年由高教出版社出版,荣获1998年度教育部科技进步奖二等奖;编制了《大学物理学电视插播片》,1995年由高教出版社出版,荣获1996年国家新闻出版署及国家教委优秀教育音像制品二等奖。应用这些教材,在课堂上,将讲授与插播有关的电视短片作有机结合,发挥插播片在时间、空间、动态、

作者:恽瑛、朱延技、张炳华,2001年。

信息上的优势，既能节省讲课学时，又能使重点、难点得到一定程度的呈现，更能激发学生的学习兴趣，引导其思考，促使其理解，教学效果显著提高。这种改变了"黑板+粉笔"传统教学模式的方法，经过十余年的教学实践的肯定，全国有26个省市160所大、中学校广泛应用了这一套电视插播片。

2. 编制《大学物理多媒体光盘》（英文版）

电视插播片固然具有视听的优势，但也有些缺点，它缺少"菜单"，不能使教师按其需要在课堂上迅速调出所需要的片段，且每一段片子中缺乏一两个概念性较强的问题。于是我们在原有《大学物理电视插播片选辑》（英文版）的基础上研制出《大学物理多媒体光盘》，它既发挥了片子的视听效应，又充分体现出计算机的优势。我们先做出试样，分别于1997年、1998年在匈牙利、德国的物理教育国际会议上展示，深受国内外代表的欢迎。这一研究工作于1999年得到UNESCO理论物理中心（ICIP）的资助，得以完成了这套光盘的制作，于2000年由东南大学出版社出版。

有了以上这些教学工具，又有了十余年教学实践的经验，用什么方法才能达到前述见解，这是我们要思考及着手去做的工作。

二、课程设置情况

（一）课程的开设

1998下半年在法国巴黎召开的"面向21世纪的教育国际研讨会"上，提出了衡量大学生素质教育培养的七条标准。

对基础课程来说，应注意培养学生掌握一定基础学科和与国际接轨的能力。但该做些什么工作？

首先，在光盘的研制中，我们选取教师和学生相互配合的做法，在"问题与思考"一栏吸收三位1998级吴健雄学院强化班学生，其目的一是从学生的角度更易发掘容易使人产生错觉或迷惑的地方；二是教师要创造一定的环境与条件，使学生能发挥其创新才能，这次正是为低年级学生参与课题研究做一试探。事实证明，所精选的题目中有不少是深得教师、学生好评的，他们也在工作中发现了以前理解的误区，提高了查阅资料、阅读外文参考书的能力，对提高其科学素质，很有益处。

其次，大学一、二年级学生的基础课程，如物理、英语等，除各自独立设课外，还可开设一些将几门学科串联起来的课程，以求相互促进、沟通，巩固已学基础。借鉴美国洛杉矶加州大学设置"跨学科课程串"的做法，我们于 2000 年秋季在东南大学设置了"物理・英语・多媒体・一体化"新课程（开始时一、二年级选修）。这一次实践深得学生好评，他们认为：把物理、英语、计算机三者结合起来，以学习物理为基础出发点，锻炼了外语能力，提高了计算机的应用水平，是一种很好的教育模式，课程是很有生命力的，2001 年春季选读该课程的学生十分踊跃。

"物理・英语・多媒体・一体化"课程的教学目标、课程特色及教学要求如下：

1. 教学目标

（1）提高学生对基础物理概念、原理、规律的理解；

（2）加强阅读、翻译物理、英语教材的能力与兴趣；

（3）培养学生应用计算机设计（或制作）多媒体软件及应用工具的能力；

（4）为学生创造条件与环境，培养学生的研究与创新能力，发挥其创造性才能。

2. 课程特色及教学要求

（1）选用英语物理教材

① 应用自制《大学物理多媒体光盘》1、2、3 集（英文版）（*Educational Multimedia CD-ROM for University Physics*）。光盘内容包括：教学目的、视频图像、问题与思考及答案四个部分。通过"视频图像"的展示及"问题与思考"的讨论，加深对物理概念的理解。

② 选读教材为美国通用教材 Halliday, Resnick 和 Walker 的 *Fundamentals of Physics* 的第五版，由 John Wiley and Sons, Inc. 于 1997 年出版。

（2）使学生善于阅读专业英语教材，增强其阅读外语教材的习惯与能力。我们要求 21 世纪培养出的学生具有国际交往的能力，那就应该从低年级着力培养。在课堂上逐步要求学生使用英语对话、讨论问题，期末每人翻译一篇物理英语选材，作为成绩评定的一个部分。

（3）学生分小组制作物理课件（中、英文），课件内容同前述光盘的四个部分，专题由教师、学生共同议定。由此能培养学生应用计算机设计（或制作）多媒体软件及应用工具的能力。要求学生独立找参考资料，发挥各自的创新才能。

（二）课程的效果

通过教学实践，学生认为此课程"是很好的教学模式，是有生命力的"。下面根据课程教学目标及学生的反馈信息，总结归纳出课程的效果。

（1）加深了对物理基本概念、规律的认识。

"我认为此课程是在物理平台上，对物理与多媒体的能力提高进行教授，自己得到了提高"。

——机械系 2299118 顾吉

"我认为 Video（视频图像）的帮助很大，因为其中有一些物理实验及理论是平常很难有机会看到的"。

——自控系 8099113 万勇

"Video 部分向我们展示了许多物理现象的实验，这对我们理解物理概念有很大帮助，Question 部分的问题有很多是我们易忽略或概念模糊的地方，这些都大大加强了我们对物理概念的理解"。

——计算机系 9099102 王翠莲

（2）加强了阅读外语参考书的能力：期末学生完成的翻译作业 85% 是优秀的。

"通过学习此课，我的英语阅读能力及词汇量都有了一些提高"。

——计算机系 9099433 鲁牧融

"能提高我阅读英文物理教材的能力，'选读教材'表达方式比较新颖，语言也更生动一些"。

——外文系 17W9117 吴彦

（3）创造了学生提高创新能力的环境与条件：学生都完成了物理课件的制作，40% 的学生能独立地做出课件（当然还要细细加工、改进后才能使用）。

"初步将自己的想法完整地用软件展示出来，不仅有技术，还要有思维"。

——机械系 2299117 陆韬，软件"杨氏双缝"制作者

"独立思考、独立操作的空间很大"。

——土木系 5099124 刘毅，软件"共振"作者

"它促使我独立去做"。

——无线电系 4WP633 杨立，"相对运动"制作者

"对创新意识肯定有提高的,它逼你去思考(这在平常是少有的,因为只做作业),思考的过程中,有时产生更多的疑问——这就是创新,解决了这些疑问,这创新便完成了"。

——材料系 12299106 单联臣,软件"波的叠加"制作者

由上可见,这门课程的开设、内容、要求达到了原计划,教学效果很成功。学生通过学习,能达到加强基础学科的掌握及创新能力的提高的目的,我们将在此基础上继续提高课程的质量。

上述这些工作之所以能完成,是因为全体课题组成员的努力与合作。课题组成员中有教学经验丰富的物理教师、熟练掌握计算机多媒体技能的青年教师及多年来将现代化教育技术应用于物理教学工作的技术人员,还有对动画制作有兴趣的高年级学生。正由于这一群体十分忠诚于党的教育事业,遇到困难不回头,才能有这些成效,这使我感到十分欣慰。

尽早参与研究　开发创新思维

一、学以致用

从小到大，我们都在不停地学习各种各样的知识，大家都清楚，今天的学习是为了明天的学以致用，但细想之下，我们除了利用学习到的知识求解试题、应付考试外，又有多少人真正学会正确地理解和使用学到的知识呢？

大学物理教育也不例外，普遍以课本为依据，教师主要通过亲自讲解来传授知识，这种"一般化"的模式，使"教"与"学"都受到了很大的限制，因为物理作为一门自然科学，有其自身的特点，它的知识体系建立在实验基础上，是对自然现象的认识及对公式、概念的理解，仅凭课本的文字和教师的话语还不能达到较深的效果，所以物理知识的具体生动和教学模式的陈旧单一是一对突出的矛盾。

在这样的情况下，杨洪华老师在给我们上物理课时有选择地应用了《大学物理学电视插播片选辑》。这盒录像带通过实验演示画面配以英文解说词，简单明了地诠释了物理学的几个基本知识点，在一定程度上解决了授课与实验相脱离的问题，改变了教与学的教学模式，受到同学们的关注与欢迎。要改变教学模式，选用多媒体是有效的方式之一。

1999年下半年，我们在班主任吴宗汉老师、任课教师杨洪华老师的推荐下，参与恽瑛老师主持的"大学物理多媒体CAI教材"课题。这一课题得到联合国教科文组织下属"国际理论物理中心"（ICTP）的资助，并得到我国驻意大利大使馆教育处及我校教务处、国际合作处的大力支持。在此前，恽瑛老师已先行制作了多媒体光盘，并于1997年、1998年在匈牙利、德国召开的物理教育国际会议上展示，深受与会的国内外代表的欢迎，这为我们的课题工作奠定了基础。

作者：张莺、董铮铮、张宬乐、恽瑛，2000年11月。

二、用而助学

研制《大学物理学多媒体光盘》的目标为：

（1）发挥原有专题的教学特点：与教学内容紧密结合，针对性强，简洁明了。表演的手法与形式具有创新性，是原有专辑的特色，这次经过筛选，去掉了一些冗长的部分，添加了近代物理的部分内容。

（2）每一专题中增添"问题与思考"一栏，精选问题以利学生思索，参考了国际上知名物理教育家的"题目与设计"的思路，结合我们的教育特长，挖掘学生的错误概念，发挥了计算机可存储大量信息与人机交互的特点。

（3）光盘可供教师在课堂教学中使用，也可供学生课外复习思考之用，有助于教与学的交流。

这一套光盘共三张，26个专题：CD-ROM 1 力学与振动，CD-ROM 2 波动与光学，CD-ROM 3 电磁学与近代物理。三张光盘中的每一个专题包含四部分内容：

（1）教学目的：目的明确，使师生理解其要求。

（2）视频演示：精选原有选辑中的内容，并增补近代部分，发挥视听效应。

（3）问题与思考：这一工作是此次的重点，采取了教师与学生相互配合的工作方法，因为从学生的角度更容易发现产生错觉或迷惑的地方，以此为依据提出的思考问题更有价值。

（4）答案与分析：为便于师生的使用，已将此部分的材料印装成册。

由于我们是第一次参与这种性质的课题，开始时真有点忐忑不安，只希望全力以赴，以保证教学光盘的水平。然而随着时间的推移，我们发现这项工作对自己来说，既是一次难得的机会，也是一种全新的锻炼。

要向别人提问题，必须先得自己问自己，只有提出真正容易混淆的概念，提出思路清晰的问题，才值得别人思考，并且提出的问题应少而精，这对自己确是极大的考验，也促使我们一次又一次翻开物理参考书及各类英文资料以捕捉闪光点。下面列举两个例题：

1. 半波损失

当初刚拿到半波损失这个主题时，心想这太简单了，根本没法出题吗！不就是"波在由波疏媒质到波密媒质反射处会发生半波损失"这句话吗？

随手翻开教科书,看到的也尽是简单得很的题目,真是感到无题可出。合上书后,忽地一个念头闯入脑海,那句话似乎意味着,假设波在某物质中传播,前半部分密度 ρ_1,后半部分密度 ρ_2,当 $\rho_1 > \rho_2$,波的传播会发生突变。但是自然界中好像没有这种现象,这是怎么回事?带着这个疑惑,我们又一次翻开了各种参考书及英文资料。最终查到半波损失并不简单,学物理不能只记现象,不懂原理,否则无法学懂学透,一个小小的变化就能把你弄得一片混乱。所以,在出题时,我们便有了明确的方向,使他人做完题后,不仅对半波损失有全面的理解,而且对物理原理也略有领悟体会,就像我们一样。有了方向,题目自然呼之欲出。

下面是有关"半波损失"的题目。

如图一(A)所示,一根软绳 AOB 以 O 点为分界点,前半部分密度为 ρ_1,后半部分密度为 ρ_2。一个脉冲波自 A 向 B 传播,对应于 ρ_1、ρ_2 五种不同关系,t 时间后的波形有不同的五种,请将它们两两搭配起来[如图一(B)]

(1)$\rho_2 > \rho_1$;(2)$\rho_2 < \rho_1$;(3)$\rho_2 = \rho_1$;(4)$\rho_2 >> \rho_1$;(5)$\rho_2 << \rho_1$。(实为 OB 不存在)

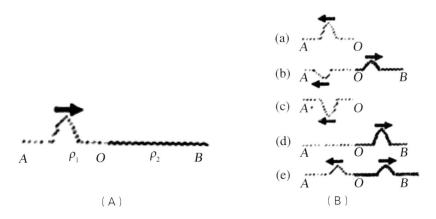

图一 半波损失用图

2. 电磁感应

尽管在高中时就学过电磁感应,却一直以为感应电动势就是单纯地套公式,没有从实际去理解。其实,感应电动势是随磁通量变化而产生的,随其不变化而消亡,如果构成回路,才形成电流。下面的题目有助于考查学生是否真正了解电磁感应现象,有助于他们通过现象看本质。

两条金属轨道放在均匀铅直磁场的区域中,轨道上架设了两根裸导线,金属线 P 上安放了伏特表，如图二所示。在下述三种情况下，选择相应的伏特表读数和时间关系曲线图，图三表示两两对应关系。

（1）导线 Q 保持不动，而导线 P 以恒定的速度向左移动；

（2）始终分开的导线 P 和 Q 以相同的速度沿轨道移动；

（3）用如图四所示的轨道代替原轨道，导线 P 保持不动，导线 Q 以恒定速度向右移动。

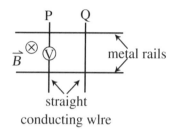

图二　电磁感应图（一）

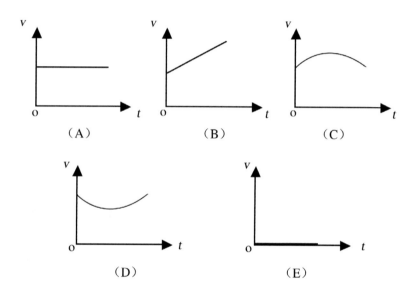

图三　伏特表 V 的读数和时间 t 的曲线关系图

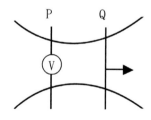

图四　电磁感应图（二）

三、用而知进

我们参与这一课题研究的收获概括如下：

1. 加深了对物理概念的理解

在参与设计题目的时候，我们力求对各知识点有较深的领悟，从自身和身边同学出发，发掘容易使人产生错觉和迷惑的地方，以此作为提出思考问题的依据，这对只凭经验直觉、想当然者往往是个陷阱。同时，就某一部分出题时，首先必须将那部分的知识理解透彻，只有理解清楚，才能灵活地出题；反过来，当我们出了某部分题后，也就相对地更深地理解了那部分知识，这是相辅相成的，出题帮助我们发现了所掌握知识的漏洞。

2. 提高了查阅资料、阅读外文文献的能力

刚开始，一看到桌边摆着的那一堆书籍、资料，就免不了地感到心虚——太多了，并且，常常是翻阅了一下午的书，看得头昏眼花，却一无所获，一度失去耐心。但是，随着时间的推移，我们慢慢地摸到了一些门道，学会了充分利用目录和各种大小标题，更学会了一目十行寻找关键字，所有这些都使我们查阅的速度与准确度有了质的飞跃，体会到熟能生巧的含义。再者，很多英文原版资料都是没有中文注释的，要想了解它的思想与内容，唯一的办法就是借助于字典，强迫自己去理解、去体会。经过这一段时间的实践，我们阅读英文资料的速度提高了很多，还掌握了不少物理专业术语，确实受益匪浅。

3. 初步认识到要完成一件工作，必须有严谨的精神、求实的态度

很多时候因为某一问题而需要反复修改，在这个过程中，各位老师以身作则的精神始终鼓舞着我们，力求完美是我们的愿望。现在，我们所做的可以称为一项工程。工程的合作性使我们不仅有了与人合作的经历，而且培养了自身的合作精神；工程的严谨性，教会我们自始至终都以细致、认真的态度去完成工作。另外，由于工程的完成需要一定的时间，更会遇到困难，这就要求我们每个人都应具有持之以恒的毅力。

原版教材 *Fundamentals of Physics* 使用体会

　　Halliday, Resnick, Waleker 的基础物理学 *Fundamentals of Physics* 一书至 2001 年已经出了第六版。

　　我们从 20 世纪 70 年代接触到 *Physics* 教材，80 年代后开始使用 *Fundamentals of Physics*，特别是近三年来在教学中使用该书，深感这是一本比较好的教材，也容易被我国的教师和学生所接受。下面是我们在使用该书过程中的几点认识和该书的内容简介。

　　（1）该书近 20 年来有不少改进，如加大了近代物理部分，且涉及比较前沿的问题，如夸克、大爆炸等。前几版在光学中未讲偏振，现在已在电磁波（第 34 章）中加了偏振光。

　　（2）书中每一章开始有一张画页，提出一个问题，发人深省，并能激发学生急于想知道结果的求知欲。例如，第 17 章波动 –I 的画页上是一个沙蝎，问题是："当一小虫在沙滩上爬动时，沙蝎能够立即转向它而捕获作为午餐。请问：沙蝎是如何得知的（它并没有看见也没听见小虫的爬动）"。书中的答案是：沙蝎利用了纵波和横波传播速度的不同。学生学了会感到十分有趣，恐怕是不会忘记的。

　　（3）对重要的概念，能从不同的角度去分析，帮助学生理解。如振动、波动部分的"相位"概念是十分重要的，书中能从振动方程、波动方程等不同角度去阐述、讨论，这对于后面电磁学部分的学习也至关重要。

　　（4）贴近生活给出例子或例题，能帮助学生了解学了物理该如何应用，如电磁学中讲到楞次定律，就给出了电子吉他的例子。

　　（5）重要章节的后面有检测题，虽然不复杂，但对弄清概念十分有帮助。

　　（6）思考题、练习题和习题所占的比重很大，涉及面也十分广泛。每一节后除检测题外还有例题，使用中可选择难易程度不同的题目。

作者：恽瑛、钱锋。

第六版 Fundamentals of Physics 教材简介（第六版全书45章内容）

章数	内容概括	页数	各类习题题数
第一卷			
第一部分：第1章至第12章	力学、运动学、动力学、功与能转动	272	69
第二部分：第13章至第21章	平衡、弹性、流体、振动、波动、热力学、气体	232	49
第二卷			
第三部分：第22章至第33章	电磁学、高斯定律、电势、电容、电路、磁场、电磁感应、物质的磁性、麦克斯韦方程、电磁振荡和交流电	296	60
第四部分：第34章至第38章	电磁波、几何光学、干涉、衍射、相对论	152	30
第五部分：第39章至第45章	物质波、原子结构、固体导电性、核物理、夸克、轻子和大爆炸	192	35
总计		1144	243

1986年东南大学本科一年级A班选用 *Fundamentals of Physics* 作为教材，实践证明可行、有效。

现在，结合作者几十年的基础物理教学实践及个人自我发展过程中的经验、教训，对于培养学生有较强的基础学科水平、英语能力及创新能力的科学素质提出三点意见：

（1）基础物理教学模式应该改革，不应墨守单纯传统的"黑板＋粉笔"的形式，而应用现代化教学手段，激发学生的兴趣，启发其思考，从而提高教学效果。

（2）从低年级开始，教师就应该为学生创造条件与环境，及早让他们参与一些研究性工作，发挥其创新才能，教师要善于发掘他们的潜能。

（3）从低年级开始，就应使学生养成阅读英语专业参考资料的兴趣与能力，使他们习惯于使用英语工具来提高专业水平及国际间交往的能力。

基于以上一些教学实践及认识，我们在学校的支持下，于2000年开设了"物理·英语·多媒体·一体化"课程。

1. 教学实践

低年级大学生的基础课程，如物理、英语等，除各自独立设课外，还可开设一些将几门学科串联起来的课程，以求得相互渗透、促进，巩固已学的基础。

我们在讲课中尽量使 *Fundamentals of Physics* 中的一些材料与光盘中某一、两个主题相匹配,因为教材讲解得很细微,也很有趣,这样既能帮助学生理解物理内容的细节,又通过英文教材拓宽了视野。使用结果说明,一方面学生经过努力是可以承受这一教材的,但另一方面,英文词汇的障碍也是十分值得重视的问题。学生对这一教材的使用是肯定的,而且也是喜爱的,因为它的叙述比较细致、活泼,与生活、科技方面结合较多、较紧,这都是该教材的优势。

我们在课程中使用双语教学,并为学生创造一定的条件和环境,提出恰当的教学要求,对实现培养标准是有利的。但是,问题也是存在的。我们每年都在学生中做些调查、举行座谈,提出如下问题:"在低年级上物理课能否直接用英文教材?"学生的回答综合起来有以下几种:(1)应该用,可以用,因不少院校已使用;(2)不能用,中文的物理教材还弄不清,英文的更不好懂了;(3)可否在讨论课、习题课上使用英文教材,逐步过渡。学生有怕用英文教材的心理障碍,我们应该如何解决呢?

2. 双语教学的浅见

运用双语教学的目的是提高学生阅读英语专业教材、资料的能力,及早接触学科的前沿信息,进而提高他们国际交流的能力。对如何使用 H·R·W 的教材,提出如下建议:

(1)若学生基础比较好,且有直接阅读英语教材的愿望,物理授课学时也比较充裕的班级,可直接选用 *Fundamentals of Physics*,但不需要从第一页讲到最后一页,这没有必要也没有可能,可选择适当章节讲授,留一些让学生自己阅读,也可以删去某些章节,应结合学生的能力与专业来考虑。习题则更应选择,因其数量是相当大的。同时,教师还应该给学生一份相关的"英语词汇"表,以便减轻他们的阅读困难。

(2)学时较少的物理课程,可在大一第一学期开设一门过渡性的课程。

我们计划对前述的"物理·英语·多媒体·一体化"课程进行三方面的改造,以适用于32~64学时的课程(可选择不同章节):

①主动给学生一些与教材有关的英语词汇,帮助其学习,也为他们今后查阅字典提供条件与兴趣。

②将"光盘"内容与原"选读教材"相应材料结合得更紧密一些,使之相互补充。

③为便于学生课外预习、阅读,选择适当部分译成中文。

为此,我们将全课程分成17个章节,从力学到近代物理,以光盘内容为线,"选读教材"相应匹配。

这些章节是:(1)矢量;(2)相对运动……(15)势阱,势垒;(16)半导体;(17)核物理。每一章分为五个部分,以第一章矢量为例:

第一章:Vector 矢量

(1)CD-Rom l

    1-1 Anrular Velocity Vector

    1-2 Inertial Force, Centrifugal Force

(2)Selected Papers:

    (a)Vectors and Scalars

    (b)Adding Vectors Geometrically

    (c)Components of Vectors

    (d)Multiplying Vectors

(3)示范译文

    (a)矢量和标量

    (b)矢量乘法

    (c)译文注释

(4)英语词汇

(5)课外作业

关于上述思考和做法,笔者曾多次在中国物理学会教学委员会的学术研讨会及其他场合做过报告,受到许多同行的鼓励与支持。

"双语物理导论"课程建设与低年级学生能力培养的再研究

【编者按】 东南大学恽瑛教授写的"双语物理导论课程建设与低年级学生能力培养的研究"一文刊登于本刊 2004 年 5 月的第 33 期。经过又一年的教学实践,他们写了"再研究"一文,刊登于此,提供给对双语教学有兴趣的师生参阅。

"双语物理导论"课程(2000 年创设时名"物理·英语·多媒体·一体化")在东南大学教务处、物理系、软件学院、吴健雄学院的领导支持下,至 2005 年已开设过七轮,特别是从 2003 年秋季开始,由吴健雄学院在大学一年级第一学期设立为 2 学分的必修课,从而得到了更好的发展,现将对此课程的研究总结成文,请各位同行加以指正。

一、开设"双语物理导论"课程的目的

基于长期从事基础物理教学的实践与经验,基于对多媒体教学手段的认识,基于当前时代科技的迅猛发展,为了培养学生较强的基础学科水平、英语能力及创新能力的科学素养,我们认识到,对低年级学生应做到两个"及早":"及早"培养大学低年级学生有阅读英文参考资料的能力与兴趣,"及早"培养其能从事研究性工作(由"低"到"高")的能力与兴趣。因此,在领导的支持下,我们采用跨学科的集成方式,创设了"双语物理导论"课程,经过六年的努力,开设了七轮,编写了 *Bilingual Physics with Multimedia* 一书,作为这一课程的依托教材。

我们的这些见解与《美国研究型大学的蓝图》一文中的一些论点是合拍

作者:恽瑛、张勇、叶兆宁、朱延技,2006 年。

的。该文中提到:"一年级是至关重要的,它标志着青年人在社会和学业上处于转折时期……一年级新生教育需要完成两个至关重要的任务:一是必须跨越中学和家庭某些方面的障碍,努力适应研究型大学的学习和生活环境;二是必须激励学生积极主动地接受面对主动学习的现实。"这就说明大学一年级学生学会学习是十分重要的,要使学生从进校门起就步入"主动学习"的轨道。

有了理念,还要有方法,还要去实践。我们借鉴美国加州大学洛杉矶分校"跨学科课程串"的思路,创设了"双语物理导论"课程,它"以基础物理为平台,以多媒体 CD-ROM 为手段,运用 CD-ROM 中的英语视频、音频,配以英文物理选读教材,并在教学要求中促使学生独立地完成物理小课件"。其链接了物理、英语、计算机等各学科,以求得学科间的相互渗透、促进,巩固已学的基础知识,建立起跨学科的集成,这就冲破了研究领域的界线,把学生带入一个崭新的领域。

这几年的实践,深得学生好评,他们认为把物理、英语、计算机三者结合起来,以学习物理为基础出发点,锻炼了学生的外语能力,提高了学生计算机的应用水平,这是一种很好的教育模式,课程是很有生命力的。

这门新设课程的定位是十分重要的,它既有物理,又有英语,还要用多媒体来表达,经过六年的实践、探索、再实践,我们认为课程的任务与目的表现为以下几个方面:

(1)架设物理、英语之间的桥梁,加强听、阅、译能力;

(2)实现物理、英语、计算机间的渗透,激励学生自主学习;

(3)诱导研究兴趣,培养创新能力。

上述第一条中的"加强听、阅、译能力",是对一些重点的物理概念、定律等而言的;第二条中的"物理、英语、计算机间的渗透",一方面是指 CD-ROM 中的音频、视频可帮助学生理解,另一方面体现在学生做"Presentation"及期末课件的制作中;第三条中的"研究兴趣",具体体现在"Presentation"及期末的"应答问题"的独立制作中。

在整个课程中应始终贯彻激励学生自主学习的目标。如何做到,那就要有一定的方法与措施,下文将进行讨论。

二、课程的依托教材 Bilingual Physics with Multimedia 的编制

设置课程,要有恰当的教材。我们从 2000 年开始,逐步试用、完善所编制的 Bilingual Physics with Multimedia (《大学物理引论》双语

多媒体教材）（2005年由东南大学出版社出版）。同时，借助1987—1996年编写《大学物理学》（音像文字结合教材）中编制的《大学物理电视插播片》的经验，又于1999年改制为《大学物理多媒体光盘》（英文版）。由于教学中运用了插播片，使课堂气氛活跃了起来。我们初步认识到"动"与"静"的关系：以"动"促"静"，以"静"再"动"。

Bilingual Physics with Multimedia 全书从力学到近代物理共分为15章，内容为：（1）矢量；（2）相对运动、质心；（3）动量与能量；（4）刚体的运动；（5）简谐振动；（6）波动；（7）光的干涉；（8）光的衍射；（9）光的偏振；（10）电磁学（Ⅰ）；（11）电磁学（Ⅱ）；（12）狭义相对论，波粒二象性；（13）势阱、势垒；（14）半导体、激光；（15）核物理。计划32-64学时。

各章具体的内容分为三大部分：

（1）CD-ROM部分：使用《大学物理多媒体光盘》（英文版），光盘有3盘，共有37个专题。其中力学和振动12个专题；波动和光学12个专题；电磁学和近代物理13个专题。每一专题中又有教学目的、视频图像、思考问题及答案。它充分利用了多种形式的信息媒体，如图像、声音、动画等，力争做到多种形式的信息同时作用于学生的各个感官。不仅音频是英语的，画面上相应的文字也是中、英文对照，有利于训练学生的听力。这样课堂上就形成了一种"活"的气氛，将静态的教学形式演变为动态的教学形式了。同时注意使学生不仅仅停留于画面，还激发其主动思考问题，以激发学生从"动"的形态中积极思考，进而转变为对"静"的概念的理解。

（2）Selected Materials（选读教材）：尽量与光盘的主线匹配。我们依据教学需要、教学原则，参阅国外近年来教材，选择、编写了有关英文教材，将光盘的"动态"与选读材料的"静态"有机结合，使学生对某一物理概念、定律有比较完整的理解，同时也能提高学生阅读英文资料的能力。

（3）参考译文、英语词汇及课外作业：为了使学生能读懂英文材料，我们在每章中都选择适当的部分译成中文，并给以注释。双语教学中，英语词汇是一大难点，我们从探索中认识到应该给学生一定量的词汇（给出中文），帮助其阅读。

三、课程的教学特色与教学方法

1. 教学特色

（1）以"Video"为手段，加强对物理概念的理解与听力（英语）的提高；

用"Selected Materials"（选读材料）深化其对物理概念、定律的理解。

（2）物理以矢量、相位、通量等为"关键线"，加强对物理概念的理解与表述。

（3）课堂上用"Presentation"等激励学生自我学习及表述。

（4）期末考试：①制作多媒体课件及"应答问题"，②课堂上考翻译（可带字典），以考查学生的学习状况。

2. 教学方法

（1）每次课上约用一节课让学生看《大学物理多媒体光盘》（英文版 CD-ROM）"Video"上的有关内容，约2个专题，加深对物理概念的理解并训练其听力。

（2）每次用一节课讲"Selected Materials"上与光盘匹配的材料，加深学生对英语阐述物理问题的理解，注意英语的物理词汇。

（3）力学以"矢量"，振、波、光以"相位"，电磁学以"通量"为关键线；近代以介绍"新概念新现象"为关键线，反映出课程的重点。

（4）课堂上鼓励学生发言、讨论，每次请一位学生代表其小组作"Presentation"，诱发其创新能力。

（5）每学期进行2~3次"Face to Face"，了解学生学习情况，注意及时修正教学内容与方法。

（6）课外作业分阶段逐步进行：词汇英译中，用英文表述物理概念、定律，用英文写短小文章，期末总汇成绩。

（7）考试：制作多媒体课件及"应答问题"，课堂上考翻译。

四、学生反馈信息　学生能力的培养

要在低年级培养学生的创新能力，应使其参与一定的研究性工作，教师应创造一定的条件与环境，迫使学生学会自己找问题、找资料，并逐步完成一定的工作。让学生独立地制作物理课件，这也是一种方法。

1. 学生反馈信息期末统计表的结果

（1）对 CD-ROM 的"Video"的看法

CD-ROM	好	比较好	不很好	评价
Video	78.5%	20.3%	1.2%	学生甚为欢迎 Video 的形式与内容
Questions	45.6%	48.1%	2.5%	我们认为对"问题"的讨论不够充分

（2）学习 Selected Materials 对阅读英文物理教材的能力有无用处

有用	较有用	没用	三个班对选该材料的使用不均匀
57.4%	42.6%	0%	

（3）通过学习，对你掌握物理词汇和理解物理概念有无帮助

	有用	较有用	没用	教师看法
英语词汇	64.4%	34.4%	1.2%	从考试结果看，还需想办法
物理概念	40.5%	51.9%	7.6%	反映出不同学生有不同要求

（4）教材中"参考译文"看过多少

①看过 50% 以上：35.7%；②看过 20% ~ 50%：53.1%；③没看过：11.2%。

2. 学生创新能力的培养

除日常教学活动及课外作业的要求外，主要通过以下教学环节培养：

（1）每次课上要求学生做"Presentation"，学生们对此反映很好。

（2）期末每人制作一个"应答问题"，普遍来说做得比较好。调查问卷中问："期末做的'应答问题'，对你的能力及创新意识是否有帮助？"答案是 100% 认为有帮助，但程度不完全一致。

（3）考试是英译中，题目内容（波的叠加、干涉、麦克斯韦方程组）不完全是他们平日学过的，成绩为：90 分以上：18.9%；80 ~ 89 分：37.8%；70 ~ 79 分：34.4%；60 ~ 69 分：8.9%。

五、今后的工作

（1）写一本《教学指导书》，培养年轻教师担任此课程的教学，也为他们积累经验。

（2）教学工作上可改进的方面：要反复强调教学目的任务，由师生共同完成；要注意物理词汇的说明与类比，让学生习惯使用这些词汇；参加 Presentation 的学生人数可适当增加（如 2 ~ 3 人一组，让一人发言），以增强其自主学习的能力；"Face to Face"适当制度化。

学习"双语物理导论"课程的点滴

当听说我们的物理课竟然采用英文教学,并且传说执教的将是一位八十来岁的老奶奶时,我们对这门课除了惶恐外,更多的应该说是好奇。八十岁,开玩笑,怎么可能?在我们的观念里,八十岁的老奶奶理所应当在家中颐养天年啊!可当见到恽老师时,我们发现,落伍的原来却是我们。

双语物理教学对我们来说真是一次全新的体验,新的教材、新的教学方式、新的教学理念,尽管最初用英文上课感觉有些怪异,尽管经常因为听不懂老师讲什么而垂头丧气,但经过一段时间的适应,我们开始感受到这种全新的教学方式给我们的思想、观念带来的巨大影响。

1. 培养了主动学习的习惯

在中学阶段,学生多半是以一种被动的模式学习,老师上课讲什么,学生就记什么,学生不能主动地去探索问题;而大学"双语物理导论"这门课程的开设,能培养大学低年级学生阅读英文参考资料的能力,以及从事研究性工作的能力,这相当于点亮了学生大学学习的领航灯。

2. 加强了学生的英语能力

扩充了学生的词汇量,为以后学习、阅读专业的英文文献打下了坚实的基础。

3. 架设了多学科融汇的桥梁,综合运用多种手段帮助学习

这门课程融合了物理、英语等课程,加强了英语的听、阅、译的能力,同时加强了物理、英语、计算机等课程的渗透,诱发了学生的研究兴趣,培养了学生的创新能力。

4. 多媒体教学手段全程覆盖,活跃了课堂的气氛

以插播片为手段,加强理解物理概念与英语听力,同时形象地演示难懂的物理概念,活跃了课堂的气氛。

作者:顾俊辉、孙紫徽、孔蕾(东南大学吴健雄学院2004级学生),2006年。

5. 加强了学生创新能力的培养

除了日常教学活动及课外作业外，每次课上学生都要制作Presentation。这培养了学生的创新能力和研究能力。主要体现在以下几个方面：

（1）这是一个自主学习，自行探索的过程。通过上网查找资料，进行检索和挑选，提高了学生独立学习的能力。

（2）这是一个互动教学的过程。教师上课传授知识，学生课后复习深化，然后上课再将所学的反馈回去，从而达到检验学生学习效果的目的。

（3）对于学生自身来说，有助于加强对概念的理解和对知识的深化，同时给了学生一个展示自己才能的机会。

（4）期末考试形式为"应答问题"。同学们自己查阅资料、翻译、做课件、讲解，不仅提高了创新能力，而且提高了计算机和英语能力。

尽管双语物理教育有着巨大的优越性，但作为一种全新的教学尝试，为了使学生们能更快地适应这门课，我们希望这一门课做一些细节的改进。由于课程不可避免地会涉及超过学生知识范围的内容，我们希望对课文中出现的一些生词，尤其是一些有特殊含义的专业术语，除了简洁的中文释义外，还能有更为细致、通俗的中英文详解。

双语物理教育的目的在于培养学生以英语为学习工具学习物理的能力及习惯。学会有效率地阅读有关英语物理书籍固然是最基本的要求，而让学生使用英语表述物理现象和概念同等重要，英翻中的作业是一种手段，更有效率的做法是更多的课堂交互、制作Presentation和相关报告及表达。

我们的一位同学说：恽老师不是常人。这是她给我们这些本应充满激情的年轻学生的第一印象，她讲课时的激情澎湃以及深厚的语言功底，都使我们自叹不如。她带给我们的除了丰富的物理知识，更多的应是一种心灵的撞击。比起恽老师，我们在学业上是多么的颓废。我们常因为晚睡了一小会儿，就觉得自己在学业上作出了巨大的努力，这又怎么能和恽老师对教育事业的执着追求相提并论呢？恽老师引起了我们对自己现今学习状态的思索，使我们下定决心：在大学四年中，真的为自己的全面提高拼搏！

通过一段时间的努力，我们发现不仅我们的单词量有了明显提高，听力水平也提高了！而且我们还可以独立地阅读一些英文的文献来扩充自己的物理知识。感谢恽瑛老师，以及这样一门被称为"双语物理导论"的课程。

参加日本东京 ICPE 2006 国际会议的前前后后

笔者于 2006 年 8 月赴日本东京参加了 ICPE 国际物理大会，并承担了张贴报告论文的工作。本文回顾了学习"双语物理导论"课程，完成合作论文，并赴日参会的前前后后的经历。着重叙述了笔者的心得体会和收获。还提出了对"双语物理导论"课程的一些意见和建议。

今年 8 月 13 日到 18 日，软件学院的姜坤、胡特同学及吴健雄学院的李鑫和我有幸能和恽瑛老师一起到东京参加了 ICPE 2006 国际会议。这是我们人生中一次非常有意义的经历，我收获了很多的"第一次"，成长了很多，自信了很多。

一、论文的专题考虑

在"双语物理导论"课程结束前，张勇老师让我们同学三人一组，自选课题，自备材料，自行阐述。我们小组我、梁超、李大晨对专题争论得很激烈，前后讨论了激光、超导等热门专题的可行性，但大家最后一致认为这些专题可能流于雷同。

就在这时候，我们听到了这样的消息：北京时间 2005 年 10 月 12 日 9 时整，万众瞩目的中国第二艘载人飞船"神舟六号"搭载两名航天员在酒泉卫星发射中心中国载人航天发射场由神箭——"长征二号"运载火箭发射升空。17 日凌晨 4 时 33 分，"神舟六号"载人飞船圆满完成了飞行任务顺利返回，为中国航天事业续写了新的辉煌。

当我们听说这个消息后，一种冲动一直在心中翻腾，我们为我们伟大祖国而骄傲，为我国航天工作者而自豪。为了想让更多的中国人、世界人了解我们航天事业的发展，让每一个人为全人类的航天事业做出自

作者：杜源（东南大学吴健雄学院 2005 级学生），2006 年。

己的贡献。

在题目设计方面，借用了大家很熟悉的"昨天、今天、明天"，题名为"Yesterday, Today and Tomorrow of Space Flight: Our Thesis during 'Introduction to Bilingual Physics' Course"，意在让大家了解航天业的历史，从而看见我国已取得的成绩和未来的宏图。

这篇论文从开始的构想到最后的完成是在深深的民族自豪感中完成的。但我们也感到了自己严重的不足，就是还缺乏更有价值的实体内容，这是由于我们自身知识水平的局限性。相信这次经历会为我们今后专业内深层次的国际交流和了解并参与世界最前沿的科学研究，打下一定的基础。

二、准备论文中的体验

我们在定下论文题目之后，三人就分别去网上、图书馆搜集有关资料，做到小组中的每个成员都对专题有一个宏观的较为全面的了解。经过了一周的准备，大家对专题形成了各自初步粗略的想法。接着我们互相表达了自己的想法，不同的成员有不同想法，相互补充，相互启迪。经过讨论，我们很快形成了一个较为清晰的思路。大家把论文的主题分为三个板块：Yesterday, Today, Tomorrow。我们小组成员就开始分工，每人承担了自己板块的工作，当然我们得到的信息是综合的，不同板块之间难免有重合和交叉的部分，这时小组成员的交流就显得更加重要了。通过有效的交流，不仅提高了工作的效率，更使我们的专题思路进一步清晰，使我们的论文素材进一步丰富。

我们查找资料的信息渠道主要是图书馆的科技书籍、期刊和网络。在使用图书馆资源的时候，我们发现有关航天科技的书籍，对于我们不是过于专业，就是过于陈旧。我们只好找了一些大类科普期刊，从中耐心地搜寻我们需要的有效信息，这样的效率显然很低。这时张勇老师及时向我们介绍了Google等学术、科普资源的网络引擎检索方法。网络对我们的帮助实在很大，我们可以得到大量的英文原版资料、图片等多媒体信息的帮助，更让我们的论文和Presentation增色不少。

在这个过程中，当然有时也有不愉快的事情发生，有的小组成员可能急于让大家接受自己的想法，而没有充分尊重其他组员的意见。这时，我们要提醒自己相互尊重是团队存在并且充分发挥作用的基本保证，和谐的团队关系才会让自己的团队更有战斗力。也有时因为小组成员们都有较大的课业负担，大家会为工作量的分配而产生争执，这时，团队中的每一个人要换位思考、相互谅解、任劳任怨地为团队做出自己的贡献。毕竟大家的目标是一致的，所以这点小小的不愉快都很快过去了。大家都知道，完成优秀的论文是我们每个人最大的心愿。

在自己实践的过程中，一种研究型、合作型的学习模式就自然而然地建立了起来，每一个小组成员的能动性得到了充分的调动。这种学习的模式是我们每一个人向往的，而这种模式一旦建立，我们收获的就不仅仅是几个物理专业词汇或概念定律的英语表述，更重要的是一种阅读英文文献资料，从中筛选整合，加上自己的思想后形成自己作品的能力。虽然现在我们自己做出来的东西还显得很幼稚，但我们明白随着自己知识水平以及认知能力的不断提高，这种能力的价值会在那时真正体现出来。

三、在东京会议上报告或张贴报告中的准备和感受

感受最直接的是对英语这门语言的认识有了质的飞跃。参加 ICPE 会议的教授、老师、学生一共 400 多人，来自 20 多个不同的国家，大家有着不同的文化背景、不同的宗教信仰、不同的语言，但却可以用同一种语言相互交流沟通，这真是一件很美妙的事。而正是这种场合，英语作为一种国际语言的价值体现得淋漓尽致。我对英语学习的收获总结为八个字：敢字当头，欲望为先。在那种场合，当你有了交流的欲望，当勇敢地张开嘴说出第一句话时，你会真正了解一门国际语言的内涵。这以后，你要掌握的语言是一门你可以理解的语言，相信不会是太难的事，而学习的动力也会一直伴随你。

我在 ICPE 会议上做张贴展示的时候，"两怕"让我手心的温度变化很是剧烈。一怕没有人来关注，出现冷场，自己傻傻地在张贴展馆里站两个多小时；又怕来的人太多自己的英语无法应付。但当我交流的欲望让我勇敢地邀请第一个参观者之后，一切都变得那么自然。我第一次感受到了连续说英语两三个小时，把自己嗓子说哑时的自豪和满足。

其次，我感受到了国际高水平教授、学者深厚的学术素养和严谨的学术作风。在我讲解张贴论文的时候，教授们那谦逊的眼神让我久久难忘，讲解结束后，他们的一个个问题也对我的准备工作提出了新的挑战，很多问题都是我想也没想过的，只能现场发挥了。他们在给李鑫同学提出单词拼写错误时严肃的神态，也给我留下了深刻的印象。这让我知道了，什么是真正做学问的态度，谦虚、严谨、求实这几个校训中出现过的词，

现在我有了新的认识。

我们在东京的 5 天会议时间中，每天的睡眠时间只有短短的 4 个小时左右，除了刚到异国他乡的兴奋之外，我们感到自己肩上责任的重大，我们不仅代表了东南大学，而且代表了我们的祖国。到了讲台前真正自己讲的时候，由于紧张，真是脑子跟不上熟练的嘴皮子，还没想到的演讲词嘴上已经说了出来。我们的努力得到了回报，我们得到很多参会教授的赞赏。

东京之行让我真正理解了"授人玫瑰，手有余香"的内涵。在东京我们感受到了国际大家庭的友好，明白了付出总有回报的道理。给别人一个笑脸、一句 Good Morning，你得到的不仅仅是另一个笑脸、另一句 Good Morning，更多的是国际友人的情谊和自己自信的心情。国际知名的学者、教授不仅有深厚的专业知识、广博的学识，更让我们感到由衷敬佩的是那谦逊的外表和对我们年轻人的和蔼与宽容。

四、对"双语物理导论"课程的看法和建议

这门课程中，恽老师强调了两个"及早"（"as early as possible"），即及早地培养阅读英语文献、用英语学习的能力；及早地学会独立完成论文，做 Presentation，查阅各种中英文资料。这两种能力正是我们国家大学生缺乏的，也有很多教育工作者忽略了对于刚入学大学生的这两种能力的培养。"双语物理导论"这门课程正是在这样的背景下产生的。

这门课程虽然带给我们很多，但是也存在一定的问题。当这门课程结束后，我们好像突然失去了后续的锻炼机会，因此，我认为应该有后续的课程作为这门课程的继续，这样才能使该门课程不仅是一个简单的点，而是一条线的起点！

希望这门课程越来越好，扩大影响力，让更多的人有这样的机会感受国际学术氛围，了解世界的先进思想文化，更希望我们这次不仅是一个简单的点，而是一条线的起点！

不同的表达，相同的信息

舍费尔（Katin）和恽瑛也许永远不会相遇。但如果这位在奥地利维也纳大学的 48 岁的生物人类学家和在中国南京东南大学的 82 岁的物理教育家，偶然一次在全球本科教育的 STEM（科学、技术，工程和数学）会议上相遇，他们会认识彼此且志同道合。

舍费尔和恽瑛都深信，他们的学生——母语分别是德语和中文——若想成为成功的科学家，或者是具有科学素养的文明公民，需要具备扎实掌握英语的功底。英语的普及性只是影响本科 STEM 教育的众多因素之一。对于这个特殊的问题，本专题的重点将放在舍费尔、恽瑛和其他 10 名来自六大洲的十二个国家教职员的经验上。他们代表了全世界致力于本科生科学教育的科学家。在他们中主要偏向于大多数的发达国家，以及那些基础性科学发展迅速的国家。所附地图列出了每一个国家中高等教育的基本信息。

尽管学生们的组成存在着巨大的差异，但对高等教育所实行的政策，以及文化和经济等因素对就业的影响，这些科学家表达出惊人的相似的声音。在这一个接一个的事例中，他们共同指出学生们的兴趣下降、科学准备的不充分、资源不足、专业负担过重、反感科学的态度等问题广泛地存在。可我们仍能在其中看见光明。这里的每位老师都以激动的和创新的方式将科学带入学生的生活。他们还开展多种课外活动——从非正式科学教育到竞选活动——旨在传播知识和科学的价值观。

从另一角度看，《科学》杂志邀请了三位杰出的教育家以探讨面临的本科（STEM）教育的问题。这里摘要了他们的评价。完整的讨论请见 www.sciencemag.org/sciext/undergad_education07。这期内容也包括新亮相的信号转导知识环境杂志社，以及三个教学资源。

我们希望你会发现足以改变你对世界本科教育看法的信息。如果可以的话，请让我们知道。

作者：Jeffrey Mervis（*Science* 杂志记者），2007 年。

重要的是让学生自主做些工作
—— 恽瑛教授创建一门课程，这门课程促使学生自主学习物理和他们所需要的英语

中国正处于一个高等教育空前发展的时期。虽然恽瑛是南京东南大学从事物理教育的一位退休的教授，但她可能是很少有的一位"玩者"。她热衷于科学教育的改革，而且具有毕生的教学经验。

在近 60 年的教师生涯中，她经历了"大跃进"和"文化大革命"，并受益于中国的改革开放。现在，82 岁的恽教授正掀起自己小小的革命。她的"双语物理导论"致力于国家的重点事项，即为国家培养更多的、更有创造力的科学家和工程师，以促进国家的经济增长。

恽教授从 1980 年访问了美国几所主要的研究型大学以后，就一直酝酿着如何改进物理教学，她确信有必要让那些想出国深造的中国学生掌握相应专业的英语，同时意识到"重要的是让学生自主做些工作"。

这两点正是 *Bilingual Physics with Multimedia* （《双语多媒体物理》）教材和 CD-ROM 的核心思想。尽管这是一门从八十年代中期才开始发展起来的面向大一新生的课程，但其课程用书及教学光盘已被 10 所中国大学所采用。这门课程不仅教授讨论物理所用到的英语，而且也要求学生研究物理课题，并在课堂上报告他们的研究结果。相对于以记忆为主的传统的科学课程，这无疑是一个巨大的变化。"在中国，还没有其他像这样的物理教科书籍"薛景瑄说。薛是北京高能物理研究所教授，也关注着中国的科学教育。他又说，现在少有大学老师愿意将精力和时间投入到教材发展上。

作者：Dennis Normile（*Science* 杂志记者）。译自美国 *Science* 杂志，Vol.317. No.5834, pp.64, 74—75, 2007 年 7 月 6 日，东南大学软件学院胡特译、黄宏彬、胡秦然校。

开创一门课程与中国面临的高等教育改革的挑战相比,似乎意义不大。教育部的调查显示,自 1998 年以来,登记在册的大学生人数翻了 7 倍,在 2005 年达到了 2 100 万人。毫不奇怪,班级拥挤,教学负担重,许多大学由于无节制的扩建留下了惊人的债务负担,虽然教育经费有所增加,但它不太跟得上人数的上升,这导致有些大学增加学费,并尝试采用其他方式筹集资金。

但许多官员说,更大的挑战在于改革过时的教学计划和教学方法,特别是自然科学、技术、工程和数学。现行的教学方法和课程仍强调记忆,尤其是对大一和大二水平的学生而言,而教学的目的是培养在基础研究或应用水平都具有创新能力的研究人员。结构生物学家、南开大学校长饶子和解释说:"我们必须有自主知识产权。"饶校长担心缺乏自主创新能力将永远使中国处于生产他国的创新产品的地位。

恽瑛已很好地武装自己来迎接这一挑战。她 1947 年毕业于北京辅仁大学物理系,在进入现在的东南大学之前,她读了一年的硕士课程(当时教师只有学士学位是普遍的,虽然现在大部分的大学教授都拥有博士学位)。她在小学就学习英语,虽然是适合科学课程的英语。

恽瑛教授的课程不同于中国学校的传统教育。薛景瑄认为,在传统教育中,"那些能背诵的同学比那些创造性学习的同学得分更高(在考试中)"。她的教科书中包含标准大一水平的如动量、能量、简谐振动、波粒二象性等内容。所有概念解释给出了相应的一定深度的英文以及一些关键段落的中文翻译。光盘包括视频段落,用于展示各种原理。

胡特,东南大学软件学院学生,选修了恽瑛老师的课程。他说,那些视频"让我们更深入地了解了物理定律是如何用于日常生活中的"。更不寻常的是,课程要求学生选择一个主题,他们自己或以小组进行研究,然后在课堂上,全部以英语报告结果。其他学生可以提问题,发表意见,或质疑结论——这在本科生中是前所未有的。

除了英语的使用,恽瑛老师并未淡化内容。这部分原因可能源于东南大学是中国十大综合性大学之一,并强于工程方面。大二学生李鑫在一年级时必修了恽的课程,他说,这完全与那些仅仅是理论和公式的沉闷的高中物理课程是两回事。

杜源,另一位必修了该课程的学生说,有机会自主研究一个课题对大一学生是难得的。他研究的课题是"太空飞行的昨天、今天和明天"。

对于课程各方面积极的反应,让恽十分欣慰。两年前,她为那些准备采用教材和 CD-ROM 的学校举办了教师培训班。现在,她正在编写教学指导书和学习指南。

薛教授推测,这门课程没有吸引更多的注意是因为很多大学教授重视研究,很难改变老的习性。但越来越多的大学教师在美国或欧洲留学归国后,显示了在中国大学进行教学改革的兴趣。他坦承,仅为一学期,主要对工科学生开设的课程产生的影响可能有限,但对于那些呼唤教育改革的人来说,这是一个良好的开端。

创建"双语物理导论"新课程 引领大一学生走上国际讲坛

大一新生刚从高中进入大学,会遇到很多改变和挑战,尤其是教学方式的改变。他们还不习惯大学里这种与高中完全不同且更加灵活的教学方式。对于老师来说,很重要的事情就是引导学生去发展自主学习的能力;同时,让学生自己运用英文做些工作也是很重要的。恽瑛教授于2000年创立了两个"及早"的教学理念,并对大一新生创设了"双语物理导论"课程,我们为这一目标工作了十年。本文将介绍一种研究型教学新模式:应用 CD-ROM 软件及 Voting Machine 作为教学工具,激发学生的学习兴趣;应用"演讲报告"的平台,培养学生的自主研究能力;在 2005—2009 年间,我们先后选拔了 26 名优秀学生参加在日本、菲律宾、加拿大、美国举办的物理教育国际会议,以提升学生的国际交流能力,他们的工作深受好评,此举为国内首创,国外也鲜见。"双语物理导论"课程的开设是很成功的,在 2007—2009 年间 7 次得到国家政府及江苏省人民政府的嘉奖;2007 年著名的 *Science* 杂志在 5834 期中做了专题报导,对恽瑛教授等的工作给予了高度评价。

一、创立两个"及早"教学理念,创设新课程

大一第一学期是学生学习模式转变、研究创新能力培养和英语应用能力提升的至关重要的转折期。东南大学恽瑛教授创立了两个"及早"教学理念,即及早引导学生进行自主学习、培养其阅读英文资料的兴趣

作者:恽瑛、朱明、吉逸、钟辉,是恽瑛教授在 2010 年北京举办的"第三世界妇女科学组织第四届会员代表大会"上作的报告。

与能力；及早培养其从事研究工作的兴趣与能力。在此教学理念指导下，运用"跨学科课程串"的思路，链接物理、英语两门学科，应用计算机多媒体技术，自2000年2月创设了符合大一新生特点的"双语物理导论"研究性双语课程，至今已开设了10年共20轮。该课程在内容上以关键线的方式来展开、串联，注重中学内容与大学内容的衔接与提高，在模式上突出学生自主研究、互动，在资源上形成系列化、立体化特色。

该课程以基础物理为平台，以引发学生研究探索兴趣为着眼点，以自编双语教材、多媒体教案、教学指导书以及网络教材为教学资源；在课堂教学中以CD-ROM为手段，把对物理概念的理解与英语听力的培养融为一体；以精心设计的思考题激活学生思维，使用Voting Machine（投票机）系统进行课堂适时应答；每次课上学生用英语做5分钟的"Presentation"（演讲报告），每学期末学生组队做一次大型"Presentation"专题研究报告；连续五年选拔其中的优秀一年级本科生参加国际学术会议；每年编印《学生习作》，为学生提供了层层递进的自主学习平台。在帮助学生转变学习模式、培养学生创新精神和研究能力方面走出了一条新路。

经过十年的教学实践，我们总结出"双语物理导论"课程主要解决的教学问题是：

1. 打破传统的"师传生受"模式，改变大一新生通常的被动学习定式，及早培养其自主学习和科学研究能力；

2. 改变大学低年级英语与科学课程学习脱节的现状，及早培养学生的英语应用能力；

3. 拓宽学生国际视野，着力培养其国际交流能力。

二、创建研究型、互动型教学模式，培养大一新生自主学习、自主研究的能力

在"双语物理导论"课程的教学实施过程中，改变了教师唱主角、学生当听众的传统教学模式，以学生为学习的主体，强调学生自主学习、自主研究。

1. 课程的教学目标

基于上述认识，"双语物理导论"课程确立的具体教学目标是：

① 引导大一学生转变学习方式，培养其自主学习的能力；

② 架设物理、英语间的"桥梁"，使学科内容和语言工具有机结合；

③ 激发学生科学研究、探索的兴趣，培养他们初步的研究创新能力。

高校教学改革强调突出学生主体地位，强调以提高学生创新实践能力为改革目标，要把这一改革目标落到课堂教学的实处，就必须进行精心的教学设计，而教学模式设计的核心是科学设计教师、学生、教材这三大教学要素的组合关系，处理好教学目标、教学内容、教学手段、教学方法之间的关系，以及教学过程中各阶段、环节、步骤之间的相互关系，这是十分重要的。

2. 研究型教学新模式

要达到此教学目标，课程的教学活动中应始终贯彻自主（Initiative）、讨论（Discussion）、研究（Research）、合作（Cooperation）四要素，为此我们进行了教学模式的多途径改革与创新。

（1）精心设计基础物理教学中的"关键线"，留下学习拓展空间；

（2）巧用CD-ROM软件，实现"动""静"结合，激发学生学习兴趣；

（3）活用投票机，引发学生思考，加强师生互动；

（4）创建"演讲报告"（Presentation）平台，提升学生自主、研究、合作、创新能力；

（5）搭建提升学生科研素养平台，加强学生"成就感"；

（6）引领大学一年级学生走上国际讲坛，提高国际学术交流能力。

3. 应用"演讲报告"平台，培养学生自主创新能力，这是一种递进式的"演讲报告"的平台

（1）5分钟演讲报告。课程开始就在每次课上都由1个小组代表做一次5分钟的演讲报告，内容可分成以下两种形式：

课上讲过的内容加上拓宽总结	未教过的内容由学生自行组织报告
1. Conservation of Linear Momentum 2. Conservation of Angular Momentum 3. Magnetic Flux 4. The Difference between Standing wave and Travelling wave	1. Work and Energy 2. Precession 3. Production and Detection of Linearly Polarized Light 4. Superposition of Two Shms in perpendicular Directions

（2）近代物理部分分成6个专题，由各组自由选择题目、独立地完成10分钟的演讲报告。各小组专题为：

第一组 Theory of Special Relativity；

第二组 Quantum Physics；

第三组 Potential Well and Potential Barrier；

第四组 Semiconductor；

第五组 Laser；

第六组 Nuclear Fusion。

（3）期末大型演讲报告各组自行专题，自行收集材料，自行撰写论文，进行演讲报告。部分题目如下：

① Super-conduction—Basic Principle and Application in transportation —maglev train

② New Technology in Bird's Nest and Water Cube

……

这种递进式的教学模式的效果是好的，它不断地提升了学生的自主学习、创新意识的能力，对今后的学习是很有帮助的。

4. 对学生发展的积极影响及课程学习后的反响

学生普遍反映本课程给他们的收获是全方位的，如：

"把物理、英语、计算机三者结合起来，以基础物理为平台，既锻炼了外语能力，又提高了计算机应用水平，是一种很好的教学模式，课程是很有生命力的。"

——1999 级 顾吉

"课程提倡自主与创新………从'要我学习'变为'我要学习'，而这一转变，起到激发学生的创新意识和潜能的效果。"

——2008 级 石路遥

"最后我们组织了'期末大型 presentation'的展示，这个过程是对学期中各种能力的综合考验了。首先，题目是自己选定的……大学里的第一篇规范论文在这里完成……对我们大学的学习生活起到了很好的启蒙作用。"

——2008 级 郑伟峥

"双语物理导论与其他大学课程有根本性的不同。之一，开设课程的目的不同；之二，课程的进行方式不同；之三，课程达到的效果不同。"

——2008 级 顾志毅

三、引领大学一年级学生走上国际讲坛，提高国际学术交流能力

1. 引领学生走上国际舞台

课程不仅让每位一年级新生都参与问题设计、演讲、问题研究和论文撰写的全过程，还在此基础上，连续五年选拔课程学习中优秀的一年级学生参加国际会议，2005年以来共带领26位学生参加在日本、菲律宾、加拿大、美国等地召开的国际物理教育会议，学生们的论文及表现受到与会代表的高度赞扬。此举为国内首创，国外也鲜见。这一尝试对于参加国际会议同学的挑战是前所未有的。通过国际讲坛这一平台，学生受到了多方位的教育和训练，学生的国际交流能力得到了很大的增强，自信心得到了进一步的提升，为他们将来科学事业的腾飞奠定了很好的基础。

IOSTE（科学与技术教育国际委员会）原主席杨泉教授对此评价说："学生的出色工作反映了双语物理导论课程是多么成功。"对我们的工作给予了充分的肯定。

2. 走上国际讲坛的学生的论文题目

序号	第一作者	论文名称	国际会议名称	时间
1	顾俊辉 孙紫徽 孔蕾	The Effect of Enhancing Quality and Ability from the "Introduction to Bilingual Physics" Course	国际物理教育研讨会（杭州）	2005
2	胡特	Beauty of Physics and Art in My Eyes	ICPE（Tokyo）	2006
3	钱逸	Chaos—Our Essay During "Introduction to Bilingual Physics" Course	ISOTE Regional Symposium on Science Education for Sustainable Development Philippines	2007
4	张泽西	The Application of Superconductivity in Power Transmission—After learning of "Introduction to Bilingual Physics"	AAPT 2008 Summer Meeting Canada	2008
5	周佳骥	Graphene—Material For the Future	2009 AAPT Summer Meeting USA	2009

3. 走上国际讲台后几位学生的积极反响

"大一学生走上了国际讲坛,将我推上更高的学习平台,从'学'知识到'做'学问,从模仿学习到自我创造——大学的体悟,别具意义的思想启蒙。我仿佛体会到了什么是大学中的做学问,什么是我的大学之道。"

——2006级 顾苏玉

"参加会议的收获:①感受严谨的学术氛围;②与别人用英语交流;③收获了与会专家的宝贵意见。学习态度方面认识到:①任何环节都不能马虎;②做学问就要扎进去;③要以更严格的标准要求自己。"

——2006级 尤奠

"'双语物理导论'对我大学的影响:①做人方面要精益求精,用心去做;②做学问方面要严谨求实;③完成了'双语物理导论'课程、参加了2次国际会议、发表了多篇习作和译文、编撰《学生习作》……这一切都完成后,自信和成就感油然而生,就是这样一次次,我认为应该做一个积极主动的人;④认识到了差距和责任,艰巨而光荣的使命就落在了我们当今大学生肩上。"

——2005级 杜源

4. 走上国际讲台具体的教学目的

(1)给学生提供一个展示自我的平台,更好地落实两个"及早"的教学理念;

(2)通过交流,使学生对自主学习有新的理解,借此"起跑线",力争做到"英语""研究"不断线;

(3)将拓宽国际视野,提高国际学术交流能力付诸行动。

四、课程获得的荣誉和国际影响

1. 课程获得的荣誉

(1)2007年度被评为国家级首届双语教学示范课程;

(2)2007年获江苏省教学成果奖一等奖;

(3)2008年被评为国家级、江苏省精品课程;

(4)2009年获第六届国家级教学成果奖二等奖;

(5)2007年获教育部物理课程教学指导委员会和中国物理学会教学委员会颁发的编号为001的"物理基础课程教学杰出贡献奖"。

2. 国际影响

2007年7月，美国 *Science* 杂志在其"全球本科教育"专栏中介绍了12个国家大学本科科学基础教育改革的情况。其中两篇文章，*Many Voices, One Message*（《不同的表达，相同的信息》）和 *"It's Important To Ask Students To Do Some Work On Their Own"*（《让学生自主做些工作是重要的》），对笔者创设的研究型、互动型"双语物理导论"课程的教学探索和实践进行了详细报道，文中提到："这门课程不仅讨论到物理所用到的英语，而且也要求学生研究物理课题，并在课堂上报告他们的研究成果。相对于以记忆为主的传统的科学课程，这无疑是一个巨大的变化。" *Science* 文章的点评，是本课程极好的侧注。

恽瑛参加在人民大会堂金色大厅举行的第三世界妇女科学组织第四届会员代表大会

恽瑛、朱明参加在人民大会堂金色大厅举行的第三世界妇女科学组织第四届会员代表大会

恽瑛参加在人民大会堂金色大厅举行的第三世界妇女科学组织第四届会员代表大会

恽瑛：教学是一份爱心，一份责任，一生创造，一生奉献——恭祝恽瑛教授 90 华诞

【编者按】 恽瑛先生，1925 年 4 月出生，江苏常州人，享受国务院政府特殊津贴。恽瑛先生是东南大学物理系教授，也是我国物理教学领域的著名教授，她为我国的物理教育事业长年奋斗，并做出卓越贡献。

2015 年，恽瑛教授将度过 90 岁华诞，按照我国南方习俗，近日在南京提前一年举行了她的 90 岁生日庆典。我们主要依据恽先生在本刊发表的文章和东南大学网站的信息特别整理刊发如下短文，介绍恽瑛教授的非凡经历和光辉业绩。

我们在此恭祝恽瑛教授 90 华诞，祝福先生健康长寿、幸福安康！

17 年的学校教育和 1954 年的清华进修

恽瑛先生 1931 年就读上海圣德小学，1940 年进入北京贝满女中，1947 年北平辅仁大学物理系毕业，1947—1948 年为辅仁大学物理系研究生。17 年的学校教育，她接触过许许多多认真负责的教师，贝满女中的管叶羽校长"敬业乐群"的校训，林瑜铿等老师既严又爱的教学风格，都深深影响着恽先生的早期学习生活，也养成了她对学习、工作认真负责的良好习惯。

1948 年，恽先生到中央大学物理系任助教，对学生始终严格要求，后来有人笑问她为什么平时对学生那么凶，她的回答是，自己读书时受到老师们的熏陶，所以很自然地认为，对学生既有爱心又严格要求是一名教师的基本责任。17 年的学校教育和老师们的一言一行，以一种润物无声的形式不断影响着先生，她希望自己的言传身教也能够对今天的年轻教师

作者：《物理与工程》编辑部，2014 年。

产生正面影响，使他们不断提高业务水平，增强自己的爱心、责任感、教学创造欲和奉献精神。

1954—1955年间，全国26所老高校的30余位进修教师聚集清华大学，向苏联专家学习，恽先生也身在其中。"在这一年半的学习中，我不仅了解了苏联基础课程的结构，从而对我在1960年代初所编辑出版的《普通物理习题集（附习题指导书）》产生了一定影响；更重要的是，在清华学习到了教师对学生的爱心和一丝不苟的教学态度；同时也向26所高校的老师们学到了很多做学问的道理，了解了自己在学业上的不足，知不足而后才能不断求得进步。"恽先生这样回忆道。她说清华进修的经历是一份十分可贵的教学财富，在她以后数十年的工科物理教学中起到承上启下的作用。

1957年的冲击　和刘雪初的谈话

1957年"反右"时，先生也曾因受到冲击而心灰意冷，但教学信念的坚持让她在1959年教调干生时依然对学生充满爱心、满腔热情，受到学生的爱戴。1961年，恽先生和党委书记刘雪初的一席谈话，至今对她影响深刻。刘书记希望先生不要因为家庭、个人遇到的种种困难而丧失勇气。一番鼓励下，先生对担任物理教研组主任重拾信心，她团结全组教师，即使后来在工作上遇到困难时，也能够顶住压力，坚持不懈。当她在"文化大革命"中再次受到冲击，发誓再不教书时，依然是刘书记当年的话鼓舞着她再次对学生充满热情，盼望他们学术成才的愿望油然而生。就是这种精神，让她在失败后不灰心、不怕烦劳，坚持不断地努力，直至达成目标。1980年起，她曾连续三次向国家教委申报建立物理系，并在1983年获得成功；1983年第一次申报"教材教法（物理）硕士点"失败后没有放弃，终于在1986年获得工科院校中该方向的首批授予权；1987—1995年间编写音像文字结合教材的"八年抗战"；1987年后的20余年不间断编辑出版《国际物理教育通讯》；1997—2005年间持续开展中美合作课题"中美大（中）学生科学素质的现状和培养对策"，甚至在75岁时，充满勇气、不怕非议地去创设"双语物理导论"新课程，带领一年级学生出国参加国际会议……这一切都是当年那一席话的精神力量。有人曾说"别人是撞了南墙才回头，恽瑛是撞了南墙也不回头"，诙谐幽默中总结了先生的品格，而这种坚持正是来自鼓励和期盼，来自一名教师的责任感。

1980—2000 年的国际交流和教学改革

1980 年 6 月，应美国物理教师协会（American Association of Physics Teachers，AAPT）的邀请，教育部首次委派 4 名物理教师——清华大学徐亦庄老师、北京师范大学尚世铉老师、复旦大学郑广垣老师和南京工学院（东南大学当时的校名）恽瑛老师赴美，做物理教育的调研访问。他们共访问了 5 所大学——栾斯里尔工业学院、纽约州立大学石溪分校、俄亥俄州立大学、斯坦福大学、加州大学伯克利分校。"教学研究也是一种科学研究，并有一定的研究班子"，先生在其署名文章《美国五所高等院校物理教学情况概貌》中这样写道。这篇文章发表在我刊创刊号上，当时的刊名叫《工科物理教学》。

访问期间，美国栾斯里尔工业学院等对于"Physics Education"硕士研究生的培养工作，使她萌发了在国内招收物理教育研究生的想法，此后的 20 余年中，她一直在坚持这方面的工作。

1980—2000 年间，先生先后 20 多次赴美国、德国、日本、意大利、埃及、马来西亚、泰国、菲律宾等参加国际物理教育学术会议，在大会上作学术报告，展示中国物理教学的长处，深获好评。在国内主办国际会议 7 次，对推动国际间物理教育学术交流起了重要作用。这些经历让她深刻认识到了在物理教育和教学改革方面进行跨文化沟通、跨国界交流以及多方合作的重要性。1986 年，国内第一个大型国际物理教育学术研讨会在东南大学召开，此后又多次举办各种国际会议，这都对物理教育的跨文化交流起到了积极的助推作用。

20 世纪 80 年代后期，先生担任中国物理学会教学委员会国际交流组组长，随着物理教育教学改革在中国的蓬勃发展，先生本人的工作也有了阶段性成果。自 1990 年起，她多次在国际会议上报告现代化教学手段在我国物理教学中的应用状况，并展示了自制的《大学物理学电视插播片选辑（英文版）》（1999 年增补为《大学物理多媒体光盘》）。

受到当时国际同行的热烈欢迎

几十年的教学积淀使先生充分认识到教学方法、手段与教学模式改革的重要性。1987 年，她率先主持了"现代化教学手段在大学物理教学中应用"研究课题，主编出版国内首创的《大学物理学》（音像文字结合教材），受到学生广泛欢迎。这些多媒体手段在物理教学中的应用成果，对她后期创设"双语物理导论"课程起到了奠基性的作用。这一切都是她在20世纪90年代后期到21世纪初创新工作的源泉,也为以后课程团队创建新的教学模式打下了良好的基础。2007年,恽瑛先生获得了教育部高等学校物理基础课程指导委员会分委员会和中国物理学会教学委员会共同颁发的首个"物理基础课程教学杰出贡献奖"。

1990年退休后,先生仍坚持站在教学第一线,从事教学改革,她希望通过自己的爱心和责任感,造就一批国家栋梁;希望通过源源不断的创新工作,为国家的强盛添砖加瓦。

吴健雄等老一辈物理学家的勉励和影响

1980年,应健雄先生之侄吴颐教授的嘱托,恽先生在赴美参加国家教委物理教育代表团之行的同时拜访了吴健雄教授——被尊称为"东方居里夫人"的物理学家。当时先生既兴奋又担心,高兴的是能与世界著名学者会面,担心的是如何与之交流,当电话那头传来吴健雄教授柔和亲切的话音时,她们之间的距离顿时被拉近了。恽瑛先生永远不会忘记这一幕:第二天上午,吴健雄和袁家骝两位教授彬彬有礼地站在家门口欢迎远道而来的祖国客人,此情此景深深地印刻在她的脑海中。不仅如此,健雄先生也为他们的后程访问给予了诸多关照。

1986年,健雄、家骝两位先生到东南大学访问,恽瑛先生永远记得当时在大礼堂门前恭候两位教授时的场景:健雄先生下车后,立即向倪尚达教授(倪教授是健雄先生在中央大学时的老师,且时任物理系主任)深深地鞠躬九十度,恽瑛先生被震撼了,被这种谦虚、亲和的高尚品德深深感动了。在这之后,她和健雄先生还有过十余次的交流,她深深感受到了健雄先生关怀祖国教育事业和热爱祖国、家乡的热情,那是一种"我身在国外,心怀中华"的真切情意。恽瑛先生感叹道,身居海外的学者能够如此关心中国的教育事业,那么身在国内的人,不是更应该为下一代人才的培养做出百倍努力吗?

除了健雄、家骝两位先生,周培源、沈克琦、魏荣爵、谢希德、冯端等老一辈物理学家,以及赵凯华先生等著名物理教育家,也对恽瑛先生的工作给予过诸多关心和支持。正是他们的指点和鼓励,使她在后半生的物理教育教学改革工作中信心十足,"兢兢业业、持之以恒而未敢懈怠",她一直以健雄先生的话勉励自己。

两个"及早"教学理念的提出和新课程的创立

长期以来，国内大学生一直都是跟随老师按部就班地学习，因此普遍存在着自主学习的观念和能力较弱、外语学习与专业脱节等问题。二十世纪八九十年代，中国的高等教育与先进国家相比有着一定的差距。培养创新型人才、提高中国高等教育质量、关注教育事业未来发展成为恽瑛先生关注的重点。1998年，在巴黎召开的"面向21世纪的教育国际研讨会"上曾提出过高素质大学生的七条标准，这也引发了恽瑛先生对传统教学模式改革的进一步思考。

"几十年来，对大一和大二学生的教学方法和课程仍强调记忆，这样就很难实现培养具有创新能力的综合性人才的教育目的"，先生回忆当年的想法，"学生都是在大一第二学期才上大学物理课程，学习模式已基本定型，想要改变他们的学习形态有些为时已晚。刚入学的大学生，不太懂得大学与中学的学习目的、学习模式的不同。如无他人引导，很难靠自身养成良好的学习习惯，也难有宽广的视野"。因此，恽瑛先生认为，在大学一年级第一学期转变学习方法和学习观念，培养学生的研究兴趣和国际视野至关重要。另外她还认为，学生必须具有扎实的英语能力，才能在自己的研究领域中做出较为出色的成果。反复思考之下，恽瑛先生于2000年提出了两个"及早"的教学理念，即及早引导学生进行自主学习、培养其阅读英文资料的兴趣与能力，及早培养其从事研究工作的兴趣与能力。在培养过程中，"重要的是让学生自主做些工作"。她认为，这两种"兴趣和能力"的及早培养对本科生四年的学习和发展具有基础性、决定性的作用。对处于转折时期的一年级新生的教育需要完成两个极为重要的任务：一是必须使他们跨越中学和家庭某些方面的障碍，努力适应大学的学习和生活环境；二是必须采取各种手段，激励他们从进入大学校门起就开始努力掌握自主学习的方法，逐渐进入"主动学习"的轨道。这样，学生才能由原来的被动接受知识进入积极主动探求知识的状态，日后才能较快、较好地成长、成才。"我们的工作，就是要为学生创造环境和条件，就是要进行教学方法和教学模式的改革，使学生通过研究型、互动型的教学，激发其学习、研究的欲望，尽早进入自主、积极学习的轨道，逐步建立起创新意识"。

在上述教学理念的引导之下，恽瑛先生开始了长达十几年的实践过程。2000年，她创设了一门面向大一新生的研究型课程"双语物理导论"（Introduction to Bilingual Physics）。"双语物理导论"课程提倡自主与创新，创建了一种在教学过程中贯彻"自主、讨论、研究、合作"四要素的研究型、互动型教学模式。要求大一新生主动查阅英文资料，研究课题，并在课堂上用英语报告其研究成果。课程创设的"研究汇报演讲"（Presentation）平台，有效地提升了学生自主学习能力和创新意识。这一教学模式被学生认为是该课程的一个"亮点"。自 2005 年起连续十年选拔课程学习中优秀的一年级学生参加国际会议，共带领 46 位学生参加中国杭州、日本、菲律宾、加拿大、美国召开的国际会议。引领一年级学生走上国际讲坛的目的，是为了培养具有国际视野和国际学术交流能力的高素质本科人才，此举为国内首例，国外也鲜见。自 21 世纪以来，她创建的"双语物理导论"课程及研究型教学模式多次获得大奖，如 2009 年 9 月获第六届国家级教学成果奖二等奖，2008 年 8 月获"国家级精品课程"称号等。

可以说，创立两个"及早"的教学理念和创设新课程使恽瑛先生在教学上走入了一片新的天地。学生认为该课程是一种"与高中学习模式迥异的全新教育模式"，专家组评价为"在帮助学生转变学习模式、培养学生研究能力和创新精神方面，走出了一条新路"。美国著名杂志 *Science* 也高度肯定恽瑛教授的工作成果，在 2007 年第 5834 期中的"全球本科教育"专栏，*Science* 介绍了 12 个国家在大学本科科学基础教育改革的情况，其中两篇文章 *Many Voices, One Message*（《不同的表达，相同的信息》）和 *It's Important To Ask Students To Do Some Work On Their Own*（《重要的是让学生自主做些工作》），全文介绍了先生在"双语物理导论"课程中所进行的教改工作。文中指出："这门课程不仅讨论物理所用到的英语，而且也要求学生研究物理课题，并在课堂上报告他们的研究结果，相对于传统的以记忆为主的科学课程，这无疑是一个巨大的变化。"

有专家评价，"在帮助学生转变学习模式、培养学生研究能力和创新精神方面走出了一条新路"。美国旧金山州立大学的一位教授对此评价说："您学生的表现给人留下非常深刻的印象，当他们可以驾驭英语的时候，他们被激励了，全身心地投入到物理学习之中。我毫不怀疑是您在很大程度上影响了他们对于学习的态度。双语物理导论课程，应该是科学教育和提高语言能力的一个样板。"

结语

回顾过去数年，恽瑛先生获得的成果颇丰：曾获得第六届全国高等教育教学成果奖二等奖、江苏省高等教育教学成果奖一等奖、国家首届双语教学示范课程、国家级精品课程、江苏省精品课程及江苏省精品教材等，这些荣誉是集她60余年基础物理教学的经验，在改革开放后的30余年中不辍耕耘，与课题组同志们共同努力的结果。她真心地感谢每一位曾支持并帮助过她的人，其中包括郑家茂、李霄翔、熊宏齐、徐悦、朱明、潘晓卉、杨永宏、李久贤、李爱群、钟辉、王茜、吉逸、邓建明等各级领导，以及叶善专、吴宗汉、夏西平、孙荣玲、张勇、周智勇、朱延技、方晶等同事和合作伙伴。

2013年5月的一个下午，恽瑛先生和其子东南大学计算机与软件学院邓建明教授联合开展"双语研讨课和导论研讨课的教学策略与经验"讲座。先生在东南大学设立总额18万元的"恽瑛奖助学金"，每年资助先生曾经工作过的吴健雄学院、物理系、软件学院的本科生各2人，每人3000元。

60多年的教学经历，恽瑛先生深深地认识到：教学是一份爱心、一份责任、一生创造和一生奉献。先生在90岁华诞的寿筵上表示：她还将继续深化自己的工作，为培养出更多国家、社会所需要的高素质创新人才而不断努力。我们再次祝福先生平安健康！

我这辈子呀，最正确的选择，就是当了一名教师；最快乐的事，就是一直在讲台上教物理课；最幸福的事，是有那么多志同道合的朋友，那么多可爱的学生。

如果说，我这一生还做了一些有意义的工作，取得了一点成绩，那离不开老师的教诲、领导的信任、朋友的扶掖、学生的厚爱，是他们的支持、鼓励成就了今天的我。这不是谦虚，不是客套，"You Raise Me Up"，是你们的友情，使我不觉老之将至，始终感到"工作是美丽的"，当一名教书育人的教师是幸福的。

第三编 育才授业

最是难忘师友情

中山大学原党委书记、东南大学原副校长李延保教授的祝辞

我今天真的很幸运！昨天在兰州大学开完群众路线总结大会以后，受郑家茂校长的邀请，来参加东南大学的鉴定会。来了以后，巧逢我们恽教授的九十大寿，心里特别高兴，因为恽先生是我最敬重的老师和教育专家之一。

回顾历史，我们南京工学院数学、物理、化学、外语等专业都在同一个系的时候，鲍先生是系主任，恽先生是管教学的副系主任，还有陆先生是管设备的副系主任。南京工学院时期如此大的一个系，只有一正二副三个主任，外加几个秘书。我担任教学秘书，直接在恽先生的领导之下。在此期间，我开始接触恽先生，恽先生有两件事让我记忆犹新。

一是她锲而不舍的精神。作为一个系的副主任，恽老师在她退出教学以后，甚至是六十五岁退休以后，开始了新的教育改革的春天。她挖掘出

李延保教授致祝辞

作者：李延保（中山大学原党委书记、东南大学原副校长），2014 年 4 月。

李延保教授与恽瑛教授在会议上合影

很多新的滋养,结出了丰富的果实。其中,20世纪80年代,她组织六所高校做大学物理与电视短片结合的教材,持续进行很多年,教材的成功编写与恽先生个人的努力和锲而不舍的精神是分不开的。因为那时候省教育厅、学校等能够支持的资金非常有限,对参与这个项目的教师来讲,也没有多少帮助,难度超过寻常。他们需要将当时的仪器设备一件一件地拍下来,配上文字,做成课件,整合成一本像样的音像文字结合教材。说句实话,没有恽先生的坚持,这是不可能完成的。其他老师被恽先生的精神感动,也竭尽全力投入其中。我要讲一下我的切身体会,恽先生为这本教材不知流了多少眼泪。这种精神在我们今天的老师中已经不多了。对个人有多少帮助,得了多少实惠,这些是现在的老师们考虑得更多的,现在是功利化的时代,但是在那个时候,恽先生完全不考虑个人的利害得失,是令人钦佩的。第二个给我印象最深的是她的国际化视野。我们真的很敬佩恽先生,她毕业于辅仁大学,没有出过国门,但是她的英语一流,因此,她培养本科生也好、研究生也好、做科研也好,都非常重视国际接轨和提升英语表达能力。而且后来她组织召开的国际物理教育会议都没有拿学校的钱,是国际会议提供的钱。她在退休前、后参加的国际会议,将我们学校的物理教学带进世界物理教学的主流领域。

离开东南大学已经十五年了,但是我经常能看到东南大学校报上刊载恽先生不断做出的成果、得到的奖励和得到大家的崇敬的消息,所以今天借这样的一个机会——恽先生九十岁大寿之际,我也祝恽先生保重身体,健康长寿!寿比南山!

琐忆与恽瑛先生参加和举办的物理教育国际活动

我和恽瑛先生以前并不认识,是在搞物理教育的国际活动中熟悉起来的。恽先生长我 5 岁。从过去的读书经历来看,虽算不得真正的校友,但说起来还有些关联。她在北京贝满女中上高中,我在育英中学念初一,两校一栏之隔,属同一教会所办。后来她读辅仁大学,我念辅仁附中,校园毗连。但除了校庆之日和看足球赛,我很少到大学部去玩,可是我的老师中辅仁大学毕业的不少。我一直把恽先生认作大姐。

我们第一次共同参加国际会议是在 1986 年。那是一次在日本东京由 ICPE(国际物理教育委员会)举办的会。当时我刚被推荐做 ICPE 的 associated member,恽先生更早参加了国际活动,与许多国际人士熟悉。会议期间,ICPE 主席 Jossem 教授代表 AAPT(美国物理教师协会)找了日本的霜田光一和笠耐先生、中国的恽瑛先生和我,建议在美日中三国轮流举办物理教育国际会议。三方一致同意,决定三年后首次在美国,以后每隔一年在日本、中国轮流召开。

1989 年夏天第一次中日美会议在美国夏威夷召开,当时我们国内政治形势非常紧张,美方担心中国代表能否如期到会和顺利入关,Jossem 教授和会议主席 French 教授亲自到机场去接中国代表,这是一般国际会议从来未有的,使我国代表十分感动。事实证明,他们的担心不是多余的,那次我本人是单独赴会的,在机场就滞留了半个小时。在入关处海关人员拿了我的护照,很客气地让我坐在那里等待。一等半个小时过去了,还没有动静,我只得去问。我声明我的身份——北大教授,并说明是来参加什么会议的,海关人员立即露出笑脸,转身去把我的护照拿出来,放我进关。一般来说,参加物理教育国际会议的代表中有很多中学教师,这在我国就很困难了,主要是我们的中学老师普遍不会英文。参加那次

作者:赵凯华(中国物理学会原副理事长、北京大学物理系原系主任)。

中国代表团在富士山合影，一排左一为恽瑛

会议的中国代表9人，其中中学教师（或曾经是中学教师的）3人，这已经很不容易了，其中一位是恽先生在贝满中学的老同学——张继恒。会议开得很融洽。

1991年夏天第二次中日美会议在日本富士山召开，参加的中国代表增加到17人，其中中学教师又增加了几位。通过这次会议，三国的物理教师对彼此的情况有了进一步的了解。会后还到日本其他地方进行交流活动，我因在国内有约在先，提前回国，带队的任务就交给恽瑛先生和罗蔚茵教授了。那次大会的主要筹办人是上智大学的笠耐教授，她把那次会办得如此之好，闭幕式上赢得所有代表的欢呼和掌声。那个时代中国知识分子的待遇很低，出国的经费也很少，有人还想节省一点买一两个"大件"（电视机、照相机、电冰箱），在国外舍不得吃、舍不得花。笠耐教授很理解这一点，在会后活动的旅途中，她特地从家里准备了午餐，带来请中国代表食用。笠耐教授是后来在中国举办的物理教育会议最积极的参加者，是中国同行最好的日本朋友。

1993年第三次中日美会议在中国广东肇庆召开，与会的大学和中学教师131人，其中美国31人，日本45人，中国55人，还有马来西亚和韩国的观察员各一人。这次会议是三次会议中人数最多的一次，也是最成功的一次。一些欧洲的同行嫉妒地说，为什么你们三国搞小圈子，不让我们参加？这次的主办人是我和恽瑛教授、罗蔚茵教授。因为在广东办会，会场和食宿安排都由罗蔚茵负责。鉴于过去我国代表往往表现得很寒酸，我希望这次会议中国代表的食宿标准和外国人一样，这就得在经济上给中国代表额外的补贴。非常感谢罗蔚茵教授利用她的威望和人脉做到了这一点。

1986年东京那次会后，恽瑛教授接着就在南京举办了一次"ICPE国际物理教育学术讨论会"，参加会议的代表130余人，其中有来自其他13个国家的代表26人，参加东京会议的代表里许多重要人物都参加了这次会议。这是ICPE在中国举办的第一次国际会议，影响很大。

1987年恽先生建议在中国物理学会教学委员会下成立国际交流组及办一个《国际物理教育通讯》（简称《通讯》）杂志。中国物理学会副理事长沈克琦教授亲自领导并委派恽先生担任组长和主编。从那时起几乎每年都在国内办一两次物理教育方面的国际会议，出两期《通讯》，把国内外物理教育的新动态、新思想报导给读者，并出了若干期英语专刊，供外界阅读。恽先生主办这么多活动，在经济上是有很大困难的，恽先生这种对物理教育发展的执着精神使很多人感动。1993年夏在东南大学举办的

1998年我与恽先生在荷兰阿姆斯特丹合影

一次国际研讨会上，有人关心《通讯》的出版，建议大家出一点钱来资助，美国的 Jossem 教授当即掏出一张 100 元的人民币，我建议愿意捐助的人就按这个数出，当场许多人捐出了 100 元，这一场景，使恽先生激动不已，流泪难止；这种友情，也使她坚持了 23 年，至 2010 年，共出版、发行了 45 期。

此外，在八九十年代，我和恽先生还参加了德国、匈牙利等地举办的 GIREP（欧洲物理教育研究会）和 ICPE 国际会议。

恽先生有个学生名叫包雷，英语非常好，多次在恽先生举办的国际会议上帮英语有困难的人做点翻译，这样我就认识了他。后来包雷出国留学，在美国马里兰大学 Redish 教授指导下做研究生。Redish 教授是美国最有名的物理教育专家之一，他也是多次来华参加会议的外国学者。包雷拿到博士学位后到 Ohio 大学任教，现在也成为美国最有名、最活跃的物理教育专家之一。

恽瑛先生的拿手好戏是她和同事们研制的物理教学电视插播片（音像结合教材），后来又进一步改进，做成《大学物理学多媒体光盘》，再后来又开设了"物理·英语·多媒体·一体化"课程（我戏称此课程为"dot-dot-dot"，后课程更名为"双语物理导论"）。一有机会恽瑛先生就在国际会议上做这方面的报告，颇受听众的欢迎。

1996 年 ICPE 在美国马里兰大学举办了"大学本科物理教育国际会议"，恽瑛先生约我和罗蔚茵教授一起和 Redish 教授谈中美物理教育研究合作事宜，一个有兴趣的课题是中美学生科学素质培养的比较研究。1997 年我们向国家教委申请到了"中美大（中）学生科学素质现状及培养对策"的研究课题。此后的工作都是由恽先生一手操办的。从 1998—2004 年，全国有四十余所大、中学校参加这一课题研究，并在全国各地先后召开了八届"中美大（中）学生科学素质现状及培养对策"会议，2004 年结题。在美国的中学里，物理是选修课，教物理的老师有的不是学物理的。进大学理工科的学生，甚至进物理系的学生，都有在中学没学过物理的。美国中学生的物理水平是无法和中国比的，也无法和欧洲比。谈起这个问题，Redish 教授就曾私下里和我说过，中学生的物理水平，中国是第一世界，美国是第三世界。有趣的是包雷团队的一项研究：他们设计了一份力学、电磁学和科学推理能力（不涉及具体物理知识）的问卷，对中、美中学毕业生进行考查。统计结果表明，力学问卷美国学生的分数分布在 25 到 75 的宽广范围里，中国学生的分数则分布在以 90 分为峰值的狭窄范围里；电磁学问卷美国学生的分数分布峰值在20分，中国学生分数分布峰值在70分；令人惊讶的是，一般科学推理能力问卷中美学生的分数分布几乎没有区别，峰值都在74分左右。为什么一般科学推理能力的训练与科学知识多少无关，这是非常值得研究的问题。

在与恽瑛先生二三十年的交往中，我非常钦佩她在开展物理教育国际交流活动方面的热心和执着，其精神是无人能比的。

我特别喜欢恽瑛先生"特别能折腾"的精神

我和恽先生非常有缘分！从我认识恽先生至今这三十几年里，恽先生会出人意料地时时出现在我的生活中。

1980年，我的导师徐亦庄先生率团赴美国考察物理教育。徐先生回来后告诉我，这次和他一起去的还有一位十分能干的"女将"，这位"女将"就是恽先生。我当时没有见过恽先生，后来我看到恽先生写的考察报告里面明确提出要重视计算机技术发展对物理教育的影响。以后几十年的事实充分证明，当年恽先生真是有远见！这算是初识恽先生，恽先生在我心中留下了非常深刻的好印象。

一次偶然翻阅我爱人参加毕业中学的校庆活动带回来的纪念册，发现杰出校友的名单中恽先生赫然在列，还有专门文章介绍她的成就。20世纪40年代，恽先生毕业于北平贝满女中，是我爱人的老学长，这就又多了一层关系，我爱人和我都为此深感荣耀。

20世纪50年代初，院系调整刚结束，如何提高全国高校工科大学生的物理基础，为新生共和国培养高质量的工程技术骨干的任务摆在了工科院校面前。一批来自全国各工科院校优秀的年轻物理教师齐聚清华，他们一起研习、编写教材，几十年后，他们中有多人成了中国高等院校基础物理教学的领军人物。清华大学恢复物理系后的几次系庆活动，自然不会忘了邀请这批给母校带来荣耀的校友，在返校校友中又见到了恽先生。

2014年笔者在恽瑛教授90岁生日会上致辞

作者：吴念乐（清华大学高等研究院原副院长、理学院原副院长）。

笔者与叶善专、吴宗汉、邓新元教授同祝恽先生90华诞

2012年，笔者与叶善专、恽瑛、潘人培教授在太仓吴健雄教授雕像前

2007年7月恽先生被授予"物理基础课程教学杰出贡献奖"

ICPE 2015在北京召开，遇见日本老朋友

连续发生这种和恽先生间的美妙关联，真让我感到莫大荣幸。

以上这些还都是没和工作沾边的接触。2000年后，我开始在物理学会做些事，和恽先生就有了更多的接触机会。

恽先生十分重视国际学术交流，她创办了《国际物理教育通讯》杂志，向中国物理教育界同行介绍国际物理教育的最新发展；她积极推动中美日三国物理教育界的交流，多次主办国际物理教育会议；她坚持对大一同学开展双语物理教育，并带领他们参加国际学术会议。

在我当国际物理教学委员会委员期间，每年都要去参加国际物理教育大会，深切感到中国作为一个物理教育大国，对国际物理教育影响远远不够，参加国际会议的老师也非常少。然而恽先生是给中国争了光的。在恽先生的推动和带领下，东南大学每年都有老师带领大学一年级的学生走上国际物理教育学术舞台，而且影响很大，受到国际同行广泛赞扬，Science 杂志专门做了报道。仅此一点，恽先生就为中国物理教育争得很大的荣誉，我们真是非常感谢恽先生！

2017 年 4 月，笔者和教育部物理基础课程教学指导委员会原主任李师群教授拜访恽先生

恽先生在物理教育学上视野开阔，理念先进，她提出的"两个及早"的教学理念，十分有道理。恽先生在物理教育岗位上几十年如一日，不畏困难，只要认准这件事对培养学生有利，她就非常能坚持、特别能"折腾"。跟恽先生交流，经常会感到压力，因为她推动我们年轻一代在物理教育改革的路上不断向前。恽先生对中国的物理学教育做出了杰出的贡献，对我国物理教育产生了并将继续产生不可估量的影响。鉴于恽先生几十年在物理教育岗位上的辛勤耕耘，为了表彰她对物理教育的贡献，在 2007 年由教育部物理基础课程教学指导委员会和中国物理学会教学委员会共同主办的大会上，授予了她"物理基础课程教学杰出贡献奖"。

我非常敬重恽先生，她非常了不起。2013 年 10 月，我办了退休手续，就觉得自己老了。在恽先生面前，真觉得十分惭愧，我要好好向恽先生学习，学习恽先生特别能"折腾"的精神，继续为我国的教育事业发挥余热。

衷心祝福我们最敬重的恽先生生日快乐！天天快乐！

最后祝恽先生身体健康！多多保重！继续指导我们，多给我们中国物理教育事业做贡献！

东南大学教师教学发展中心原主任李霄翔教授在庆贺恽瑛教授九十华诞上的祝辞

尊敬的恽先生、各位前辈、各位老师、各位朋友，今天我们相聚一起共同庆贺恽瑛教授九十华诞。能参加今天恽先生的生日庆典，我感到十分荣幸。

我是一名七七级入学南京工学院即现在的东南大学的学生。当时恽老师是主管我们教学的副系主任。毕业后留校任教，很长一段时间内，恽老师仍是我们的领导。求学和工作的过程中，我深切地感到，作为东南大学的学生，我们能有今天的成就，是与恽老师的谆谆教诲和辛勤培养分不开的。借此，恽老师，请允许我代表您的学生说几句发自我们内心的心里话。

李霄翔教授致祝辞

2014年4月于南京东南大学榴园宾馆

尊敬的恽先生，您六十五年的从教经历向我们展示了老一辈学者们的一个缩影、一个典范。您一生投入到大学物理教学和科学研究中，身体力行地践行着"止于至善"的校训，对克服困难充满了坚韧不拔的意志和决心，对教学工作充满了持续不断的激情，对学生充满了慈母般的爱，对我

作者：李霄翔（东南大学教师教学发展中心原主任）。

们东南大学充满了忠诚和热爱，这体现出的是一份爱心和一份责任、一种创造和一种贡献！这就是我们学校优秀教学文化的具体体现，也是我们弘扬东南大学优秀文化、推进我们国际化研究型大学建设的精神源泉。您用一生的言行为我们广大学子和青年教师树立了一个可敬可爱的学习榜样！

恽先生从教六十五年的经历让我们觉察到的是辛劳和汗水，感受到的是奉献和责任，体验到的是丰收和成果。常言道：好人有好报。在恽先生九十华诞之际，请允许我代表广大学子向您表达我们发自内心的感谢和祝福。让我们举杯，祝愿我们敬重的恽瑛教授健康长寿！干杯！

大智大爱恽瑛教授

恽老是我心目中"好老师"的杰出代表和光辉典范。

我在吴健雄学院工作期间,有幸能和恽老深度接触、合作共事,她是我读大学时所敬仰的南京工学院教授之一。从恽老师帮助学生筑梦、追梦、圆梦润物细无声的教育教学过程中,我看到了一位好老师所必须具有的使命感和责任感,以及所必须具有的道德情操和师德风范。恽老对教育事业的忠诚和热爱,全身心地扑在学生身上的这种忘我之心、仁爱之心,永远是我们学习的榜样。

恽老让我感触最深的,莫过于对教育教学改革、人才培养模式创新的远见智慧和亲力亲为的实践,以及关爱学生成长成才的师德灵魂这两方面。恽老在数十年教学过程中积累的丰富经验,让她能够准确地把握住大一新生领悟大学之道的关键点,提出了"及早引导学生进行自主学习,培养其阅读英文参考资料的兴趣和能力"和"及早培养其从事研究性工作的兴趣和能力"的教学理念。恽老所创建"双语物理导论"课程在吴健雄学院强化班等院系进行了自主学习、研究创新的教改实践,取得了很好的效果,在国内外产生了很大的影响,世界著名科学杂志 Science 做了专题报道。

恽老所取得的成就,并不仅仅是因为她有渊博的学识、敏锐的洞察力和严谨科学的教育教学方法,更重要的是她渗透在细节之中的对学生的一片拳拳之心。为了丰富课堂教学,加强师生互动,她亲自制作多媒体课件和教具;为了培养学生思考问题的能力,她让学生自设问题、查阅文献、求解论证、独立报告;为了激发学生做研究的兴趣爱好,她将学生写作的研究论文编辑成册,让成就感推动他们走得更远;为了培养和拓宽学生的国际视野,她让学生从大一就开始阅读英文文献,做英文 Presentation,并逐一点评,有时还放弃自己午休时间和学生交流讨论,并积极创造条件,

---

作者:李久贤(东南大学信息工程学院党委书记、吴健雄学院原常务副院长)。

李久贤教授（左一）、李延保教授（左二）、郑家茂教授（右一）与恽瑛教授（右二）合影

李久贤教授（右一）与吴颐教授（吴健雄教授之侄，中）、恽瑛（左一）在吴健雄教授墓前合影

让大一学生中的佼佼者有机会走上AAPT国际物理教育会议等国际会议舞台，即便自己年事已高，仍然亲自带领学生出国交流。恽老身体力行，使学生充满自信、昂首挺胸。

不仅如此，恽老还格外关注学生的全面发展。为了开展素质教育实践，她利用节假日带领学生到吴健雄的故乡太仓浏河参观，从而拉近了学生与这位世界著名物理学家之间的距离。

天下最崇高的职业是教师，恽老把自己的满腔热情和智慧才干献给了伟大的教育事业，言传身教，教书育人，学生遇到了像恽教授一样的好老师终生受益。

最后，恭祝恽教授幸福快乐，健康长寿！

2007年李久贤教授率领吴健雄学院部分学生拜谒吴健雄墓园

鹤发银丝映日月　丹心热血沃新花

初闻"恽先生"的称呼,还是在我上大学一年级的时候。当时有同班同学在恽瑛老师执教的"大学物理"班上上课。听着有关恽先生的种种事迹,觉得她是物理界的一名知识渊博的女教授,因而从心里对她油然而生了一种敬仰之情,恽先生的名字从此烙印在我的心里。

2006年4月调到吴健雄学院工作,让我在毕业20年后重新有机会认识恽先生,从此也就与恽先生和她的"双语物理导论"课程结下了不解之缘。恽老师对学生编写《学生习作》坚持不懈的指导,每年为选拔学生参加国际会议付出的心血,和此课程的教学模式对学生们产生的深远影响,让我对恽老师的敬重更为深切了。

"双语物理导论"课程是恽先生退休以后创建的课程,是恽先生将数十年积累的丰富的教学经验和现代教育技术相结合,融入新的教学思想的课程。此课程准确把握了大一学生的认知学习规律,为大一学生转变学习方法、学会自主学习打造了良好的开端。她所创立的"两个及早"的教学理念引领大一学生学会学习、学会思考、学会做事。

为了激发学生做研究的兴趣,达到课程的教学目的,恽先生将学生写作的研究论文编辑成《学生习作》(*Students, Papers*),并将学生的学习心得收集在其中。这也正是恽先生对学生自主学习、创新能力培养的体现,让成就感推动孩子们在学术路上走得更远。从2006年开始,恽先生和我每年坚持编写《学生习作》,目前已编写12辑。

为了扩宽学生的国际视野,她积极创造条件,让大一学生有机会走上国际会议讲坛,展示自我。从2005年开始,每年派出4~6位同学赴国外参加国际会议,至今已有53位同学参加了在日本、菲律宾、加拿大、美国等国召开的物理教育方面的国际会议,并在会议上成功地展示了自主研究成果。

作者:钟辉(东南大学吴健雄学院书记)。

吴健雄学院2008级周家骥（左一）、梁乐（右二）于2016年从美国回母校看望老师

2009年，恽瑛、钟辉、顾芳带领吴健雄学院、软件学院2008级学生参加美国AAPT国际会议

2012年钟辉（第一排左一）、恽瑛（第一排左三）与吴健雄学院2008级部分毕业生在东南大学四牌楼校区文昌桥合影

　　恽先生的"双语物理导论"课程对学生们今后的学习生活可谓影响深远：学生在课程学习中、出国的自我展示中收获良多，正如2008级梁乐在《梦想·起航》一文中说："'双语物理导论'的课堂展示也好，出国交流也罢，这一切的一切，带给我的不仅仅是流利的英语表达、严谨求是的科学素养，或是良好的演讲习惯等这样一些'硬本领'，今天想来，更重要的也许是，那一次次心灵的震撼和慢慢收获起来的'软素质'，于其中最重要的，我想就是信心和梦想。"每每参加过会议的学生都会意识到大学学习的重要性，原本平凡的大学生活一下子变得充实而丰富多彩，学习的目标也更加明确了。12年来，参加过国际会议的同学八成后期都选择了赴国外继续深造。

为进一步巩固学生的成就感，恽先生、朱明副处长还将学生出国后的认识、心得体会写成文章，于 2009 年出版了《初鸣·扬帆——"两个及早"引领大一学生走上国际讲台》一书。

  为了紧跟国际物理学科发展的步伐，在东南大学营造良好的物理学习氛围，同时为东南大学同学搭建一个便捷的国际交流平台，以拓宽学生的国际视野，增强其全球竞争意识，在恽先生的极力推荐、多方联系和倾力帮助下，2010 年 "大学生物理学会（SPS）东南大学分会" 正式成立，这是 SPS 在中国的首个分会，梁乐同学担任首届主席。SPS 东南大学分会成为学生进行国际交流和科研探索的桥梁和媒介，使更多学生能获得国际交流的锻炼机会。"大学生物理学会（SPS）东南大学分会" 获得 2012 年度全球杰出分会奖。

  恽先生言传身教、教书育人的感人之处还渗透在细节之中，体现在对学生的一片拳拳之心中。恽先生虽年逾八十却事必躬亲，每一本学生习作、每一篇学生的论文、每一篇学生的心得必定亲自批改，每一次学生的 Presentation、每一次选拔、每一次出征前的展示、每一次成果汇报必定亲自聆听、进行点评。这一做就是十二个年头，从无间断，无论冬天阴冷潮湿还是夏日酷暑炎热。当我们为高龄的恽老师担心时，她洪亮的嗓音和敏捷的思路每每都能将这些顾虑打消。更值得一提的是，只要条件允许，恽老师都会亲自带领学生出国交流。2009 年，我随恽先生一同带学生赴美国参加 AAPT 国际会议。在会议期间，恽先生看出学生心态有些浮躁，在展示之前特地召集所有学生开会，反复叮嘱参会的意义和目的，让学生能端正态度，保持良好的心态和自信心去展示自己的研究成果。这一细节，更让我看到了恽老对学生细致入微的关心及发自内心的呵护。

  我从 2006 年开始协助恽先生开展工作，深深感受到恽先生对教育事业的忠诚和热爱、对教学改革的执着、对学生成长的关爱。而恽老的敬业与奉献，始终是温暖后辈的一把火炬，是我汲取正能量的一眼清泉，也是我一直坚持每年指导学生编写习作、创造机会让更多大一学生走出国门参加国际会议的动力。"鹤发银丝映日月，丹心热血沃新花" 虽不知出自何人之口，用来概括恽先生对高等物理教育事业所做的贡献却再合适不过。数年合作的经历，让我与恽先生之间除了工作同事之间的情谊，更生发出了近似忘年之交的深厚情感。也正是从她身上，我真正体会到了教育不仅是一种责任，更是一种熔铸在点滴行动之中的热忱的爱。

我所认识的恽瑛先生

白驹过隙,从最初认识恽瑛先生到今天,一晃已经过去三十多年了。在学术界,人们往往把德高望重、在学术上做出非凡成就的人尊敬地称为"先生"。恽瑛先生正是这样一位当之无愧的先生。

恽瑛先生给我的最初印象是她的严格! 1985 年,我刚进入东大(当时还称作"南京工学院")理化系做吴宗汉先生的研究生,女孩子多多少少喜欢吃点零食,可当时任职理化系(物理化学系)主任的恽先生却立下了严格禁止在实验室吃东西的规矩。年轻人对这样的要求,心里不免嘀咕:这要求,也太苛刻了吧?嘀咕归嘀咕,好在谁也没有去试着违反实验室的制度。恽先生那种做事要求非常严格的印象,就此在我心里留下了深深的记忆。现在,我自己做了多年的教师之后,已经能完全明白恽先生当时的苦心,而且也对自己的学生提出了同样的要求。

硕士毕业后我便去了吉林大学攻读博士学位。等到再回到东大物理系时,恽先生已经退休,于是在工作上很少出现交集,只听说先生退休后并没有在家颐养天年,而是仍然在给学生上课。至于上什么课,自己主观上认为物理课无非就是那些内容,并不以为会有什么特别。直到进入新世纪后的某一天,已经近八十岁高龄的恽先生来找我,那时我在物理系负责教学工作,系里所有的教学教改项目都会汇总到我这里。恽先生来找我,正是为了她的"双语物理导论"这门课程。

在办公室里,甫一坐定,恽先生便开始向我介绍"双语物理导论"这门课程,包括她在课程中贯彻的理念和自己的想法。说实话,惯性思维导致我最初心里并不以为意。但没一会儿,先生的话就吸引了我、打动了我。从自身的成长过程,从自己多年教学中的体会,我能够意识到先生所提出的"两个及早"的教学理念对于在校大学生,尤其是刚刚踏入大学校园的

作者:朱明(东南大学教务处副处长、物理系原副系主任)。

学生有多么重要!

大学是人生一个极其重要的阶段。身处现代社会的我们,面对的是一个知识爆炸的时代,如何让今天的学生们在大学阶段为将来服务社会打下坚实的基础,是每一位有责任感的从事高等教育的教师必须面对的问题。而教育的问题,从来都不仅仅是教育所讲授内容的问题,还包括教育本身,即教育方法与手段的问题。

"授之以鱼,不如授之以渔",在此基础上,后人作了进一步发挥:"授人以渔,不如授人以欲。"千百年来,古今中外一代一代的教育工作者中,不乏那么一些有心人,他们在"授之以鱼"的同时,探索着"授之以渔"乃至"授之以欲"的方法与手段。在这个领域,恽先生是一位思想者、开拓者。"两个及早",正是她以睿智的目光,高屋建瓴、远见卓识,创立的一个令人瞩目的教育理念。

"两个及早",即"从大一进校开始,及早引导学生进行自主学习,培养其阅读英文参考资料的兴趣与能力"和"从大一进校开始,教师应该为学生创造条件与环境,及早培养起从事研究工作的兴趣与能力,发挥其创新才能……发掘他们的潜能"。这是恽瑛先生总结自身多年从教所积累的丰富经验,同时吸收现代教育理念,率先提出的全新教育理念。它根据高等教育的特点,抓住了大学一年级这个关键环节,提纲挈领,注重学生兴趣和能力的及早培养,"授之以渔""授之以欲",对大学生在校期间的学习和未来的发展都具有基础性、决定性的价值。

那天,面对已耄耋之年的恽先生,我为她的智慧与远见所吸引,更被她的热情与追求所感动。作为她的学生,我既非常骄傲,也有几分惭愧。之后不久,我就成为了她团队的成员。

恽先生不仅创立了"两个及早"的理念,而且亲自在教学中实践这个理念。从另一个角度来讲,也正是因为恽先生从退休前就开始、在退休后也一直不断探索、坚持不懈地实践,才创立了业已受到国际认可(国际著名科学刊物 *Science* 曾于 2007 年刊登专门文章介绍)的"两个及早"理念。多年来,即使是在 1990 年退休后,恽先生也一直没有离开大学课堂讲台。依照"两个及早"的理念所开设的"双语物理导论"由她亲自在课堂上面对学生主讲,恽先生讲课时中气十足,挥洒自如。若不是她那满头银丝和略显蹒跚的动作,没有人会相信她八十多岁的实际年龄。

在恽先生那里,单单讲课并不够。她还要亲自做课件、编教材,甚至连课上的演示视频有些也是她亲自制作的。我曾看过一个讲述原子核的视

2010年恽瑛、朱明参加TWOWS第四届会员代表大会，合影于北京人民大会堂前

参与"双语物理导论"课程组工作的老师
左起：张勇、方晶、恽瑛、朱明、黄洪斌、孙荣玲、叶兆宁、朱延技

频，虽然不是那般华丽，但特别实用，把原子核中的连锁反应现象表现得一清二楚。通过视频，即可清晰地看到连锁反应的产生、特点，进而加深对相关物理概念的理解。

没讲过"双语物理导论"课程的老师或许会对这样的课不以为意。但实际中真正上好这门课程并不容易，难点就在于授课对象是大一刚入学的学生，讲课内容的分寸必须把握好——既不能太浅，变成一般的科普，又不能太深，超出学生的现有知识水平和理解能力。恽先生为此不断思考着、实践着。为了上好课，为了孩子们，她事必躬亲，自己做这做那……她丢不下她的学生——那些孩子们呐！

恽先生还开创性地多次带领她的本科一年级学生参加国内外国际会议，亲自实践她提出的"教师应该为学生创造条件与环境，及早培养……"的理念，创造机会让孩子们走出去，让他们站在国际舞台上展示自己。有时，你真的不知道恽先生身上所展现出的四射活力到底从何而来，她做所有这些事情的强大动力因何而起。我想这都是源于对教育的爱，对学生的爱，对社会的爱！

也是在这样的大爱之下，恽先生不但培养学生，还培养青年教师。她数次在东南大学面向青年教师开办如何上好英文双语课的讲座，而且还主动申请主办教育部的青年骨干教师培训班，并亲自讲课。面对来自全国各高校的近百名青年教师，恽先生精神抖擞地给他们传授自己的教学经验与体会。中午，她和大家一起吃盒饭。饭后，她也不休息，继续和年轻人在一起交流。她可是八十多岁高龄的老人呐！可她自己似乎已经忘记了年龄。谁说青春只属于年轻人？在恽先生这里，我分明看到了一位白发苍苍却浑身洋溢着青春热情的青年！

　　接触过恽先生的人，在为她的睿智、博学所倾倒、所折服的同时，也会为她那无形的亲和力所感动。有时，她就是一位普通的老奶奶，和蔼、慈祥、爽朗，待人接物间又体现出那一辈学者身上常见的传统与修养。课堂上，她对学生循循善诱、诲人不倦；日常中，她对同事、对晚辈彬彬有礼、谦和周到。在她那里，听不到颐指气使，看不见高高在上。2013年，恽先生个人拿出18万元人民币，在东大设立"恽瑛奖助学金"。诚可谓：先生之德，高山仰止；先生之风，山高水长。

　　凡事亲力亲为，对某些人或许不算什么，但对于恽先生这样一位八十高龄的长者，能够这般活力四射、全身心投入到教书育人的事业之中，数十年如一日坚持不懈，还有谁能不为之敬佩，不为之折服？但在敬佩折服之余，我常常也会有一个疑问：她为了啥？直到有一天我读到了恽先生在2014年写的一篇文章，才认为或许找到了答案。

　　那篇文章的题目为《珍藏70年的贝满女中纪念册和我的成长——我的汇报》。恽先生在文章里深情地回忆起在1940年贝满女中教过她的各位老师，之后她说："我衷心地感谢他们对我的良好教育！"她把自己的敬业精神、奉献精神、创新精神和坚持精神都归功于母校的培养。恽先生的谦逊在这里再一次得到体现。但同时，我以为自己也发现了一条脉络，一条发轫于中华传统绵延千年传承至今的一条主线。翻开中国历史，我们可以看到无数的先贤圣哲，中华民族灿烂的文化、文明正是由他们所承载，而且在他们身上，我们都能发现一种神圣的历史感、一种强烈的使命感。正是这种强烈的历史使命感，激励他们"亦余心之所善兮，虽九死其犹未悔"，在文明传承的道路上求索，披荆斩棘、砥砺前行。

　　鲁迅说过这么一段话："我们从古以来，就有埋头苦干的人，有拼命硬干的人，有为民请命的人，有舍身求法的人……虽是等于为帝王将相作家谱的所谓'正史'，也往往掩不住他们的光耀，这就是中国的脊梁。"我以为，在由无数先贤圣哲所组成的"中国的脊梁"里，一定有恽先生的位置。

师中楷模　奋斗不息

2004年3月，值庆祝恽瑛先生80寿辰之际，我怀着非常崇敬的心情，以及如师生般和朋友般的深厚感情写下了如下贺词：

恭贺恽先生八十华诞
　　寿比南山不老松，　师中楷模恽先生。
　　八十老人仍"奋蹄"，　教育事业献毕生。
　　精心授业六十载，　桃李满地遍西东。
　　国际交流连中外，　多媒体研制持之恒。
　　信息中心您创办，　素质论坛您"经营"。
　　七十有七开新课，　真似蜜蜂酿不停。
　　精力之盛人难比，　精神之高赛英雄。
　　愿君来日永康健，　至少高寿壹百整。
　　　　　　您的学生、朋友：吴念乐、崔砚生、邓新元、孙玉瑛 等同贺

我们知道，恽先生在她的教学生涯中为东南大学的教学、为全国的物理教育事业做出了太多的工作和太大的贡献。就我们知晓的，在她退休后的高龄阶段，积极参与并推动国际物理教育的交流，担任国际物理教育信息交流中心主任，创办《国际物理教育通讯》刊物；创办国内工科院校的首个"学科教学论（物理）"硕士点，所培养的学生目前已成为一些高校的骨干；在她75岁时，还为一年级学生创办"双语物理导论"教学新课，为他们编写《大学物理引论（双语多媒体教材）》，提出"两个及早"的教学理念，培养他们的创新能力，特别是把一年级学生引领到国际物理教育的舞台上，既展现了我国的物理教学的水平，又让这些低年级学生以更

作者：邓新元（清华大学物理系原副主任）。

2006年恽瑛教授（左三）、胡盘新教授（左二）和其他物理老师

恽瑛教授（前排左三）和物理老师们在一起，前左一为本文作者（2015年8月于北京友谊宾馆）

大的视野，在更大的舞台上提高自己，取得了极好的效果。

所有这些，我们可能说不完全、说不准确，但有一条我们可以说得很清楚，那就是恽先生的精神，这种精神就是"生命不息，奋斗不止"。我们各地的一些物理老师每逢遇到一起时，常常说到一个话题是：每当自己在工作中有所懈怠、放松，或者由于身体和年龄的原因，不想再多做事情时，只要想到恽先生身为高龄仍在努力，就不由得自惭形秽，顿时增添了动力。可以说，恽先生的精神已成为我们很多老师的一面镜子、一把标尺、一面旗帜，她时刻在鼓舞着我们。

我认识恽先生已经30多年了，除了以上大家都已比较熟知的事情外，我想讲一下在30多年前和恽瑛先生有关的在国内物理教学界的一件很有意义的事情。那是在20世纪的80年代，当时为适应物理课程改革的需要和在物理课程教学中采用电化教学多媒体教学手段的试点，全国成立了"重点工科院校电教协作组"，任务是编制物理教学录像片。协作组的组长由两位德高望重的老教授担任，一位就是恽瑛先生，另一位是上海交通大学的胡盘新先生。由于电化教学当时在国内还是新鲜事物，一切都还没经验，完全要从头摸索，他们克服了很多困难（技术、资金、人力），从选内容、拟题目、编剧本、审稿、修改、再审稿、分镜头，到制作后的审片、修改、再审片等各个环节，在两位老先生的带领和指导下，精雕细琢，严格把关。老先生们的一丝不苟、严谨求实的作风使参与工作的同志都深受教育，在他们二位及当时电教协会的领导下，在参与工作的各校的同志的努力下，经过几年的努力，终于制作成了一些很不错的、便于在课堂教学中使用的物理教学录像片，诸如南京工学院（今东南大学）制作的《刚体运动》、清华大学制作的《驻波》、大连工学院（今大连理工大学）制作的《永动机能制成吗？》等等。参加协作组的还有浙江大学、西安交通大学、华南工学院（今华南理工大学）等院校，每个院校都至少制作了一部教学录像片。所有这些录像片当时在全国的物理教学中都发挥了很好的作用。只可惜，由于计算机应用的迅速崛起，教学媒体也由录像带发展为计算机软件，而各制作单位无力把原录像带翻制为软件，上述录像节目没能发挥更多作用和坚持更多时日。但不管怎么样，这一段工作是国内物理课程多媒体教学起步阶段的一段重要历史，恽先生和胡先生在这项工作（应该说是个"工程"）中起的关键作用，是值得我们永远记住并感恩的。

三十多年来，时时从恽先生那里得到教诲、鼓舞、帮助和支持，她是我和我们（国内各高校的很多物理教师）永远的老师、永远的榜样！也是我们永远的忘年交的好朋友！

珍贵的相遇

中华人民共和国成立初期,当时我们都是年轻人,都是高校青年骨干教师。根据当时的具体情况,教师中一部分留校担任教学工作,一部分继续培养。对于留校的教师,也配有名额出国进修,或请苏联专家来国内高校,培养青年教师。五十年代初期,全国工科院校就有名额分配去清华大学物理教研室进修,向苏联专家学习。那时,我们学校分到一个名额,学校根据具体条件,派我去清华,我十分庆幸能有这样一个美好的进修机会。

1954年2月开学后,我如期到了清华大学物理教研室,遇见了全国各工科院校的物理进修教师,共有二十六人。当时,我先熟悉环境,适应听课、学习、讨论等各个教学环节,参加少量的教学辅导工作,慢慢地,进修教师相互之间也就熟悉了。

有一天,与恽瑛谈到小学学习的情况,才知道我们两人在1936年都在苏州念书,并且都在苏州公园五卅路附近胡同里的乐群小学。于是,我就说:"我在五年级,只有两个女生,当时六年级来了一个插班生。"恽瑛即刻回答说:"那就是我啊!"原来我们是小学同学,恽瑛是学姐,我是学妹。真想不到,我们竟然会20年后在北京再相遇!两人太兴奋了!快乐之余,相互谈及幼时的许多事情,老师、同学之间的趣事,都认为学校的教导主任、六年级班主任沈耀南老师,特别让人敬佩,他是一位既严肃又可亲的"大师兄",对我们的教育、成长,起了很大的作用,我们对他的印象十分深刻。

1938年,抗战开始,我们都随父母逃难去了,互相没有音讯。这次在清华巧遇,巧就巧在我们长大了都学了物理专业,都在高校,都是工科院校大学物理课程的年轻教师,都被派到清华来进修。这样的巧遇太珍贵了!这一巧遇引发了此后六十余年教学生涯的联系、互动。

作者:顾梅玲(合肥工业大学物理教研组原主任)。

1997年笔者（前排右一）与恽瑛（前排左一）参加中国科技大学举办的国际物理教育学术研讨会

清华进修后，大家都回到原来的学校工作，因为专业相同，来往就多了。当时我们都是工科大学的物理教师，但不在同一座城市，只是各忙各的教学工作。直到1977年恢复高考，国家教委成立了"工科物理课程教学指导委员会"，各院校间同一门课程的教师又有了联系，开会时才又遇见了。

那时，基础课教师的提高、培养都比较困难，我们四人——恽瑛、胡迪炳（华中工学院）、郭永江（大连工学院）和我，提出在各自学校建立"教材教法研究（物理）"（现更名为"学科教学论"）硕士点的创意，招收研究生。恽瑛组织我们一起讨论研究，共同商谈学位课程、必修课、选修课、学时数等有关问题，并通过北京师范大学李平教授的帮助，得到中国教育学会会长、北师大顾明远教授的指导。经过大家共同努力，克服种种困难，终于在1986年，向教育部申请硕士点并得到批准。南京工学院、合肥工业大学和华中工学院（大连工学院这次未申报）是全国工科院校中首批获得"教材教法研究硕士点"授予权的学校，这一工作始终坚持至今，已培养了许许多多的硕士研究生。当研究生毕业答辩时，我总是请恽瑛来我校任答辩委员。

恽瑛还提出要及早让学生学会阅读外语资料、学会读书、收集资料和编写资料等理念。她又把这些理念付诸实践，在东南大学开设了"双语物理导论"这一新课程。

恽瑛多次参加有关国际物理教育学术研讨会，我参会的机会比较少，她回来后都会将会议精神和内容转告我，让我也能及时掌握物理教育的国际动态，开阔视野，跟上国际物理教育形势。她还创办了《国际物理教育通讯》刊物，通过这个刊物让国内同行及时得到物理教育的国际信息。

不知不觉间相聚已经过了 80 年，这 80 年间干的主要事情就是学习和教书。我们剩下的时间不多了，正逢这大好时代，科学技术发展这么快，我们虽然已都老了，只有保住健康，才能多学习一点，为国家培养学生成才多少做一些工作。

忆我崇拜的恽瑛先生

恽瑛先生是我的老前辈，也是国内外知名的物理学家。1962 年，我刚从湖南师范大学物理系毕业留校工作，在学习物理教材时，看到一本美国 Sears 著的恽瑛先生等译的《大学物理学》，感到特别新鲜，觉得此书很有特点，因为我从学生到担任教师，接触的物理教材大多是前苏联出版的。这是我第一次看到恽先生的名字，也就是从那时起，恽瑛老师就成了我崇拜的老师之一。

近距离接触恽先生大约是 20 世纪 80 年代初。当时国家正开始恢复学位制度，由北京师范大学、华南师范大学等师范院校牵头，加上全国极少数工科院校从事基础物理教学的老师，积极筹备招收"教材教法"（后改名为学科教学论）的研究生，这极少数工科院校就包括恽瑛先生所在的南京工学院（后更名为东南大学）。我作为湖南师范大学的代表，有机会经常参加他们的一些会议，使我有机会见到物理界的一些名家和前辈，其中也包括恽瑛先生。

1985 年，湖南师范大学成功申报了"学科教学论"硕士学位点，我是学术带头人之一（当时由我校中文、数学和物理三科联合）。湖南师范大学在全国是较早获得这个学位点的院校之一。为了提高研究生的培养质量，在北京师范大学李平先生、东南大学恽瑛先生，以及华南师范大学等的倡议下，决定成立"全国高等物理教学研究会"。李平先生，恽瑛先生为第一届会长，我成为理事。在 90 年代初，李平先生和恽瑛先生因年龄原因退居"高等物理教学研究会"第二线，任名誉会长，华南师范大学梁华南先生任理事长，我和四川师范大学封小超、华东师范大学胡炳元等任副理事长。研究会每年暑假都会举行年会，当时恽先生虽有 70 多岁高龄，但她非常关心研究会的发展和"学科教学论"研究生的培养质量，以及对

作者：罗维治（湖南师范大学原副校长）。

青年教师的培养。1996 年，恽先生第一次来湖南，在湖南师大召开了有关研究生的培养工作会议，并前往南岳进行了考察。

1987 年，她亲自创办了《国际物理教育通讯》刊物，使我们经常能学习和了解国际上有关物理学的进展和教学现状。我既是该刊物的忠实读者，也是发行该刊物的积极宣传者和推销员。

此外，恽先生率先在全国开展"双语"教学，并将演示实验与多媒体技术相结合，制成光盘，出版和发行了大量她亲自参与制作的物理视频教学音像教材，大大推动了我国物理教学手段现代化的进程。

1997 年，在恽瑛先生的倡议与指导下，我有幸参加了经教育部批准，与美国 Maryland 大学合作，由赵凯华先生、恽先生领导的研究课题"中美大（中）学生科学素质现状及培养对策"，并在我们湖南举行了两次研讨会。

第一次是在 2003 年 8 月召开的，我已从湖南师范大学调到长沙学院，会议由长沙学院和长沙市一中联合举办。这次会议的主题是探讨我国的中学物理课堂教学，北京大学赵凯华教授、清华大学邓新元教授、东南大学恽瑛教授以及美国葛元欣教授等都来到我们湖南。会议分三阶段进行，在长沙学院进行开幕式，参观长沙学院物理实验室，赵凯华先生做学术报告。第二阶段是考察我省重点示范高中长沙市一中，听长沙市一中郭炎军老师讲一节"变阻器"物理课。郭老师采用演示实验与多媒体课件相结合、黑板与电视屏幕相结合的方式授课，生动形象，课堂气氛十分活跃。在课后的评教会上，专家对这堂课给予了极高的评价。赵凯华教授说这是他听到的最成功的一堂中学物理课；美国葛元欣教授在美国经常评教，他说他在美国一堂课能打 80 分以上就不错了，这天却破天荒地给郭老师打了 98 分的高分。第三阶段是参观毛主席和刘少奇两位伟人的故居。

第二次会议是在 2005 年，恽先生要在我们湖南召开"中美大（中）学生科学素质现状及培养对策"课题结题会，到会的专家有恽瑛先生、清华大学邓新元先生及课题组的一些主要成员，这是恽先生对我们湖南及对我本人的极大信任。为了开好这次会议，长沙学院与桃源一中联合，先在长沙学院讨论有关我国与美国大学生科学素质的现状，然后去桃源一中进行考察，参观了桃源一中的物理实验室，听取了桃源一中王义生校长关于学校如何培养学生的科学素质的报告，专家们对桃源一中办学所取得的成绩给予了充分肯定。晚上，课题组成员住在桃源一中附近的桃花源，在那儿继续讨论课题结题有关事宜。然后课题组继续西进，考察了世界著名的武陵源风景区。

恽先生一生从事大学基础物理教学，她非常关心我国高等物理教育和中学物理教育，取得了一系列丰硕的成果，对我国的物理教育做出了宝贵的贡献。她关心学生和青年教师，热爱学生和青年教师。从我知道恽先生的名字算起的40多年的时间里，跟恽先生学做人、学做学问，点点滴滴，受益匪浅。

2015年，恽先生已有91岁高龄，还专程来北京参加ICPE2015北京国际会议，并专门给我打电话邀约相见，我和清华大学邓新元先生、东南大学吴宗汉先生等10多人去宾馆看望了我们尊敬的恽瑛先生。祝恽瑛先生健康长寿！

恽瑛教授（前左三）和物理老师们在一起，前左五为本文作者（2015年8月于北京友谊宾馆）

跟着恽瑛先生编书

1987年，我有幸参加了由恽瑛先生牵头的《大学物理学》（音像文字结合教材）课题组。

这个教材立意新颖，是一个创举。当年虽有部分大学物理方面的电视短片可以用来开阔学生视野，加深概念理解，增加学习趣味，但数量有限，是单个的，不成系统。恽瑛先生等适时提出创编《大学物理学》（音像文字结合教材），改变了传统物理教材的模式，特别提出文字与音像两者有机结合，既保留了文字教材的系统性、完整性，又展示了音像教材的先进性和丰富性。若使用其他教材，此音像教材也可使用，这就扩大了这套教材的使用范围，因此受到多所学校的热捧，也为后来的网络教材、网络教学开辟了先河。

这部教材的难点在于制作完整的系列化的电教插播片，其数量达73个，共320多分钟，这么多的电教片，从撰稿到拍摄再到修改、配音、配乐，任务十分艰巨。恽先生要求又极严，不合格就重来，有的片子拍了三次以上，修改的次数更多，在这方面恽先生是大家的表率，她拍的片子，我们向她提出修改意见，她都乐意接受并及时修改。她的表率作用，使我们也不厌其烦地修改各自负责的电教片，直到满意为止。正是她这样精益求精的精神，使我们的音像产品成为精品，广受国内外欢迎。

这一巨著单凭一个学校的电教室是无法完成的，由于恽先生在教育界有崇高声望，她登高一呼能获得广泛响应，故由她挑头组织南京地区院校协作，是众望所归。她挑选了在物理教学、电教片制作比较强的七所大学（南工、空军气象学院、通信工程、南航、南化、河海、扬工）共同完成这一任务。恽先生分别拜访了这七所学校的领导，使项目得到各校领导的支持，恽先生又推举空军气象学院夏西平教授任副组长、副主编，使军地协作更顺畅。

作者：陆起图（陆军工程大学物理教研组原主任）。

陆起图教授　　　　　　夏西平教授

恽先生是一位积极的社会活动家，她发挥其外语优势，将部分电教片译成英文。她走出国门，先后去了美国、日本、德国、埃及等国，广泛参与国际学术交流，让国外同行知道我们，同时也吸取国外同行的经验，还获得了联合国教科文组织（UNESCO）的赞助，同时她也在国内积极参与学术交流，获得了国内外同行一致的好评，并因此获得了国家教委立项。没有恽先生这样坚持不懈、孜孜不倦的努力，这项工作是不可能取得成功的。

恽先生没有"大教授"的派头，她平易近人，分配任务总是让我们先挑，难啃的"骨头"留给她自己。虽然分工，但并不分家。文字教材怎么编写，电教片怎么制作，都是先集体讨论要求和标准，再分工实施，到时间了再集体讨论、验收，再行修改，然后由她和夏西平统稿。这样有条不紊、一丝不苟、持之以恒地经过八年的努力，到1995年终于完成了这一艰巨任务，并于1998年荣获国家教委科技进步奖（教材类）二等奖。

一套成功的教材，必须经过实践检验。在正式出版前，先印出一些在七所院校试用，再推广到国内十多所院校试用。在广泛听取反馈意见的基础上，最后定稿送审。正是这种严肃的态度，使教材达到了高教出版社的标准，受到广泛好评和应用。音像教材——《大学物理学电视插播片》于1995年获得新闻出版总署、国家教委优秀电视出版物奖二等奖；其《电视插播片选辑》（英文版），1999年改编为《大学物理多媒体光盘》，还推广到美、英、日、德等十几个国家，多次在各国举办的国际会议上播出、演示，深受国外专家、学者们的赞赏与喜爱。

恽先生善于调动大家积极性，哪个人编的哪一章，哪个片子是哪位负责的，均有署名，一来文责自负，二来也给大家一个盼头，还为各个电教室颁发了音像出版社的证书。大家跟着恽先生干活都感到心情愉快。

走向国际学术舞台的引路人——回忆恽瑛老师对我的关心的几个片段

我是一名普通的中学物理教师,一直工作在中学物理教学的第一线。先后在美国、匈牙利、西班牙、日本等国外刊物及国内刊物发表论文 100 多篇,出版专著 10 余部,主持、参与多项国家级和省级课题,7 次登上国际学术讲坛,8 次荣获省部级教学成果奖。被聘为西南大学、广西师大、湖南理工等高校客座教授、硕士生导师。担任教育部高中物理课标组核心成员,全国中小学教材审定委员会委员,国家高中物理教材副主编,教育部"国培"专家。当选为中国物理学会理事,湖南省特级教师专业委员会副理事长兼秘书长。1998 年被国家教育部授予"全国优秀教师"称号;1999 年被破格评为"特级教师",成为当时全省最年轻的中学物理特级教师;2004 年荣获湖南省人民政府颁发的教育教学最高奖——"徐特立教育奖";2009 年被国家人力资源和社会保障部、国家教育部授予"全国模范教师"称号;2013 年,被评为湖南省首批正高级教师(教授)。

罗列这么一长串业绩和荣誉还真不是我的风格。但是这次例外,因为这是一个学生向自己最尊敬的老师汇报自己的学习和工作情况。今年春节,我在微信中给恽瑛老师拜年,当恽瑛老师问到我的情况时,我向恽瑛老师做了认真的汇报,并且发自内心地写道:这一切都离不开恽老师对我的关心和培养。是的,回顾自己的成长经历,我深深感受到,当年是恽瑛老师、赵凯华老师等老一辈德高望重的物理教育家给了我无微不至的关心、帮助和指导,才使我这样一名普通的中学物理教师从三尺讲台走向了国际学术舞台。恽瑛老师、赵凯华老师是我走向国际学术舞台的引路人。

最早认识恽瑛老师,是 1990 年 4 月在南开大学举办的"国际物理实

作者:黄国雄(湖南省株洲市第二中学特级教师),2017 年 2 月 15 日。

"中国物理学会第八届教学委员会第一次扩大会议"（2004年，清华大学），恽瑛老师（右三）、赵凯华老师（右四）和本文作者（左三）

验教育学术研讨会"上，恽瑛老师作为会议组织者之一，那口标准、流利的英语，那从容、自信的神态，真诚、坦率的风格，优雅、睿智的举止，和蔼、慈祥的性情，给我留下了深刻的印象。在恽瑛老师的鼓励和帮助下，我又先后参加了1992年5月在东南大学举办的"国际物理教育学术研讨会"，有幸聆听了著名科学家吴健雄先生的教诲；1993年7月参加了在广东肇庆举办的"第三届中日美物理教育研讨会"等国际会议。每次国际会议都可以看到恽瑛老师作为会议组织者忙碌的身影和挥洒自如、游刃有余的风采，可以感受到国内外与会者对恽瑛老师的敬佩之情。恽老师为我国物理教育的国际交流付出了极大的心血，做出了极大的贡献。作为一名青年教师，我更是体会到了恽瑛老师对年轻人无比关爱以及渴望年轻人成长的慈母般的热心。下面回忆恽瑛老师对我关心的几个片段。

一、第一篇在国外刊物发表的论文

我1981年大学毕业后成为了一名中学物理教师，在工作中对实验教学产生了浓厚的兴趣，开始致力于实验教学研究，并在工作的第二年就在《物理通报》杂志上发表了第一篇实验教学研究论文。从此，我的教研成果陆续发表在各种中学物理教学刊物上。到了1985年，我的论文登上了我国物理教育最著名的刊物之一——由中国物理学会主办、赵凯华先生主编的《大学物理》杂志，这给了我极大的鼓励。几年之后，我开始萌发了一个念想，能不能有朝一日将自己的研究成果发表在国外的物理教学刊物上。当时也就是想想而已，一个中学老师想在国外刊物发表论文，总觉得是件可望而不可即的事情，因为我对国外物理教学刊物的了解，在当时几乎是一片空白，对于国外有哪些物理教学刊物，刊物名称、使用语言、文章类型、稿件要求、投稿地址等信息全然不知。更重要的是，觉得自己水平有限，文章一旦寄到国外，会不会带来一些负面影响。带着这些困惑，我找到了自己心目中的偶像——恽瑛老师求教。在一次会议间隙，我向恽瑛老师汇报了自己的教学研究情况，谈了我的想法和顾虑。恽瑛老师对我的教学成果和教研方向给予了充分的肯定和鼓励，对国外的物理教学研究状况和物理教学刊物作了详细的介绍，并建议我可以将自己的实验研究论文寄给美国的 *Physics Teacher*（《物理教师》）杂志。恽瑛老师的教诲给了我极大的信心。更让我没想到的是，会议结束后回到学校不久，我就收到了恽瑛老师的一封来信，将美国 *Physics Teacher* 杂志的通信地址告诉了我。这就是恽瑛老师对年轻人的关爱，在百忙中还不忘给一名普通的年轻老师的成长搭建平台，给人以实实在在的帮助，于细微处见精神。这封信坚定了我在国外刊物发表论文的决心。1993 年，我在国外刊物发表的第一篇论文终于出现在了美国的 *Physics Teacher* 杂志上。之后，我又在美国、匈牙利、西班牙、日本等国外刊物发表了一些论文。我想，没有恽瑛老师的帮助和指导，我很难实现在国外刊物发表论文的零的突破。

二、第一次走出国门

我第一次走出国门是 1997 年 8 月赴匈牙利参加"国际物理创造教育学术研讨会"。会议的规格很高，由 ICPE（国际物理教育委员会）主办，IUPAP（国际纯粹和应用物理联合会）副主席 G. Marx 主持，匈牙利的总统还给会议发来了贺信。当时中国代表团的负责人是赵凯华老师和恽瑛老师。得益于两位老师的指导和帮助，我的参会论文顺利通过，被确定为中国代表团成员之一。兴奋之余，我还是格外担心，作为一名中学老师，在那个年代要办理因公出国手续，可谓是困难重重。这期间又是赵老师和恽老师不厌其烦地为我解答各种疑难问题，提供各种帮助和指导，解决各种困难和所有费用，终于使我顺利成行。初次出国，一切是那么的新鲜。记得飞机在奥地利维也纳机场降落后，走下飞机，我们一些成员仍习惯于像在国内一样大声交谈，结果引来机场稀散的几个外国旅客异样的目光，

"国际物理创造教育学术研讨会"（1997年，匈牙利），恽瑛老师（左四）、赵凯华老师（左三）等与作者（左一）合影

恽瑛老师马上过来对我们进行礼仪教育，严厉中透出慈祥。会议期间，恽瑛老师鼓励我们虚心学习，大胆交流，并不失时机地给我们介绍国外的物理教育研究成果，使我们大大开阔了视野。记得有一次会议上，一名来自台湾的代表在做大会报告时，把台湾说成是一个国家，这是一个很敏感的政治问题，赵凯华老师和恽瑛老师马上要求大会主持人对报告人进行制止，可是，报告人继续坚持其说法，在这种情况下，赵老师和恽老师毫不犹豫地要求中国代表团成员退场，以示抗议，维护了祖国的尊严，充分体现了老一辈物理教育家的爱国情怀。从赵老师和恽老师的身上，我不仅学到了如何做学问，更学到了怎样做人。

三、第一次参与国际合作课题

2001年，国家教育部第一次面向中小学征集"特级教师专设课题"。经过严格的评审，我申报的课题"中学生科学素质现状与培养对策"一举夺标，成为全省仅有的5个国家级课题之一，在全省产生了极大的影响，我也因此成为株洲市基础教育领域主持国家级课题的第一人而备受关注。其实，这一成绩的取得，仍然要感谢恽瑛老师对我的指导和帮助。早在1997年，赵凯华老师和恽瑛老师就领衔向国家教委申请到了"中美大（中）

学生科学素质现状及培养对策"的研究课题。课题立项后,恽瑛老师就积极鼓励我参加课题组,利用中学的优势,选择一个合适的子课题进行研究。说实话,我在当时虽然已经发表了不少论文,但是对做课题研究的意义缺乏足够的认识,对做课题研究的方法也是一知半解。在恽瑛老师的具体指导下,我根据课题研究总目标,结合中学生的特点,确定了一个子课题进行研究,从中学到了怎么制定研究目标,怎么确定研究内容,怎么选择研究方法,怎么设计技术路径,怎么总结研究成果等,也在做中学的过程中领悟到了课题研究的意义。在恽瑛老师人格魅力的感召下,全国有四十余所大、中学校参加这一课题研究。期间,恽瑛老师不辞辛劳、脚踏实地,先后在全国各地举办了八届课题研究会议,影响极大。2004年,课题结题,取得了丰硕成果。在跟着恽瑛老师做课题的6年时间里,我不仅学会了怎样做课题研究,更重要的是从恽瑛老师身上学到了脚踏实地、坚忍不拔、实事求是的精神。正是在这种精神的鼓励下,我主持的教育部特级教师专设课题"中学生科学素质现状与培养对策研究"也取得了可喜的成绩,我的专著《重新发现物理实验》被高等教育出版社出版,深受广大教师喜爱和赞誉,并获得教育部"国培计划"优秀课程资源奖(物理类第一名),课题也荣获"湖南省第二届基础教育教学成果"一等奖。

　　饮水思源,我的成长离不开恽瑛老师等老一辈德高望重的物理教育家对我无微不至的关心、帮助和指导。我唯有努力工作、潜心教研、潜心育人,以此报答前辈们的教育、关爱之恩。

　　衷心祝愿恽瑛老师身体健康,幸福快乐!

她有一颗年轻的心

我和恽瑛老师应该算是忘年交了。我们相知相识已经有三十年之久，她既是我的老师，也是我的长辈，同时更是我的好朋友。在和她相处的几十年中，我在她身上看到了老一辈知识分子一丝不苟的敬业精神，同时也从她那里学到了许多为人师表的优良品格。

二十世纪八十年代末，恽老师所带领的《大学物理插播片》拍摄团队和我们电教中心的电视教材摄制组合作，用电视拍摄与动画模拟的手段来真实再现一些书本里和课堂上同学们所看不见、摸不着的物理现象，以解决大学物理纸质教材中的重点和难点。

制作电视教材这在当时尚属前卫的举动，不但需要教师付出多倍于课堂的大量时间来备课，而且还需要他们自身不断地再学习和探索新的知识才能完成，因此我校有的专业年纪大些的教师知难而退，不愿选择这项吃力不讨好的工作。而恽老师他们却迎着困难上，勇于探索，敢于尝试，硬是坚持用"八年抗战"的精神，将大学物理教材中很多章节的重点和难点都配上了视频插播片，在国内系首创。经过八年努力，编制、出版了《大学物理学》（音像文字结合教材），于1998年荣获国家教委科技进步奖（教材类）二等奖；《大学物理学电视插播片》于1996年获得新闻出版总署、国家教委优秀电视出版物奖二等奖。此外出版的《电视插播片选辑》（英文版），1999年改编为《大学物理多媒体光盘》，还推广到美、英、日、德等十几个国家，深受国内外专家、学者的高度评价和喜爱。

这是一个很庞大而耗时的工程。在这八年的工作中经历过几个严寒酷暑，尤其是南京的夏天尤为炎热，拍摄现场的聚光灯炙热地烤着每一位在场的老师和制作人员，而恽老师的年龄最大，她能够不畏高温坚持拍摄，其他人还有什么理由做不到呢？在她这种全身心地为教育事业奉献精神的

作者：孙荣玲（东南大学教育技术中心原副主任、南京工学院42741班学生）。

鼓舞下，我们团结一心、相互配合着走过了八个春秋冬夏，最终完成了全部配套教材的制作工作。在此过程中，恽老师也和我们电教中心电视制作组的同志们结下了深厚的友谊。

记得在拍摄"波粒二象性"短片时，当时的分工是由物理系一位年轻的老师负责拟动画设计的初稿，再由大家讨论其科学性与艺术性，并制定出具体拍摄的方案。为了直观地表现看不见的微观运动，我们采用的是在黑卡纸上面用针刺密密麻麻的小孔，再以动画形式来表现。由于针孔大小、灯光布置，以及位置安放和移动轨迹的变化等诸多变数，对拍摄的影响，其准备与实施过程可想而知。一遍、两遍、三遍……当时我们的制作人员对这样的反反复复曾产生过不耐烦，认为差不多就行了。而恽老师作为制作团队学术、资历与品德都堪称优秀的长者，却一丝不苟严格地要求，用自身的行动去感染和引领大家。她从创意到实施全程参与，不但以"科学家的头脑""工匠的精神"要求我们每一位制作人员，同时还亲力亲为、不厌其烦地参与其中，直至该片满意完成。

共同奋战三十余年的教育技术中心的工作伙伴们：左起，第一排：孙荣玲、恽瑛；第二排：胡凤华、吴军、黄亦兵、方晶

2014年恽瑛与教育技术中心同志合影留念，左起：方晶、孙荣玲、恽瑛、胡凤华

2007年，赵凯华（中）、孙荣玲（左）、恽瑛（右）合影于吴健雄纪念馆前

她用自己的行为作表率，给年轻的同志上了生动的一课。类似的事例还有很多。

随着电子技术的发展，电视插播片已经不能满足课堂的需要了，在此情况下，恽老师紧跟时代的步伐，提出将只读方式的电视插播片转换为以光盘为载体的多媒体互动式教学模式。在她这种不畏艰难、勇于创新精神的感染和带动下，我们电教的制作团队又与她密切配合、紧锣密鼓、全身心地投入到《大学物理多媒体光盘》的工作中。

恽老师不但在教材的改革与创新上下工夫，而且在这些教材的实际应用方面也站在第一线。她亲自为大学一年级学生上"双语物理导论"课程上，同时还带动了物理系的数位年轻教师来上这门课。就此，她还是不满足于本校应用此教材，于2000年起，利用每年暑假面向全国高校开设"《双语物理导论与大学物理多媒体光盘》应用的高级研习班"。研习班的学员来自全国各地各大学的物理老师，大多数是青年教师。每次从课程安排到教材准备，再到邀请专家授课等，都是恽老师亲自制定，同时她自己也担任授课任务，许多事情都亲历亲为地操持。她为学员们树起了无形的样板，赢得了大家一致好评与敬重。几年来，前后共开办研习班三期，参加培训的高校有四五十所，参加学员超过二百余人。

从她几十年来对教学与教改的执着可以看出，她对教育事业是多么地热爱。我们开始做这项工作时她已过六十岁，随着时光的推移至后来开设讲习班推广教改成果时她已八十多岁了，按常理应该在家安享晚年的幸福生活了，可她仍然在为她所热爱的教育事业发挥余热。她不服老、不甘被时代所淘汰，她有着一颗年轻人的心。这里说一个她的小故事：刚开始她学用电脑时，由于她年轻时上的是教会学校，没学过汉语拼音，对于使用电脑来工作是一个极大的障碍。记得当时她在前工院一楼117办公室工作，遇到不会拼的字她就打电话到我办公室问我，我就用英文字母来告诉她如何拼写，经常一上午连续打好多次电话过来。我被她的这种锲而不舍的好学精神深深地感动着，同时她对待工作这种一丝不苟的态度也时刻感染和鞭策着我，可以说我从她的身上学到了在课堂上永远也学不到的东西。

她是奋战在教学第一线的一棵不老松，是教学改革第一线的常青树，我衷心地祝愿这棵不老松百年长青！

恽先生对我如今物理职业的影响

恽先生：

您好。首先祝您新春快乐。久未能和您联系了，很不好意思。愿您一切都好。得悉学校有此活动专门庆祝您在事业上取得的成就，我与宋毅一样十分激动。作为您众多学生中的一员，我们深感庆幸，您对我们影响深远，这份荣耀于您当属实至名归，您当之无愧。

我为此写了一些简短的文字，回溯自己在南京工学院（东南大学）度过的美好时光，以及您对我耳濡目染的影响。我非文字好手，如有欠妥之处，敬请随时联系我以作修改。如果您需要中文版本，我可以试着翻译一下，但可能要耗费些时日，望请海涵，最近确实忙于诸事，难以抽身。另外，这件事情在我这拖了有些日子了，真应该早点发给您的。

再次向您表达敬意，感谢您为我们所做的一切，祝您新年幸福安康！

俞楠
2017 年 1 月于美国南加州

过去的三十年我目睹了原子分子和光物理学领域最激动人心的发展，既有惊人的科学发现，也迎来了革命性的精确测量技术的发明。频频五届在此领域的诺贝尔物理奖就是最好见证。我感到很幸运，能参与其中，从做学生时就能接触最新的物理研究趋势，到当博士后有幸在诺贝尔奖获得者手下做研究，并最终成为一名研究领导者对该领域做出贡献。我现任加州理工大学喷气推进实验室的量子科学与技术研究组组长，同时兼任南加

作者：俞楠（美国加州理工大学喷气推进实验室量子科学与技术研究组组长、南京工学院 72771 班学生），信及文章为英文版，由软件学院 2006 级尤奬翻译，俞楠审核。

州大学物理系客座教授，专注于精密测量科研和将最新的技术运用到太空科学，检测现有的基本物理定律，并致力于物理概念的新发现。

回想过去，我对原子分子和光物理领域的兴趣，最早可以追溯到我的大学时代，当时的南京工学院，也就是今天的东南大学。而恽瑛先生则是在南京工学院对我影响最大的老师，她不但知识渊博、教学有方，并且非常热情地支持与关心我们的学业。恽先生的耕耘，不仅教给了我最初的原子物理概念，更是帮了我赢得了一次人生的良机，有幸来美国留学深造。

恽先生的一生都致力于物理教学事业。我记得她很早就和美国知名物理教育研究人员合作，积极探索最有效的物理教学方法。因此，即使是最难懂的原子物理学包括量子力学，恽先生也能用通俗易懂、引人入胜的方式为我们讲解。作为当时基础科学系副主任、物理教研组主任，她领导她的教研组成员一起建设了最先进的物理实验室，我非常喜欢做那些迷人的物理实验。

二十世纪八十年代初，正是中国刚刚打开国门之际，哥伦比亚大学的李振道教授创立了CUSPEA项目（中美联合培养物理类研究生计划），前所未有地为中国物理学生提供在美国大学深造的机会。恽先生看准了这个机遇，并相信我们有能力去争取这个机会。她积极鼓励我们要把握机会，并且竭尽全力帮助我们。我还记得一开始的时候甚至都没有明确南工的学生是否可以参加这个计划，但是她努力为我们争取，并且组织了专门的课时准备CUSPEA的项目考试。

1980年CUSPEA项目才刚刚开始，我们刚读大三，还没有机会上一些关键的现代物理课程。当获知临近的南京大学有专门为申请CUSPEA项目的学生开设的课程之后，恽先生就去尝试让一些南工的学生也去听课。尽管未能成功，但是她的努力让我们加倍刻苦。恽先生后来亲自为我们开设了现代原子物理课。恽先生的课程为我们打下了牢固的基础，我学到了很多，并且开始对这个学科感兴趣。这对我影响很大，也可以说是我最终能通过CUSPEA选拔考试的关键因素之一。我在1982年进入亚利桑那大学，从此开始了新的学习生涯和人生。

我从事物理职业到今天，曾上过各种各样的物理课程，主导过这个领域最新的研究，并且自己也曾在美国知名大学教过物理课程。我可以肯定地说，恽先生是我见过的世界上最好的物理老师之一。万分感谢恽先生曾经的教导，也为拥有这样的老师而荣幸。

恽老师和 CUSPEA

我是 1979 年考入南京工学院基础科学物理师资班的。当时因为高考制度刚刚恢复，师资人才非常短缺，师资班毕业的去向应该是大、中、专院校，也有人会分配回原来的县市工作。当时选择物理可能是因为高考物理分数较高，中学里也比较喜欢，但最后应该还是取决于学校的安排。

南京工学院最好的专业是建筑、自动控制和电子工程。基础科学系是基础科学，不是最热门专业。再加上邻居南京大学的物理专业才是真正的专业名牌，入学之后心里始终有一个前途未卜的阴影。

我们很多同学都是从小县城和乡镇第一次进了省城。城市生活在当时具有很大的诱惑，为了能够留校、读研或者分配到好单位，对于来自农村的同学来说，搞好学习几乎是唯一的途径。因为生活在农村，我从小就开始帮家里做农活，比如说拣稻、插秧、收割，深知农民的艰辛，毕业后回乡的打算早早就打消了。当很多同龄的同学还在玩耍的时候，我已经下决心要努力学习，争取有一个好的前途。

72791 是物理班的代号，全班有 50 多名同学。大家的课程安排基本上都是一致的，唯一的例外是英语课。因为很多农村来的同学从来都没有碰过英文，基础相差悬殊，学校里通过摸底考试把英文好的同学放在快班。

我们学习的课程和教材应该说是比较标准的，和其他学校物理系的差不多，只是师资力量比较薄弱。除了政治、体育课之外，高等数学、数理方程、大学物理、专业物理和四大力学也都是必修课。记得大学期间最怕的就是体育课，因为需要达标，短长跑、跳高都很吃力。有一次从双杠上摔下来，留下轻微脑震荡，至今想起来还胆战心惊。

我第一年的学习应该总体还不错，也没有什么特别的地方，好像也

作者：左福林（美国马里兰大学物理系教授、南京工学院 72791 班学生）。

当过班上某门学科的科代表。大二的时候，听说1977级有两位同学（俞楠、宋毅）申请到了CUSPEA的项目。在为他们感到非常高兴的同时，也受到莫大的鼓励。CUSPEA是李政道教授倡导组织的中美联合培养物理人才的项目。整个项目计划为期10年，每年在中国选拔100名左右优秀的研究生和本科生，送他们到美国重点大学读研，并由美方提供奖学金。原来以为只有在南大、北大这种学校才有可能发生的事情，居然在眼前也发生了。事实上，除了头牌理科大学物理系外，绝大部分学校根本没有机会去参加考试。恽瑛老师不知通过什么渠道，为南工争取到了几个参加考试名额，而且非常成功！几天震撼之后脑子里开始有了新的目标：出国留学。

出国首先意味着英文要过关。我当时也就上了一年普通英语，也就是说认识几个单词和知道一点语法。发音也是扬中口音，别人听了可能以为是在讲老家扬中话。幸亏我这人还比较有自知之明，知道自己这个致命的缺陷，因此当时我采取了几个具体措施。当时每天早上是要早起跑步的，因为想增加词汇量，早上就会早起半个小时左右，到校园清静的地方背单词。大部分时间会把单词写在小纸条上，便于携带。晚上我会经常听美国之音，熟悉口语和纠正发音。

日常用语重要，但是专业英语也不能忽视，这点我记得恽老师曾再三强调。我一直铭记在心的是南工图书馆老馆长也是扬中人，不知什么时候跟他老人家聊起我需要看英文原版教材，他专门给我开了"绿灯"。当时只有老师才能借到原版，他也借给我，后来我就变成外文书收藏室的常客。记得我读过好几本大学教材，包括费曼的经典讲义。当然很多可能是一知半解，但这对我后来参加考试应该是起到了很重要的作用。

恽老师当时主要着重于物理教学研究。她是江苏省物理学会的副理事长，负责教学，她还跟国外物理教学研究的同行有很多合作。可能正是因为她在国内外高校物理界的声誉，才为南工争取到了几个参加考试的资格，我们几位幸运参与的同学一直铭记在心。

大二的时候我们的课程大部分就是物理课了，比如说热力学、力学、光学、电磁学和物理实验课。印象较深的是实验课里用上了物理教研室自制的Millikan油滴仪，用它可以测量电子所带的电荷。通过这个实验我们对电荷的量化性有了很清楚的认识。这种仪器在国内当时非常罕见，恽老师带领的教研组成功地研制和推广了这项实验。它不仅增加了学生对物理概念的认识，同时也增强了国内同行对实验物理的自信心。

大三对我来说是最重要的一年。安排的都是物理专业比较深的课程，比如说量子力学、统计力学和理论力学等。由于恽瑛老师当时大力提倡双语教学和专业英语，再加上自己的努力，我的英文阅读和写作能力有了比较大的提高。在物理专业课上我也做了最大的努力。记得我几乎每天都要到最远的教学楼去，因为那里不关灯。经常晚上要到半夜一两点才能回宿舍睡觉。当时的感觉是我们的条件远比不上名牌大学，况且像南大或北大的同学还能参加考试模拟班。倘若不付出双倍的努力，我是无法跟他们竞争的。

　　1982年春季学期后期，我们几个幸运的同学被推荐去参加当年的CUSPEA考试。因为同时参加考试的还有研究生，对本科生来说，难度的确不小，况且我们还有一些课程没有上完。考完后感觉并不太好，不过也不懊悔，因为自己已经尽全力了。

　　大概两个星期后，恽老师把我叫到她办公室紧紧抓住我的手非常兴奋地告诉我"小左，你通过啦！"办公室其他老师也都过来祝贺。那是我人生中最高兴的一天，几年来的努力终于有了结果！恽老师还告诉我南京大学也只有两名学生通过：一名研究生和一名本科生，绝大部分的学生都是来自科技大学和北大的。

　　通过笔试的考生隔几个星期还需要参加口试。美国几所大学物理系轮流派人来中国，对学生进行面试，主要考查英文听力和交流的能力，还有对一些基本物理概念的认识。通过的学生会被美方接受的大学免除对GRE和TOEFL的要求。口试之前，恽老师还专门安排，让我有机会多练习口语。

　　口试地点是在复旦大学，和美方教授交流之后感觉良好。大概又过几周后，收到了正式通过的通知。正式通知并没有确定要去的学校，学校还需要自己选择和申请。恽瑛老师极力推荐我申请俄亥俄州立大学物理系。主要原因有三：第一，物理系研究生院排名较高；第二，物理系（原系主任）Leonard Jossem教授是她物理教学研究的合作伙伴，有问题可以找他帮助；第三，南工上一届的宋毅同学也在那里。就这样我于1983年8月9日飞抵美国，开始了研究生的生活。

　　Jossem教授在美国物理教育界声望很高，他担任过长达十三年的物理系主任和美国物理教师协会会长，还获得了世界好多名牌大学的荣誉称号，其中包括南京工学院授予的荣誉教授。恽瑛老师和Jossem教授有过非常成功的合作，对中国高校物理教育做出了重要的贡献！

我在俄亥俄州立大学的学习和生活得到了 Jossem 教授很多的帮助。我也有一段时间担任过他的助理，从他那里学到很多东西。一年之后，我以总分第一的成绩通过了物理系博士资格的考试，然后开始了博士论文的研究和写作。

　　CUSPEA 到今天已经过去 30 多年了，我现在也在大学物理系任教。回想起来，恽瑛老师在我最关键的时候给了我最大的关心和帮助。对待学生和教育，我会努力地去学习恽瑛老师，我想这也是她最希望看到的。

对我一生影响最重要的教师：恽瑛先生

如果要问对我一生影响最重要的人是谁，我会毫不犹豫地说，第一是父母，第二就是恽先生。恽先生对我们的影响非常大，因为在1980年代的中国研究生教育中，研究生非常少，一位研究生导师一届也就只带一两位研究生，恽先生确实把我们当作自己的孩子来看待，她的精神、她的教育、她的工作、她做人做事的态度和风采，深深地教育和影响她的研究生们，尤其是对我一生都有影响。

恽先生对教育的热爱、对教育研究的执着，影响着包括我在内的她的研究生们，他们毕业后大都从事教育事业，尽管20世纪80年代后期出现了中国改革开放后的第一次经商热。我至今还深刻地记得第一次与恽先生见面的情景，1986年我报考的是东南大学（原南京工学院）自然辩证法

1987年教材教法研究生
右起：吴敏、尹萌芽、恽瑛、潘正权、许人伍

2017年吴敏校长近影

作者：吴敏（安徽信息工程学院校长、中国科学技术大学教授、东南大学1986级研究生）。

专业的研究生,因为临时名额调整的问题,学校将我调剂到大学物理教材教法专业,我应约去恽先生办公室面试。恽先生的第一个问题就是问我今后是否愿意从事教育及其教育研究,我告诉恽先生,我在1985年报考的是江苏师范学院(苏州大学前身)教材教法研究生,一直在从事大学物理教育,相信正是这点打动了恽先生,她当即表示愿意接收我攻读她的研究生。当时真为恽先生爽朗的性格、敏锐的思路、独特的风采折服,第一时间给夫人打电话报喜。

恽瑛和吴敏

恽先生的言行告诉我,从事教育研究必须在一线教学。当时恽先生担任理化系主任,公务繁忙,并且年纪已过60岁,在这种情况下她仍坚持在教学一线,为本科生开设,并用英语主讲大学物理学课程。想到现阶段很多高校在抓双语教学,恽先生有多么超前啊。这种表率和从事教育研究的态度,影响着我后来的工作。我在恽先生那里毕业后,在中国科学技术大学教务处从事教学管理工作,尽管管理工作非常繁杂,但还是坚持到教学一线从事一定的课堂教学工作。现在在安徽信息工程学院担任校长职务,也要求系(部)主任必须为本科生上课。

恽先生从事教育研究的方法和科学工作的态度,也一直教育和影响着我。记得恽先生牵头研发大学物理视频教材时,不仅在制作教学视频课件时一遍一遍修改和完善,还同时在课堂上进行教学试验,并科学地收集学生的反馈,不断进行改进。这些方法和态度不仅影响我后续的教育研究,也传承和教育着我指导的研究生们。

恽先生的国际视野和英文水平对我产生了非常重要的影响。恽先生从事大学物理研究,不仅调研掌握国内的动态和资料,还及时了解国外的动态、收集国外的资料,她经常搞一大堆英文资料给我学习和参考。记得我在阅读恽先生给我的英文资料时,发现美国东北大学一位教授从事的CAI(计算机辅导教学)课件开发和研究非常有参考价值,恽先生鼓励我给他写信、咨询，并索要他们进一步研究的资料。后来，我很快惊喜地收到了这位教授寄来的一大堆材料，让我尝到了国际交流的甜头，体验到了教育和科学研究无国界，使我这个从小学到研究生都最怕上英语课的学生深感英语的重要性。在恽先生的指导和帮助下，我的英文文献阅读能力和写作交流能力得到了很大的进步和提高，使我在 2000 年前后，在中国科学技术大学牵头从事的跨世纪美国大学本科教育研究中发挥了重要作用。我组织编译的《21 世纪高等教育改革与发展——国外部分大学本科教育改革与课程设置》、翻译的《重构美国本科教育——美国研究型大学行动计划》等，都得到了教育部和同类高校的高度评价。

恽先生的工作激情，带动着她的学生们没有理由停止不前。我研究生毕业后，不管恽先生已经 60 多、70 多还是 80 多，她仍继续着所热爱的大学物理教育研究工作。记得 Science 报道了她从事大学物理教育研究工作，她很高兴地将报道发给我们，我们学生们都享受着中国高龄教授取得的成就！

恽先生不仅教我们如何认真做好学问，也教我们如何做人。恽先生有许多学术界的同事和朋友，在工科大学物理教育界与这些同事和朋友相处甚好，在恽先生的介绍和引荐下，我前后去找过高等教育出版社汤发宇教授、合肥工业大学顾梅玲教授、西北工业大学徐绪笃教授，在毕业论文、工作等方面得到了他们的帮助和指导等。在去前恽先生都向我交代，如何会见这些教授等做事做人的道理。我有幸研究生毕业后能到中国科学技术大学工作，是恽先生亲自出面邀请当时的中国科学技术大学副校长尹鸿钧教授作为我论文答辩委员会的主任，并在答辩会后推荐我去该校工作。恽先生对我们做事的态度，也要求严格。记得有一次恽先生交代我周日上午接待南京某高校的一位教授，我因头天晚上约几位同学喝酒祝贺即将毕业，第二天来迟了，让这位教授等了少许，恽先生将我"臭骂"了一顿。当时我心里还有一些委屈，认为就迟了一点，后来想想这就是恽先生做事的一贯态度，后来，让我形成了无论跟谁约好从不迟到的习惯。

恽先生对我一生的影响应该是巨大的，激励着我一直从事教育事业，教育我如何做好学问，教会我如何做事做人，从而为我先后能获得二次国家级教学成果奖奠定了基础，让我终生难忘、时刻铭记。多年来我在互联网上注册各类新账号时，如果网站设置密码遗忘提醒的问题是你最喜欢的老师是谁，我的回答一定是"恽瑛教授"！祝恽先生身体健康，您百岁时我们再相聚！

一位长者，一位师者——我眼中的恽瑛先生

恽瑛先生，是我最敬重的老师。

初识恽老师是在八年前。那个不算凉爽的秋天，我带着对大学所有美好的憧憬，走入了东南大学校门。"六朝松下话东大"，王步高教授一场精彩的讲座，让我第一次听闻"止于至善"，我们的校训。

月余军训刚过，健雄院忙碌的生活便正式拉开帷幕。如果你彼时正流连于书卷飘香的教学楼间，你也许会发现，有一位头发花白的长者，正站在讲台上，拿着粉笔，用流利的英文给学生讲着动量守恒，话语铿锵有力，落地有声，没错，她就是恽老师。那时，她已年届八旬，却依旧活跃在讲台上，传道，授业，解惑，用行动诠释着止于至善的涵义。

恽老师是一位真正的师者，对学生的关爱，对教育的执着，对师德的坚守，令人动容。在这个"天下熙熙，皆为利来；天下攘攘，皆为利往"的社会，其可贵不言而喻。在以后的几年生涯里，我有幸多次聆听恽老师教诲，长期的接触，让我对恽老师心生更深的敬重。

教育，国之根本，希望所系。在恽老师身上，我看到了她和那整个时代的知识分子对教育事业的孜孜追求，那份坚守与执着，那份责任与担当，实在令我们这些后学晚辈感动不已。受恩师教导，诚惶诚恐，只希望自己能学到恽老师的万分之一，在前进的道路上，时刻谨记教诲，坚持心之所向，上下求索，在这奔流的时代大潮中，不迷失，不逐流，身体力行母校止于至善的校训。于诸多恩惠之中，这也许是恽老师对我最大的影响，一种品格的熏陶，一种人生态度的启迪。恽老师桃李芬芳，她也时常跟我们提及各位得意门生，并且乐此不疲，那份骄傲和喜悦溢于言表。这种精神的富足，正是当下这个社会所稀缺的！

拳拳爱国之心，也许是恽老师她们那一代知识分子共同的特点，犹记

作者：梁乐（美国佐治亚理工学院博士、东南大学吴健雄学院 2008 级学生）。

2015年梁乐在美国佐治亚理工学院

2016年吴健雄学院2008级周家骥（左一）、梁乐（右一）回母校看恽老师

得每次聆听恽老师教诲，她都不忘叮嘱我们要爱自己的国家，要记得为国家做点事情。留学在外，每每念及于此，都感慨良多。国家强大与否，也许海外游子最能体会，因而也更能理解其中的含义。正是有许许多多像恽老师一样的人为着这个国家在默默付出，不懈奋斗，才有了我们的今天。

感谢您，恽老师，感谢您让我明白了这份朴素的情感是多么的宝贵。于我而言，恽老师是一位真正的长者，真正的师者，传为人之道，授科学之业，解人生之惑。十分庆幸自己在年轻的时候得遇恽老师，让我明白，人生原来可以这样精彩。

"双语物理导论"课程:十年,如故

2007年暑假飞菲律宾,是我人生第一次坐飞机,也是我人生第一次出国。我至今都记得,出国前,我跟爸妈说可能有这个机会出国做Presentation的时候,电话那头的老爸对我说,如果你觉得这件事情是有意义的,你就去努力争取!

电话另一头的我毫不犹豫地暗想,这件事情当然是有意义的,且不说眼前的自己在一遍一遍地推翻PPT,一遍遍地重新翻译,它不仅提高了我的英语翻译能力,还将让我有机会第一次在国际学术讲台上去阐述自己的见解。

2017年,距离我拼尽全力去做这件事情的那年正好10年,距离我人生第一次去异国他乡正好10年。我毕业、工作、养活自己,也开始去思考在人的一生中到底有哪些事情是有意义的。

回望过去,当时做这件事情的我不会知道,它会极大地激发我对英语学习的热情,中级口译课考试通过,托福考过100分,也许这个成绩对于一些人来说并不是很值得炫耀,可是我明白,我从一个只会哑巴英语的人成为了一个"会"英语的人,并且当时投入的精力,直到今天还有回报:和爱人一起出国旅游的时候,我可以很轻松地交谈,即使爱人在外企工作了6年,而我从2012年硕士毕业后就不再需要使用英语了。很多事情的意义,并不是眼前可以获知的,而这些都是"双语物理导论"课程带来的潜移默化的影响。

2007年,我们在做PPT、写论文、导师指导之间不停地循环。我最记得的恽老师说过的一句话是,论文最重要的是有自己的理解。这句话其实是与这门课所提倡的两个"及早"理念相吻合的,即"及早"引导学生进行自主学习,培养其阅读英文参考资料的兴趣与能力;"及早"培养其

作者:尤奥(南京移动产品经理、东南大学软件学院2006级学生)。

从事研究工作的兴趣与能力。

2017年，进入工作岗位4年有余，岗位的技术含量虽不如毕业就从事研发、测试的本科同学强，但是我却总是部门中那个接受新鲜事物的人，工作内容也是每年都有新的变化，而这一切都和一个词有关——"自主学习"。在学校的时候，有老师领着你，工作之后，除了开始半年有师傅带着你，后面全都是"修行在个人"。而这个时候"自我学习"能力就显得尤为重要，你不能再完全依托工作中的培训，很多时候需要

尤媛同学

通过专业书籍去弥补自身不足。学校里的课程只能培养你"自我学习"的能力，而工作中为了成长还需要发扬"持续学习"的精神。从一开始什么都不懂的大一新生，到最后懂得如何去做研究，是一个从无到有的过程，但是"有"还是远远不够的，从无到有的只不过是从0到1的过程，而后我们要做的就是将这个1变大。虽然没能去从事研究工作，但是工作中的持续学习，就是我对将"1"变大的这个过程的坚持。

2007年，恽老师带我们去菲律宾，那年恽老师83岁。犹记得，当时我们做错了一件事情，恽老师很生气，我跟着恽老师，一个人默默哭了很久。

2017年，恽老师93岁，依然精神抖擞，她依然能坐火车去北京，她依然可以骄傲地对我说，别人对我的评价就是"恽先生，爱折腾"。天知道，我有多么羡慕这个评价，一则冠以先生是较高的荣誉，二则能在90岁颐养天年的岁月里，依旧折腾是怎样的勇敢与智慧。很荣幸成为您的学生，很难描述我全家人对于您的敬重。与其说这门课教会了我两个"及早"，不如说您带给我的是一位教师对于自身事业的坚持，坚持以严谨的治学态度去做每一件事情，坚持不忘初心地去发扬自己对于教育事业的理解，坚持去做有意义的事情。

十年，重要的不再是那次出国，重要的不再是那次演示，重要的甚至也不再是那次经历。重要的是，早已习得的英语使用能力，终生相伴的自我学习能力，以及从恽先生那里学习到的深入骨髓里的坚持，坚持梦想、坚持努力、坚持折腾。这样的我始终相信，即使我一辈子是一个平凡人，也能做出不平凡的事情。

1982—1990"学科教学论(物理)"9位研究生再聚东大并贺恽瑛教授95岁寿辰

四月的宁城,春意融融。淡淡的花香浸在和煦的微风中,润润地拂过人们的脸颊,令人心怡舒畅。好日子里喜事多。4月13日,恽瑛老师的学科教学论的9位研究生,相隔三十余年后,在东大再次相聚,并庆贺恽瑛教授95岁寿辰。

"学科教学论(物理)"原名"教材教法研究(物理)"。1982年,恽瑛教授得到南京工学院(现东南大学)校领导的大力支持,首次在南工招收了该学科的第一届研究生。恽老师深知工作的艰难,她不仅与系内有关老师合作,又联合华中工学院、合肥工业大学相关老师,共同努力攻关,终于于1986年获得教育部批准,得到了该学科的硕士授予权,开启了工科院校在这一领域的先河,也为学科研究开辟了一条新的路径。

参加此次活动的有曾经与恽瑛教授一起并肩作战,在物理教育研究第一线奋斗了几十年的老同事、老朋友,他们是:叶善专教授及夫人、吴宗汉教授、潘人培教授、黄福元教授、孙荣玲主任,以及原物理系领导冯佩霞书记;还有恽瑛教授的全体研究生——从开门弟子到关门弟子——也从天南海北汇聚到东大,他们是:杨宏业(1982级,浙江外贸)、宋永华(1983级,美国硅谷)、潘正权(1985级,浙江大学)、尹萌芽(1985级,广州城市学院,现在上海闵行区)、吴敏(1986级,安徽信息工程学院)、许人伍(1987级,南京市栖霞区教育局)、黄险峰(1988级,广西大学)、赵佳(1989级,北京工商大学)、刘孜杰(1990级,盐城师范大学);未能到会的有:1982级沙文玲(在美国)、1984级张中熙(在加拿大),还有未联系到的1984级朱新光。时隔几十年,师生又能欢聚一堂,是多么难能可贵和值得欢庆之事!

作者:赵佳(北京工商大学物理系教授),2019年5月。

上午11时，活动拉开帷幕，7位同学（赵佳和刘孜杰二位因车次关系迟点到）汇聚榴园二楼。他们即使历过岁月的磨砺，有着不同的经历，却有着相同的一点——曾同在恽老师门下。因此，尽管个别人在校时未曾相遇，却毫无阻碍他们交流的热情，气氛友好欢乐。午餐是牛排、虾仁豆腐的简餐，大家都吃得津津有味。恽老师还说，她早就想吃牛排了，说得大家暗自好笑。这次活动，原由黄险峰建议。杨宏业作为大师兄，随即征求同学意见，在得到每位"同意"的回答后，宋永华、吴敏进行周密安排，形成了活动计划。说也凑巧，时间定为4月13日至14日，恰逢恽老师95岁生日，尹萌芽知悉后，预定了奶油巧克力蛋糕，同学们又带来精致的礼物。这些又给活动添加了更多欢乐，而恽老师说受之有愧了。

　　下午两点三十分，活动的第二环节开始。恽瑛教授在弟子们的簇拥下，来到东南大学的标志性建筑物——东南大学大礼堂前拍照留念。弟子们争先恐后地与恽老师合影，将这难忘的一刻变成永恒！恽老师开玩笑地说："今天过了一把明星瘾！"师兄弟姐妹之间也相互拍照留念，尽管已不再是当年的俊男靓女，但个个精神饱满，喜笑颜开，不是少年，恰似少年！

　　拍照之后，师生们又聚拢到榴园宾馆，共叙往昔时光和离别之情。大家热烈地回忆起当年校园生活的点点滴滴，畅谈今日各自的追求与生活，大家谈起恽先生执着三尺讲台的70载悠悠岁月，无不佩服恽先生坚定的信念、坚持的勇气、执着的追求、宽广的视野、长远的目标和创新的精神，无不敬仰恽先生"伟大寓于平凡、盛誉源自真爱"的师德风范。冯佩霞书记深有感触地对研究生们说："你们能有幸得到这么多位老师的教导，又成为恽瑛先生的学生，真是太有福气了！她身上有太多值得学习的东西，她的执着精神非凡人所能及。"

　　是的，恽先生，值得每个学子珍视、探索和发掘。对恽瑛先生的修养、品德、学识的每一个细微方面的学习与模仿，都可以使人受益良多。

　　下午五点三十分，在榴园宾馆的金陵餐厅开启这次活动的第三环节——聚会宴会。

　　首先是学生代表、安徽信息工程学院校长吴敏致辞。他说，我们从四面八方汇聚而来，一是为恽瑛先生祝寿，二是感恩老师们的培育之恩，三是感谢因为有恽先生这面旗帜，使我们能集结在她的麾下，有幸再次聆听教过我们的老先生们的教诲！吴敏道出了每位弟子的心声。接着他又深有感触地说道："恽先生是对他一生影响最大的人！"众所周知，先生有着国际交流的经验，深知英文的重要性，受其影响，吴敏从入学开始，就养

2019年4月13日，恽瑛教授与她的研究生在东大礼堂前合影留念
（从左至右）前排：杨宏业、尹萌芽、恽瑛、赵佳、许人伍
后排：刘孜杰、黄险峰、宋永华、吴敏、潘正权

成了阅读英文学术论文和著作的习惯。在专业方面，他特别关注世界著名学府在高等教育教学和教育管理方面的研究进展。良好的阅读和写作基础，使他能及时了解世界高等教育的动态，从而使自己的研究工作处于国内领先的地位，研究成果受到国内外同行的高度评价。而这一切归因于当年跟随在恽先生左右受潜移默化的影响。

席间，大家恭请恽先生讲话。先生很激动地说："首先，谢谢大家的光临！刚才冯书记讲我的研究生全部都来了，这个'全部'两字可是很有分量的！我十分高兴！"是的，作为以教书育人为自己毕生追求的恽先生，看到自己桃李满天下，该是多么欣慰和自豪啊！

恽先生还有一个特点，就是对他人的谢意总是在第一时间真诚地表达出来。本来这些筹备工作，理所当然是学生分内之事，但她还是要在讲话伊始就专门道谢，足见其高尚的人格修养！其实在活动筹办过程中，恽瑛先生的儿子、东南大学的邓建明教授也做了相当细致的筹划和安排。

2019年4月13日，庆祝研究生聚会及恽瑛教授95岁华诞，与老同事、老朋友及其研究生合影留念，摄于榴园宾馆
（从左至右）前排：黄福元教授、叶善专教授、冯佩霞书记、恽瑛教授、潘人培教授、吴宗汉教授
后排：刘孜杰、潘正权、吴敏、杨宏业、尹萌芽、赵佳、孙荣玲、许人伍、黄险峰

  恽先生还提到了著名指挥家郑小瑛。她说，郑小瑛只比她小两岁，但走起路来精干干的，既不要拐杖也不要人扶，这给了她很大的激励。恽先生信心满满地表示百岁人生是她的追求，但大家都一致认为：恽先生声音洪亮、中气十足、耳不聋、眼不花、乐观开朗、思维敏捷、包容大度、作息规律，百岁人生只是起点，大家期待着未来一次次的祝寿活动！

  晚餐后，师生们兴致勃勃地合影留念，随后发现宋永华当时未在场，他是当天的负责人，忙着到总台、餐厅办手续了，很是抱歉！

  随着夜幕的降临，活动的第一阶段在人们依依不舍的相互告别中，也在大家对恽先生深深的祝福中落下帷幕。

  在大洋彼岸的研究生虽不能亲临，但他们也通过各种方式向恽老师和各位师门表达情意。正可谓：

  忆往昔，情意浓，

  看今朝，爱涌动，

  翘未来，心澎湃！

  ……

  共祝愿，恽先生

  福寿安康岁月永驻！

第四编 青果红梅

悠悠不了故园情

人老了，总容易回首往事，过往的人与事中有太多无法忘却的记忆，想伸手握住，它却如细沙，攥之愈紧，流失愈速。

年轻时，总是忙于工作，忽略了家庭和孩子，现在想起常有深深的负疚，也把更多的情感放在孙辈身上以为补偿。所幸子女自强自立，孙辈也学有所成，恽家一代代人没有辜负先祖和国家，这使我由衷欣慰。

梅花是常州的市花，如今的家乡老树新枝，日新月异；青果巷，我梦萦魂牵的故里也已不复原来模样，家乡人的亲情友情更使我流连忘返，不忘初心。青果红梅，悠悠不了故园情。

回忆母亲三四事

母亲的回忆录撰写已经有一段时间了。当学校宣传部原部长时巨涛教授提出，希望我也写一段文字，从侧面反映母亲的为人，我就在问自己："到底写什么内容呢？"一时没能想出从何下笔。一次坐在公交车上经过"1912"商业区，突然回想起小时候的事情，就先从这里说起吧。

一、是非曲直自有定见

南京的太平北路是1958年下半年开始建造的。在此之前，南京工学院的"板桥新村"教工宿舍有一个很大的院子，包含了现"1912"商业区的相当一部分（当时有36户二层联排小洋房）、太平北路约80米长的路段，以及路西约三四亩地（当时有24户二层联排小洋房，刘敦桢教授等都住在这里）。宿舍区的中央，有一个圆形的花园（现已成为太平北路中的一段马路），宿舍区的孩童们经常在此玩耍。

1957年，父母亲响应"大鸣大放"的号召，出于善意对学校的管理等方面提了一些意见和建议，结果到了当年下半年，在"反右"运动高潮中，父亲很不幸被错误地戴上了"右派"的帽子，成为"阶级敌人"，母亲也被取消了中共预备党员的资格（按人民内部矛盾处理）。2000年后，我因其他事由到派出所复印我家的原始户籍档案，看到父亲是"右派"，母亲被取消党籍这两件事都被赫然地记载在了派出所的档案备注栏中。

看到这个材料，当时我就很有触动。想到当年父母亲在精神上一定是非常痛苦的。而我，由于年龄小、不谙世事，根本没有能够体谅到父母亲的心情。1958年初，板桥新村宿舍区中央的圆形花园还在。我清楚地记得，我和院子里的小伙伴们一起，一边沿着花园的外环跑步游戏，一边唱着"右派右派，像个妖怪……"，玩得十分起劲。现在回想起来，自己当时真可

作者：邓建明（恽瑛之子，东南大学软件学院原院长）。

以说是"没心没肺"。

父亲受到冲击后，心情一直不好，而我却浑然不知，且由于比较调皮，经常惹父亲生气。"文化大革命"开始后，"左倾"政治的势头更甚，由于缺少政治免疫力，同时受当时的政治环境影响，我的思想是非常"左"的，基本上属于"政治盲从"一类的人。当时我上初中一年级，总觉得报纸上说的都是对的，甚至还当面向父亲说："你要向人民低头认罪！"不难想象，当时父亲听到我的这句话，心情会是多么难过！而我如今想起，也是后悔无比、痛彻心脾。

但在我的记忆中，母亲却从来没有指责过父亲，倒是父亲因为心情不好，偶尔会发脾气。此时母亲多是婉言劝解，让父亲平静下来。现在回想起来，这真正是非常不容易，因为当年有很多家庭，会因一方被打成"右派"而导致家庭解体。我曾问过母亲，当时她是怎么想的，母亲告诉我，她并不认为父亲有什么大的错误，认为他是不会反党反社会主义的。主要是由于他的家庭出身不好，因此招来祸事。虽然一次次、一年年的批判也让母亲十分痛苦无奈，但母亲一直坚持认为，父亲没有什么大的问题，从而一直能够理解和信任父亲。可以想象，当年母亲承受了多么大的压力！是她的正直、善良和信任，给了父亲生活的勇气，也给了我们一个完整的家。从母亲的回答中我也认识到，她对政治方面的是非曲直还是很有见识的，有着自己的定见，尤其是在当时那种政治环境下，确实非常难得。而我则是直到1971年"林彪事件"发生之后，政治方面才逐渐有了自己的判断力。

二、学校工作先于一切

母亲对工作的积极性之高，我想认识她的人都有口皆碑。自从1948年秋母亲来到南京中央大学任教之后，长期以来她一直是学校工作为第一要务，学生是第一的。这里仅举我们兄妹小时候的两三件小事情，从侧面反映母亲对工作的投入。

1954—1955年，母亲经学校推荐到清华大学进行为期一年半的进修，听苏联的物理专家讲授课程。我因当时还小，被母亲带在身边。一到清华，母亲就将我送入清华幼儿园全托（保育费要花去她月工资的近三分之二），以便有更多精力完成进修任务。由于不常与母亲见面，我与幼儿园的老师们更亲近些。母亲进修结束时，最后一站在沈阳，由于学校领导催她尽快回到学校，她就直接从沈阳回了南京，把我一个人扔在了清华幼儿园。后来一位由京返宁的南京工学院老师把我从北京带了回来，由于较长一段时间没有接触家人，我感到十分委屈，回家后一直大哭，到半夜还哭个不停，弄得邻居们都感到很疑惑："这个小男孩到底是不是恽瑛亲生的？"

我和妹妹自打有记忆起，平日就一直在兰家庄上南京工学院全托幼儿园，只有到周末才回到自己家里。父母亲这样处理，我想他们肯定是为了有更多的时间进行工作。妹妹邓群妍回忆了20世纪50年代末在全托幼儿园的一件事：某个周六下午，按惯例家长们都把自己的孩子接回家，只有她一个人孤零零地站在幼儿园门口（有老师陪伴），左等右等，始终看不到母亲的身影。直到晚上九点多钟，母亲才来幼儿园把妹妹接走，当时妹妹也是大哭一场——毫无疑问，母亲当然也是因为工作，才没有能够按时把妹妹接走。

我上小学以后，在我的印象中，母亲晚上也经常是不在家的，留下我们兄妹二人在家静静地看书，当时也没有电视机等可以娱乐的设备。即使在家，父母亲两人也是面对面地各坐在一张书桌前，做他们自己的工作，基本上不会管我们兄妹。而我们则是坐在小方桌前，各自看自己的书。南京的夏天很热，当时没有空调，母亲通常是搬一张方凳放在前门口（比家里稍微凉快些）作为工作台，拿一把蒲扇坐在小凳子上，继续她的工作。住板桥新村时始终如此。1990年代初有一个夏天，李延保副校长到板桥新村来，看见母亲坐在家门口工作，很惊讶地说："恽先生，你这样工作太辛苦了！"母亲却回答说："我已经习惯啦！"——确实，对于工作，母亲始终有着高涨的热情。

三、爱心施与无分亲疏

母亲虽然把绝大部分精力放在工作上，但在内心里，对家人还是非常关心的，尽管在口头上她并不多说。

1968年，我15岁时，就响应毛主席号召"上山下乡"到高淳插队去了，一去就是8年。受当时风气的影响，我思想很"左"。去高淳不到半年，因年纪小，按政策可以再回城读书，但我当时却下定决心"扎根农村干革命"，没有与家人商量就放弃了这次机会。半年后回到家告诉母亲此事，当时她没有多说什么，但看得出，她是很不以为然的。后来母亲告诉我，对我没有抓住机会回城读书，一直在农村吃苦受累，她是非常痛苦的！我这才意识到，虽然母亲口头不说，但内心里对我是十分关心的。

插队8年中，母亲去过高淳，当她看到当地落后的状况、低值的工分、艰苦的生活等，虽然心中很难过，但也没有能力去改变什么。后来有朋友向她建议：为什么不向你的几个哥哥求援呢？他们都是解放军高级军官，可能会有些办法吧。虽然母亲平时是不太愿意求人的，但这次为了帮助我摆脱困境，还是硬着头皮很恳切地给两个舅舅写了信说明情况，但鉴于当时的形势，两个舅舅对此也无能为力。为此母亲心里惆怅、纠结了好一阵。

"文革"后期，各大学开始招收"工农兵学员"，那时我还在农村。虽然因为劳动表现好，有好几次上级领导推荐我去参加工农兵学员的考试，成绩也都名列前茅，但因父亲的家庭关系，几次都未能被录取。这也给了母亲很大打击，她认为是家庭拖累了我，总有一些负疚心理。而我自己倒还好，没有气馁，即使在农村的艰苦环境中仍继续努力读书。到1977年恢复高考，我有幸考上了南京工学院的数学师资班。

1976年，全国开始了知青大回城，我也得以回到南京，在南京第二机床厂装配车间做刮刮工（钳工的一种，重体力活）。我因工作投入、过度劳累，一年多以后得了肝炎，不得不住进传染病医院。住院55天期间，母亲几乎每天都到传染病医院送饭，希望我早点痊愈。她这样很辛苦，我希望她不要送，自己吃医院伙食，但她却一直坚持送饭，直到我出院。

母亲的爱心不仅是对家人。对她的学生，除严格要求外，她也是关怀有加，她的很多学生都谈到这一点。记得在"文革"前、"文革"中和"文革"后，家里都经常有学生来找她讨论问题。母亲与这些学生关系非常亲近，就像一家人。每次学生来，母亲都要留他们在家吃饭，连我妹妹也与她的一些学生玩得特别好。这些学生，几十年以后都没有忘记她，每次出差到南京来时，都要来看望母亲。

2000年后，她接触了更多学生，发现有一些学生家庭条件确实比较困难，而此时国家经济形势突飞猛进，我们家的经济条件也有了很大改善，因此母亲萌发了设立奖学金的念头，想尽自己所能在一定程度上帮助学生们，哪怕是一点点。在与我们商量之后，母亲在学校设立了奖助学金，支持她所从教的几个院系的学业优秀及家庭困难的同学积极上进，圆了她十多年来的愿望。她曾对我说过，她上大学四年期间，由于成绩一直都很好，每年都能拿到奖学金，虽然那时她家里条件不算差，但是奖学金对她的激励作用很大，所以她也希望自己设立的奖学金可以激励今天的学生，促使他们发展得更好。她特别希望年轻的大学生们能感受到老教授、老前辈们的关爱，希望他们能好好奋斗，将来尽自己力量为国家做点贡献，而她自己会为学生们的出色表现感到骄傲。

从上面这些小事可以看出，母亲对学生是十分关心的，她的爱是无分亲疏的。在母亲的影响下，我也为东大软件学院的学子们设立了"软件创新奖学金"，借此期望能够对同学们起到一定的激励作用，把自己的奋斗目标定得更高一些，从低年级开始就跟随学校的导师从事科技创新的研究，使自己的大学生活更加充实。

四、坚定执着不怕失败

对于实现自己定下的工作目标，母亲有着比常人更多的执着，这一点我深有体会。有一次，清华大学理学院吴念乐教授和教育部物理课程教指委主任李师群教授到母亲所在的龙江小区的住宅看望母亲，当时我也在场。我清楚地记得，在交谈中，吴先生用带点开玩笑的口吻对母亲说："恽先生，我总结你一个特点——就是'爱折腾'！"细细咀嚼一下吴先生的话，还真是有那么几分道理。

在我的记忆中，1980—2000年代，母亲主要是在做以下几件事：国际物理教育交流方面，7次举办大型国际物理教育学术研讨会议，并作为中方主持者之一与国外教授长期合作，在中日美三国及中日两国轮流组织国际物理教育研讨会等，使得东大的物理教育在国内外有了一定的知名度；努力争取在东大创设全国少数几个"教材教法研究（物理）"硕士点及之后的研究生培养工作；带领东大等6校相关物理教师率先开展"现代化教学手段在大学物理教学中应用"课题研究、并编写教材；受中国物理学会副会长沈克琦教授委托，从1988年起主编《国际物理教育通讯》（直至2010年）；受吴健雄先生委托，与东大其他教授一起，帮助江苏太仓的明德中学提高教师水平、改进教学质量，积极办成全国一流中学；坚持努力向国家教委争取创建东大物理、化学系等。2000年以后，母亲的精力则主要放在大一新生的引导性研究型课程"双语物理导论"的创立和建设方面。以上这些工作，每项工作里面都有很多困难、很多艰辛，但母亲硬是咬紧牙关，逐一克服困难，直到最后取得成功。

1986年，母亲在东大筹备举办了我国第一个大型国际物理教育学术研讨会议，因为是国内首次举办这方面的大型会议，既没有经验，财政支持也不足，一般人都不太敢承接，但母亲勇气十足。1984年，当国际物理教育委员会（ICPE）主席、美国OSU物理系主任Jossem教授一提此事，她立即就答应了。由于时间紧迫，当时连国家教委外事处的同志都认为很可能来不及，但母亲却认为完全有可能办到。为了开好这个国内第一次国际物理教育会议，她不辞辛苦，几次跑上海、北京，找到谢希德、沈克琦、徐亦庄、蔡怀新、赵凯华等诸位先生请教并寻求支持，又请了南大魏荣爵、冯端先生帮助指点，从而得到了诸位先生的鼎力相助。大家集思广益，终于设计出了一个很好的会议方案。母亲又几次找东大领导，在学校领导的支持下解决了会议经费问题。最后会议举办得十分成功，得到国内外代表的一致好评，其影响延续久远。

当时她感到会议工作人手不足，因此把我也拉去，帮助接待来自各国的学者们。后来在东大举办的数次国际物理教育会议，我也都是全程义务工作，也与几位国外学者结为了朋友。

多媒体现代化教学手段现在已经非常普及，但在1980年代，大多数教师对此还未有足够的重视，而几十年的教学积淀，已使母亲充分认识到运用该手段进行教学改革的重要性。1987年起，母亲就带领东大等6校相关物理教师及东大等电教中心老师率先开展"现代化教学手段在大学物理教学中应用"课题研究，当时国内这方面的工作几乎还是空白，他们可以说是做了开创国内先河的工作。由于当年条件不能与现在相比，工作开展中困难重重。母亲顶住压力，努力申请并最终获得UNESCO的立项支持。为了拍摄出高质量的电视插播片，她和老师们使用了许多一般人难以想到的土办法，用简单的仪器，却做出富有物理概念的片子。她与课题组老师们努力奋战八年，终于使《大学物理学》（音像文字结合教材）和《大学物理学电视插播片》在1995年由高教出版社正式出版，并获得了1996年国家首届优秀教育音像出版物二等奖和1998年国家教委科技进步奖（教材类）二等奖。这些研究成果在国际物理教育界也引起了热烈的反响，很多国外学者纷纷购买了该教学片，日本同行还购买了该教学片的版权，将其翻译为日文版。当时我看过他们做的片子，非常生动，感觉他们确实是很有先见之明的。

母亲1987年起主编《国际物理教育通讯》（简称《通讯》），其编辑出版工作非常不容易，除了少数老师帮忙外，可以说几乎是凭她的一己之力在办这个刊物。缺少资金、缺少人手，这些都挡不住母亲办《通讯》的决心。母亲曾对我说："如果不把《通讯》办好，我就对不起吴健雄先生和沈克琦先生！"因此，不论是三伏天还是三九天，经常都能看到母亲在为《通讯》奔波：还到处想办法为刊物运营拉赞助；人手不够，她带过的研究生被她拉来，连我和我女儿也动员来做一些论文的审核和翻译工作。直到2012年母亲得了一场大病，再也不能一个人独立出门之后，这项工作才画上了句号。

恽瑛全家福

2018年恽瑛与其儿子邓建明合影

"教材教法研究（物理）"（后改名为"学科教学论"）硕士点的设立，则是更为艰辛。当时东大在这方面的力量还不是很强，第一次申请未获成功。如是我的话，就知难而退了。我也劝过她，但母亲就是咬定青山不放松，对我说："做事一定要敢于坚持，不达目的誓不罢休！"我想或许是她的精神感动了评委们吧！经过她和全系老师们三年的不懈努力，第二次向国家教委申报终于获得成功，而且该方向的硕士授予权是全国工科院校中的首批。母亲曾对我说："做事情，一定要有结果，不能半途而废，否则就前功尽弃了！"

　　记得某位老师曾经说过："别人是撞了南墙才回头，而恽瑛是撞了南墙也不回头，她是一定要把事情做成的。"这句话，我想还是比较能反映母亲的性格的。

　　由于平时未曾十分留意，上述回忆难免挂一漏万。好在母亲的学生们有很多回忆文章，补足了这方面的缺憾。

　　按中国人习惯，明年是母亲95岁寿诞，衷心希望老太太生活愉快，健康长寿！

印象中的奶奶

出国多年，很多小时候和上学时候的记忆已经模糊而淡忘了，但是记忆中的奶奶一直和其他孩子的奶奶不太一样。小时候她并没有带我去过公园或者游乐场，灌输过女红或者传统女性思想。小时候奶奶留给我的印象是每每回到奶奶家总是看到写字台上堆着一摞摞书籍和材料，以及奶奶匆匆离家去学校的身影。

作为20世纪40年代北平辅仁大学的毕业生，奶奶是老一代中少见的投身于科学的女性。如果要给学科附上性别，物理学可能是众多学科里最男性的学科了，而奶奶从事的就是高等基础物理教学。奶奶与我和妹妹坐

2013年祖孙合影于南京，左起：邓心惟、恽瑛、高文琰

作者：邓心惟（恽瑛孙女）。

下聊天的时候，经常跟我们讲述她作为第三世界女性科学家代表去世界各个地方开会的经历，讲著名女物理学家吴健雄的故事。还记得奶奶家的橱柜里陈列着各种证书，以及参加各个国际会议的纪念物。奶奶的存在，推翻了很多世俗对女性的定义，也在很大程度上改变了成长中的我看世界的视角。从小到大从未觉得有什么学科或者追求是女性应该止步或者绕道的。后来我选择了理科，现在想想可能很大程度上是受到了奶奶的影响。我在大学选择光通信专业也是因为奶奶的一句话："未来是全光通信的时代。"虽然后来并没有选择做学术研究，但在以后的工作中，一直不会对看上去深奥的理论或者未知的事物怯场，可能也与受奶奶的影响有关。

不光在从事的学科上，奶奶的性格里也具备了很多一般女性都不具备的特点。如果需要概括的话，我觉得有两点非常难能可贵：第一是奶奶做事的自信和坚定，也就是英文里的 assertive。奶奶特别敢于表达自己的观点和有自己的立场。与中国传统思想里一直崇尚的婉转和中庸相比，奶奶这样敢说敢做的女性非常少见。而在日后的工作中我也越来越发现这种特质的重要性和对沟通的有效性。第二是奶奶行事的积极性和主动性，也就是英文里的 proactive。印象里的奶奶总是精力充沛，干劲十足，雷厉风行，说到做到。即使在她 80 多岁的时候，有了新的思路也毫不犹豫很快着手开发和推广。这种实干精神非常让人钦佩。

奶奶对教育事业的热爱超乎寻常人。奶奶是一个不愿意退休的教育者，一个不上班会生病的人。奶奶从事了一辈子基础物理教学，这个在许多人眼里吃力不讨好的工作，而奶奶却乐此不疲。即使在她 80 多岁的时候仍然在开发新的课程、新的项目。这种对事业的执着和热情极富感染力。奶奶做任何事都是不惜余力地要把工作做到尽可能最好。我记得奶奶说过，她是个要强的人，学生时代她的功课全是"A"。而这种精益求精的态度一直贯穿在奶奶后面几十年的追求中。

在六十多年的教学生涯里奶奶桃李满园。奶奶非常关心和注重培养学生。记得当年我挺羡慕奶奶每年暑假都带着大一的学生参加国际物理教育交流会议，让他们在大会上发表自己的论文。奶奶说，"学生应当积极进取，具有开拓精神，学生要有宽厚扎实的基础知识和基本技巧，学生要有与他人协作和进行国际交流的精神……"。我上高中以后奶奶像对她的学生一样关心我、要求我，暑假里只要有机会就会带我去她们组织的国际会议帮助做会务，锻炼我的交流能力。她办《国际物理教育通讯》，刚巧有一些著名物理学家的生平故事需要翻译成中文，她就把这个任务交给我和东大吴健雄学院的张莺同学。上大学的时候，南邮学生会让我邀请奶奶来校给新生做讲座，奶奶欣然应允。印象中，偌大的阶梯教室坐满了同学，年近八旬的奶奶神采奕奕、声音洪亮，报告内容很有感染力，台下气氛非常热烈。讲座结束后，很多同学前去与奶奶交流。这次讲座我的很多同学一直念念不忘，现在已经在厦门大学物理系做教授的陈理想一直跟我提起这次讲座对他的影响。

奶奶作为理科人的严谨，也渗透到生活中。奶奶有几个家传菜谱，当我表示希望学习以后，她立刻非常认真地把步骤一条条详细罗列，就像一道道公式一样发给我。我先生第一次去南京拜见奶奶时，奶奶正在医院休养。但是她还是经过前一天晚上的构思，在第二天用英语认真仔细地把如何洗红豆沙（八宝饭必备原料）的步骤和环节与我们详详细细地说了一遍。

奶奶的热情和执着，不仅影响了我的父亲，也影响了我。

恽瑛和邓心惟

在外婆身边长大的日子

对我来说,外婆是两个外婆。第一个是书面材料上提及的那个令人尊敬的东南大学物理系恽教授。但是外婆的家族背景、对学术做出的贡献、对学生们的影响,那是我长大以后才了解的事情。外婆在1990年退休后,仍然奋斗在教学第一线,75岁时创设"双语物理导论"新课程,带领大一学生出国登上国际讲坛,直到八十余岁还没有离开她热爱的讲台。

我了解更多的是第二个外婆,那是独一无二的我自己的外婆。外婆喜欢吃甜食,不爱吃蔬菜。外婆无论去哪总是记着留点好吃、好玩的给我。我有很多幼年时期的彩色照片,都是外婆趁出差时,托人把胶卷带出国去

板桥新村家里,左起:恽瑛、高文琰、邓家贤、邓心惟

作者:高文琰(恽瑛外孙女)。

特地冲印的。我很小的时候就吃过品客薯片,那也是外婆出国带回来的。小时候我总是很自豪地跟朋友炫耀:"我外婆去过许多国家!"

我从小是在外婆身边长大的。小时候我很喜欢去外婆家,那个院子里有很多同龄的小朋友可以一起玩。外公外婆不像爸妈那么严厉,不怎么管束我。只要不跑出院子,天黑前回家就好,非常自由。那时有个邻居家养了几只兔子,我常常拿着蔬菜去喂它们,和小朋友们转圈学兔子跳,可以疯玩一整天。

上小学的时候,学校因为和外婆任教的东南大学仅一墙之隔,放学后我可以自己走到东大,进学校大门左转进五四楼,然后在外婆办公室做功课,等外婆下班带我回家。从门卫传达室的阿姨到楼里的老师,大家都知道我是恽教授的外孙女,对我都很亲切。记得当时常能看到的是物理系叶善专、吴宗汉两位爷爷,他们是外婆的好朋友,吴爷爷还逗我说:"你舅舅小时候还与我打乒乓呢。"这些点滴小事,至今记忆犹新。

初中时我每天中午都骑自行车回外婆家吃午饭,虽然她工作十分忙碌,但每天到家时,外婆总已准时把饭盛好放在桌上了。吃完饭外婆会督促我趁空闲赶紧做作业,免得留到晚上做不完,而我总是想着方法偷懒,坐在外婆堆满教案的写字台前思想开小差。现在回想起来,那些悠闲的日子真是人生最快乐的时光。

恽瑛和外孙女高文琰

外婆总是叮嘱我英文的重要性，经常给我英文教材让我锻炼翻译能力。东南大学开国际会议时，外婆也会带着我，鼓励我和外宾交流，跟着参观景点的同时锻炼口语。参加这些活动，外婆会给我劳务费，以表示对我付出劳动的尊重，我想同时也是激励我吧。在这些影响下，我的英文相对学得不错，从来不担心英文成绩，最后上大学也选了英文专业。这段经历，奠定了我有较好的英文基础，为今后的发展创造了有利条件。

  外婆为人非常和善，总是把"劳驾"挂在嘴边，从不会因为自己地位高或者年纪大而觉得麻烦旁人是理所当然的事情。从小到大，外婆的人格魅力深深影响了我的性格和处事方式。我时常提醒自己要站在他人的角度去考虑问题，在和人交谈时，记住朋友提到的细节，并在之后表示关心，扩大自己的交友圈。外婆的朋友、同事们都称呼她为"恽先生"，我想"先生"作为有学问者、知识丰富者的尊称，外婆是当之无愧的。

  十分期待《从青果巷到四牌楼》这本回忆录的早日问世，让我能知晓我所不了解的外婆的另一面，也能串联起我与外婆相处的记忆碎片。

武进青果巷的传承

青果巷的意义

长辈们经过长达数年的准备和搜索、查询，终于完成了《恽氏族谱》。前不久我又读到《常州记忆——青果巷的常州世家》一文，通过对南恽一族的源远流长的追索，把近代恽氏的直系、旁系、近亲都概括了进去，辅助了很多珍贵的照片，叹前辈的担当、胆魄、正直和执着。

阅读中，那些如雷贯耳的大名，以及在记忆中似有似无的名字，时不时地跃入眼帘，让我寻找着这些人与我的关联。有的有直系血缘，有的则稍远。

从最久远的始祖说起吧。始祖讳子冬，字道贞，祖籍为陕西华阴，为汉宣帝时候曾位列九卿之一的平通侯杨恽之子，司马迁的曾外孙。其父官运中落，于是避难至如今的常州，成为恽家第一世祖。这是能够确定的历史记录，因此我们恽家应该属于秦人。

真的给我有震撼感受的则是对曾祖父辈、祖父辈们的记录。曾为兴泉永道台的三世曾祖父恽祖祁为抗议日军侵略行为而罢官，进而组建武阳商会，推进教育救国；具有新时代精神的曾祖母张稚琴为家庭树立积极正面的态度和人生观，带来了正能量的家庭环境，带出来了我祖父辈的一门五杰；曾祖父的弟弟是新中国电机工业的代表人物恽震。祖父兄妹五人，不但思想前进，而且始终带头参与学生请愿等运动，在抗战全面爆发后，兄妹五人分别用自己的方式，投身到革命和救国当中。

中华人民共和国成立后，兄妹五人又都成为了各自领域的才俊，在不同的岗位上为国奉献了自己的青春和年华。

更不用提非恽姓的旁系亲人，我的二世曾外祖父实业家张赞宸，为汉冶萍煤铁厂和萍乡煤矿总局总办；曾舅公为"七君子"的首席辩护律师张

作者：恽承（恽家第74世传人、上海大众汽车有限公司销售经理）。

志让。还有诸位居住在青果巷，并没有直接亲属关系的各位大师、大家，比如汉语拼音之父周有光，爱国实业家刘国均，语言大师赵元任，明六大家之一、儒学大师、抗倭抗严嵩的领袖唐荆川等等。

他们在那些特殊的历史时期里，用自己的方式，向大家诠释着，在任何时期，都应该具有独立思维、敏锐而正确的判断、迅速的行动力、百折不挠的意志力、坚定的信念、完整且正直的人格。那么作为一个恽姓子弟，在了解了自己上数辈的祖先曾经做过的事、走过的路、见过的风景和想念过的人，有什么理由不去承接这份血液中流淌的精神，去走自己的路，为正直的人，做磊落的事呢？

寻祖，武进这个词，是我们小时候就从父辈口中时常听到的，这样的认同感会给恽家人一个心中暖暖的感受，仿佛这里是我们能够寻求到内心平静的小港湾。这，也许对我们来说，就是武进－青果巷的意义了。

何为传承

近年来，随着中央对汉文化的重新推广，百姓中谈论诗词者、比对成语者多了起来，以字画、中国古典乐器、古书籍阅读为代表的国学热也开始风行了起来，这肯定是对老祖宗传下来的好东西的有益继承。而对自家家谱的持续修补和祖辈事迹的认知，也是怀着同样情怀的继承。中国有"不可忘本"之说，换成西方哲学，就是我们首先需要知道"我是谁""从哪里来"，才能讨论"要到哪里去"。因此需要继承，而继承的最好的方法，则是在读书之后，来行路亲临地看。

2017年3月11日，我们在长辈长期筹备之后，来到常州的青果巷。这里已经被市政府统一管理，整个青果巷中段被施工墙隔离起来，尚不知未来的市政规划是何样。我们在安保人员的带领下，对整个唐氏八宅走马观花看了一遍。而我们的祖上恽家的老宅子则是在八宅之一的松健堂。松健堂在青果巷历史文化街区东首，原为唐荆川曾祖、明书法家唐世英居住，后归清福建兴泉永道恽祖祁，属明代建筑，清代改建。1982年3月由省政府公布为第三批省级文物保护单位。

细看了这一所，以及旁边相隔不远的二世曾外祖父实业家张赞宸的宅子——青果巷86号贞和堂。

参观后，除了赞叹地大宅多以外，一旦心里关联了恽家这个词之后，就充满了很多的存在感，整个空荡荡的老宅子在心里也似乎突然鲜活了起

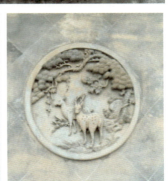

青果巷 12 号松健堂建筑

来。我就会非常应景地在脑子里"还原"祖辈在这里日常起居、生活学习的情景，从服饰、话语、家具、花草、器具，一应俱全地被我"添加"到了大宅子里。按现在的时髦话说，虚拟现实了一把。

知道自己祖上曾是大户人家，并不能改变我们的现实生活，但仿佛凭空增加了一点点的底气，这确是一种很奇妙的体验。

所谓继承，当然不仅是这样。后续的与家中长辈的讨论，听到各种各样的以前的确凿故事和道听途说，欣赏长辈们收藏的各式老照片、老典籍，才是获取信息、增加家族知识的重要方式。而仅继承是不够的，还要发扬，乃至光大，这就是传承了。

如何传承

现代人会有一种很无奈的现象，很多人都有一种感觉，即认为传统的事物流逝太多了，但是又很少有人愿意站出来承担一定的责任，减缓甚至阻止这种流逝。

曾经看到过一个故事，现代人所津津乐道的唐诗宋词，若没有明朝的五品大臣胡震亨用残生进行收集整理，恐怕早已失传了。尽管如此，雄冠全唐的《春江花月夜》的作者张若虚也只有两首诗留了下来，五言绝句《登鹳雀楼》的作者王之涣，彼时的江湖地位不可谓不高，流传下来的也不会超过十首吧，更有此五言并非王之涣作之说。这就是传承不到位的悲哀。

那么对于一种文化，可能过于庞大、过于沉重。而对于一个家族的历史和典故，则要简单明了得多，但仍然面临很多困难。传承实际上是中年人甚至年轻人的事情，但是浮躁之气让人很难心平气和地停下来听老人讲故事，坐下来整理资料，比对历史，查缺补漏，以致修正不正确的地方。这不但需要时间和知识，更需要持之以恒地保持兴趣。俗话说得好，兴趣才是最好的老师。当一个中年或青年在时间的冲刷下，认识到了寻根认祖的必要性之时，往往他也到了老人的年纪，已经丧失了寻访的力气，失去了可以问询的长辈，悲剧就开始了。

所以我一直在思索，如何让中青年参与进传承，具备兴趣。我的初步设想是将自家祖辈发生的故事与同年代的历史事件做结合，可以整理成"历史上的今天"和同时间的家族——世界大史记，这将会是非常有趣的一件事。如恽祖祁在福建兴泉为官，为何会与日本人发生冲突，因为那时正是中日甲午海战之际，战局已经数度不利于清方，日军势力不仅渗入了东海和辽东半岛，也渗入了福建沿海。次年清军战败，签署了马关条约，与兴泉隔海相对的连同澎湖列岛在内的台湾也被日军占了过去，开始了长达两代人的殖民统治。而那个时代的台湾，土著民众的抵抗运动也是顽强而悲壮的，著名台湾导演魏德圣的作品《赛德克·巴莱》，兼具写史和文艺气势，就是描绘的那个年代的事件。这不就串起来了？

当然，每个人的兴趣点是不同的，也会有不同的方法令年轻的一代喜欢了解自己的祖先，喜欢获取过去的知识。以铜为镜，可以正衣冠；以史为镜，可以知兴替。我想，在常州我既答应了家族长辈关于继续添补和更新族谱和家族故事的任务，总可以找到合适的方法，把更多的血脉兄弟姐妹吸引聚集过来。

历史是一个涉及哲学的话题，流传的不足或有曲解，失去的却永远失去了。最古老的记录方式，往往被证明是最经得起时间考验的。无须强而为之，也不必观之踯躅不行，不妨从点滴做起，找找合适自己的兴趣点。如在发现之旅偶有心得，可以分享，倒也不无裨益！我想，每一代人，最终都会扮演一个角色，那就是手把手领着下一代人进门。这是值得付出一些劳动的，也是应尽的一种义务。

恽家72世传人恽瑛教授返乡，客座六朝松茶馆演讲

　　2016年7月17日，92岁高龄的常州籍东南大学物理系恽瑛教授，应东南大学常州校友会邀请，重回出生地青果巷走访，并为慕名而来的众多校友作了题为《匠心独运，培育英才》的演讲。

　　早上10点，恽老和她的儿子——东南大学软件学院原院长邓建明教授在常州市政协副主席张跃（1978级校友）、原科技局调研员张祖立（1962级校友）、常州市人民政府副秘书长周家林（1982级校友）、常州商务局党组书记陈建新（1987级校友）、常州校友会秘书长葛维克等的陪同下来到正在修复的青果巷，踏着写满历史痕迹的青石板老路，参观了她的出生地——曾祖父清朝江防总兵恽祖祁的故居（青果巷12号松健堂）、她的外祖父清朝大实业家张赞宸的故居（青果巷86号贞和堂）、本族先人恽鸿仪故居以及友人史良、周有光等名人故居。老人精神矍铄、兴致勃勃，看到记忆中的老屋，时不时说上一段典故，并驻足拍照留念。恽老家的故事关系到许多历史名人，精彩度堪比任何一部长篇名著小说。老人感慨岁月变迁，对常州大力保护文物古街的成效啧啧称赞，并感谢常州校友帮她完成看看先人故居的心愿。陪同参观的还有常州市工商管理局副局长王俊杰（1979级校友）、常州市政建设总公司董事长兼党委书记赵昔生（1982级校友）、中国银行常州分行副行长王轶宇（1989级校友）、常州鸣飞电器总经理蒋建亚（1988级校友）、东南大学校友总会杨丽荣老师。

　　中午稍作休整后，恽老如约来到六朝松茶馆。一走进茶馆，校友们马上全体起立鼓掌致意。老先生不顾年事已高，执意要求站着演讲。在长达一个多小时的演讲中，她娓娓道来了那些年她"国家至上"的爱国情怀、"永争第一"的学霸故事和"始终坚持"的励志情怀，展现了百年名校代代相传的爱国家、爱母校、爱学生的优良传统。老人一生中有68个年头都奉

作者：东南大学常州校友会，2016年7月。

恽瑛和常州校友会校友在六朝松茶馆外合影

恽瑛在常州校友会六朝松茶馆发言

献给了学校和学生，创立并推广了研究型、互动型"双语物理导论"课程，她将"教学是一份爱心、一份责任、一生创造和一生奉献"的理念根植到物理教学事业中去，推动了物理双语教学事业的发展。

当年第一次参加她的"双语物理导论"课程的18位学生中有2位来到了活动现场，其中一位专程从无锡赶来。恽老记忆力惊人，一下子就能报出学生的名字，令现场的校友们赞叹不已。在场的许多校友通过微信向海内外校友进行了现场直播，各地她所教过的学生纷纷通过微信即时向她转达了思念与问候。一位在英国和一位在美国的学生通过微信向恽老汇报了自己目前的工作情况。1977级柏文学校友回忆起恽老师在学习上的指导和生活上的无私资助，几度哽咽落泪。

张跃副主席、中车常州戚研所总经理王文虎（1982级校友）、常州工学院成教院院长诸伟新（1977级校友），以及周欣、路志锋等许多年轻校友在听过恽老的演讲后纷纷发表了感言，对老人致以了崇高的敬意！校友们表示：要以恽老师为榜样，爱岗敬业，为母校多做贡献。

活动结束后，恽老师向常州校友会赠送了她本人出版的论文和书籍、光盘等资料，校友会向老人赠送"常州三宝"及六朝松茶馆定制的茶叶、茶具、营养品和常州校友会会刊，以表达广大常州校友对老人深深的祝福和感谢。活动在欢声笑语中落下帷幕。常州团市委青年杂志的记者随后对恽瑛教授进行了专访。

2013年，恽瑛教授在东南大学设立了"恽瑛奖助学金"。今年1月，她的学生——动力系1955级校友潘天任、左韵芳伉俪向其名下助学金项目捐赠10万元，以表达对恩师的感恩之情。这种薪火相传的尊师重教、热心公益的精神，值得我们所有校友学习。

聆听恽瑛老师在常州校友会的讲座

恽瑛老师是东南大学物理学教授，原理化系系主任，享受国务院政府特殊津贴，今年92岁了。见到恽老师感到格外亲切，许多深藏在我心底的记忆又被唤醒了。

我是来自苏北农村的学生，家境贫寒，恽老师曾给我勤工俭学的机会，我也算是恢复全国统一高考后第一代勤工俭学的学生了。我能得到这个机会，缘自恽老师的儿子邓建明兄就在我们班上，他将我困难的情况汇报给恽老师，她当时是分管教学的主任，才使我获得这一勤工俭学的名额。

这次活动，建明兄陪同母亲前来，我也想见他一面。因自毕业次年与他见过一面后，便没再见过面。

活动地点在新北区太湖明珠苑的六朝松茶馆。六朝松！好熟悉啊，茶馆主人定是东南大学校友了。

这株被误称为松的桧柏，算是东南大学"镇园之宝"了，因是1500多年前的六朝遗物，故名六朝松。

寻到并进入六朝松茶馆，后来进门的一位校友和我打招呼，问我还记不记得我们到常州工作不久他曾经去我单位看过我，然后就一直找不着我了。

我想了一下，才依稀想起，有过那回事。还是他自我介绍，是诸同学，力学班的，和我们数学班一起上过三年大课。

他说，我们6人来常州的，都不是常州人，如今只剩他和冯及我3人了，另三人离开了常州。

这时，诸对面的一位同学抓住我的手，问我他是谁，我恍惚1秒达不到，他就急着怪我了："你怎么连我也不认识了？"他就是邓同学。

我对邓同学说，"我怎么也想不到你母亲是常州人"，且是恽姓大家族一员。邓说他是常州人的儿子兼常州人的女婿。

作者：柏文学（中国建设银行常州市分行、南京工学院71771班学生），2016年7月。

恽瑛儿子邓建明（左二）与其同班同学合影

邓同学拿出他母亲的家谱给我，说，常州三杰，有两杰与他母亲有关。他母亲属南恽一族，恽代英属北恽70世（恽南田属南恽62世），和他外祖父同辈，张太雷是他母亲的堂弟。

恽瑛老师到场了，我们这些学生全体起立，拍手欢迎。看到她那么有精神，我内心很高兴。虽然天气很热，但是92岁的恽老师坚持站着讲了一个多小时。她先是感谢同学们邀请她来故地重游，上午游览了青果巷、人民公园等处。简单讲了她的家世、她的身世、求学经历、工作经历、人生理念、职业理念，以及与许多师生之间教与学的故事。

恽老师的曾祖父恽祖祁，曾是武进商会会长，在人民公园还留有名字。恽老师1925年出生在常州青果巷松健堂，1928年全家去了上海，1936年迁徙苏州，1937年三个哥哥去了延安，她又随父母到了唐山。

恽老师从教68年，桃李满天下，有出息者多多。她曾于2009年获教育部国家级教学成果奖二等奖、中国物理学会特殊贡献奖等。1990年退休，2000年又搞教学创新，开出一门新课，重新走上讲台。其创新课"双语物理导论"已从选修课变为必修课。

教学生涯中，她的职业追求或律己信条是：敬业、坚持、爱学生、求成材。

我特别记得当年同班的穆同学（香港科技大学终身教授，不久前应邀来常州工学院做过讲座）说过，他最怕恽老师的物理课，不敢开小差。恽老师的严格要求、课堂气场，是我们都服帖的。

恽老师90岁时，东南大学为她搞过庆祝活动、做过碟片，概括恽老师的教学生涯是：一份爱心，一份责任，一生创造，一生奉献。

恽老师还用自己的积蓄捐款设立了奖学基金，这也是爱学生的一件感人事迹。后来，有一学生也捐款10万加入该基金。

这次听恽老师讲座，听得多，记得少，现在写得更少，但留在心里的，以及藏在心中又被唤醒的，很多很多。

恽瑛老师和东大常州校友会

一、初相识

我们东大常州校友会于 2012 年东南大学 110 周年校庆时，在母校设立了龙城奖助学金和龙城奖教金，奖励和资助常州籍在校学生以及和常州开展产学研合作的教师，我作为东大常州校友会秘书长出席每年的颁奖活动。在 2016 年 6 月的校庆活动期间，我看到许多年长的老教师出现在颁奖现场，经东大基金会李爽主任和校友总会姚志彪秘书长介绍才知道，他们都是用自己的毕生积蓄在学校设立了奖学金的老教授，我顿时对这些老人充满了敬意。在和他们交谈中，我认识了 92 岁的恽瑛教授。她告诉我，她出生在常州青果巷，外公家也在青果巷，从小就离开常州了，一直没机会回去看看，我热情地表示欢迎她有空回青果巷老宅看看。我回常州后向校友会会长和众多校友做了情况介绍，大家对邀请恽瑛老师回故乡参访一事极为重视，彼时青果巷作为常州历史人文街区正在进行整修。我找到常州市政府副秘书长周家林校友，请他找到负责整修的晋陵投资的高总帮我们安排好了参观时间。

二、回乡

2016 年 7 月 17 日上午，孙建宇校友安排了一辆商务车去南京迎接，考虑到恽瑛老师年事已高，我特意请校友总会的杨丽荣老师全程陪同并照顾好老太太，恽瑛老师的儿子东大软件学院原院长邓建明教授也一同来常。东大常州校友会会长张跃和副会长王文虎、赵昔生，以及周家林、陈建新、王俊杰、王轶宇、蒋建亚、张祖立等校友迎接并陪同她参观。

重访故居，恽瑛老师非常高兴，一路上讲了许多她家族长辈们的故事。青果巷坐落在常州老南市河畔，自明朝以来一直是名门望族的集居住地，

作者：葛维克（东南大学常州校友会秘书长），2018 年 12 月 8 日。

曾经走出过唐荆川、钱维城等一百多位进士和状元，近现代又走出一大批名人，遍及实业、科学、文学、艺术等多个领域，是一处极具华彩的人文景观。天下恽氏出常州，恽家是常州延续几百年的大家族。恽瑛老师的曾祖父恽祖祁先在清朝为官，后返乡主持阳湖商会，筹资创办了许多慈善项目，如现在的江苏省常州高级中学、局前街小学以及人民公园等，至今在人民公园的石碑上还能找到她曾祖父的名字。常州"三杰"中的恽代英烈士是她的叔辈宗亲，和她叔叔恽震（我国电器工业的先行者，新中国成立后任一机部一级工程师）在20年代就一起参加过学生运动，我党早期领导人张太雷烈士是她母亲的堂弟。她舅舅张志让（新中国第一任大法官）在20年代就参加过大革命运动，曾在武汉国民政府最高法院工作，和宋庆龄一起营救爱国七君子，并担任新中国成立后的首席辩护律师，中华人民共和国成立前后一直受到周恩来总理的关心。恽瑛老师的故居松健堂是青果巷里占地面积最大的建筑群，她外祖父清朝大实业家张赞宸的故居贞和堂则是青果巷里建筑规格最高的建筑。

三、座谈

当天下午在东大常州校友会六朝松茶馆为恽瑛老师举行了"恽瑛（匠心独运，培育英才）分享会"。几十位校友前来聆听了恽瑛老师的人生分享，其中有许多是她曾经教过的学生，最年长的是七十几岁的张祖立老校友。恽瑛老师为家乡的校友们讲述了她的家族，讲述了她的求学经历，讲述了她从1948年进中央大学至今的工作经历，大家听到了恽瑛老师"永争第一"的学霸故事和"始终坚持"的励志情怀，展现了百年名校代代相传的爱国家、爱母校、爱学生的优良传统。

一位专程从无锡赶来的校友，是当年第一届参加她"双语物理导论"课程的学生，在交流中和我讲述了一件往事，令我真正感受到了恽瑛老师的大爱之心。他们毕业时，恽瑛老师积极帮助他们联系和推荐到国外名校去继续求学，当听到一位来自农村的同学想先工作两年，挣点钱回家给父母盖了房再出国时，恽老师立即找到那个同学说："我先借给你十万元钱回去把房子盖了，等你以后回国工作有钱了再还给我。"我听到这里不禁怦然心动，这是一个多么高尚的人啊，这不就是恽家祖先"国家至上"的爱国情怀在她身上的诠释吗？难怪当恽瑛教授在东南大学设立"恽瑛奖助学金"时，她的学生动力系1955级校友潘天任、左韵芳伉俪闻讯后会向其名下助学金项目捐赠10万元且坚决不具名，只为表达对恩师的感恩之情。

四、成书

恽瑛教授虽然只在常州逗留了短短两天,但是她身上那种大爱的人格深深地影响了常州的校友们。大家都觉得恽老师不仅是我们东大教师的表率,更是我们常州的骄傲。为了使恽教授这种精神代代相传,影响更多的人,常州校友会便萌生了请她出一本回忆录的念头。转眼来到了8月,又是一年莘莘学子即将跨入东大的日子。常州校友会每年都会在这个时候为常州籍的东大新生组织一场盛大的欢送会,请在校的或刚毕业的年轻校友为他们介绍学校的学习和生活情况,请老校友结合自己的学习和工作经历为他们指点迷津,并给品学兼优和家庭贫困的学生送上奖助学金。几年下来,这已成为常州校友会的特色品牌活动。学校也非常重视,每年都会派出校领导亲自出席。这一年学校派了郑家茂党委副书记来常州出席欢送会,我便逮住机会向郑书记汇报了我们常州校友会想请恽瑛教授出一本回忆录的想法。没想到郑书记当场应允,并表示学校将大力支持。他说,恽瑛教授作为老一辈教师的典范,其身上的那种无私大爱的精神,值得我们每一位东大人学习和传颂。

郑家茂副书记回去后立即联系了校史办和东南大学出版社。校史办马上安排了口述历史学生志愿者张同学和王同学到恽老师家进行了采访和记录。经过学生志愿者的多次采访和整理,很快拿出来初稿。恽老师把稿件发给了我们,我们看后感觉这只是一般的口述历史记录稿,比较简单,难以成书。和学生志愿者交流后才知道学校没有这方面的指导老师配合进来,为此我找到校友总会姚志彪秘书长,请他为我们寻找这方面的专家老师。也是巧了,东南大学校报主编郑立琪老师正好退休下来,我赶紧登门拜访,恳请他帮忙指导,而他对恽老师的事迹也是早有耳闻。郑立琪老师其实还有很多学术和社会活动没有结束,但他还是在百忙中接受了这个请求。郑老师在看完初稿后得出了和我们同样的观点。他在和恽老师多次交流后,用几个月的时间,把原来第三人称的文稿改成了第一人称,然后请恽瑛老师和她儿子邓建明老师对回忆文稿按他建立的框架进行补充。后来郑老师需要出国半年,为了不影响回忆录的编写,他又邀请了东南大学党委宣传部长原部长时巨涛教授帮忙整理并联系了东南大学出版社。时部长的加入把回忆录的出版工作推进到了正式的流程中。接下来出版社的江建中社长和戴丽副社长的加入,让回忆录的编写工作正式进入编辑阶段。至此我们常州校友会为恽瑛老师回忆录的出版推动工作画上圆满的句号。

参加、帮助恽瑛回忆录编写出版工作的老师们

转眼又来到了2018年夏天，恽瑛老师出现了一次小中风，出院后我去南京看望了她，她告诉我想再捐款10万元设立一个奖学金，奖励对象是常州籍理工科低年级学生，请我和学校基金会协商签约。回常后我把恽瑛老师的爱心之举在校友中进行了宣传，大家很受感动，纷纷表示要捐款加入这个奖学金中，短短一天就有150多人捐款，金额达到14.2万元。在8月常州校友会的"学长送新生，启航向东大"的活动上，在东大黄大卫副校长的见证下，我们和东南大学基金会签署了"恽瑛－常州校友会奖学金"签字仪式，再次共同把恽瑛老师的爱国爱校爱学生的情怀进行了发扬和传承。

结 语

　　2016年6月6日是个值得回忆的日子，那天，是东南大学114周年校庆，承蒙学校教育基金会的邀请，我有幸到四牌楼校区大礼堂参加庆祝活动，更有幸的是，我的座位在第二排中间靠通道的第一个，恰好在新任东南大学张广军校长的后面，我不认识张校长，但当我从主席台为学生颁奖后回到座位时，张校长起身和我热情握手，我急忙拿出名片，说明自己的身份，同时又说："希望张校长将东南大学办得更好！"张校长立即说："一定！一定！"校长简短而有力的回应，令我这一普通教师为之欣喜不已，久久不能忘怀！

张广军校长与恽瑛合影

　　同日，更有一巧事，午餐时，校友总会姚志彪秘书长给我介绍了广东校友会陈映庭会长和常州校友会秘书长葛维克，我一听，

2016年广东校友会会长陈映庭（左）、常州校友会秘书长葛维克（右）与恽瑛合影于校庆日

立刻说：我是常州人啊！葛老师也立即说道，哪天请你到常州去！席间一句话，我并没有当真，而葛老师却认真实现了。

作者：恽瑛。

2016年7月17日,东南大学常州校友会秘书长葛维克老师请总会杨丽蓉老师陪同来邀我重返常州,到青果巷12号松健堂——我曾祖父恽祖祁的故居,也就是我在1925年的出生地。真想不到在出生91年后,又能来到这个老巷、老宅,惊讶、喜悦之情难以形容!张跃会长、葛维克秘书长邀请东南大学毕业的数十位新、老校友来青果巷巷口相聚,他们之中有我教过的同学,如1962级张祖立,1977级、1979级师资班的褚维新、王俊杰,以及许多年轻的校友,这就使我和青果巷、常州校友会联系得更加紧密了。

　　此后,葛维克秘书长代表常州校友会多次与学校领导郑家茂党委副书记、校友总会秘书长姚志彪建议、商讨,希望帮助我写一本"回忆录",学校领导同意、支持了常州校友会的建议。我既是高兴,又感到能力有限,怕辜负各方面的深情。

　　学校首先委派中文系张梓烨、王桂琼同学帮助我整理、撰写相关资料,后特请党委宣传部原部长时巨涛和校报原主编郑立琪两位老师指导。他们策划并做了整体设计,使"回忆录"的内容逐步清晰、丰满、充实,时部

2016年7月17日东南大学常州校友会会长张跃、葛维克和王俊杰等在青果巷陪同重返故乡的恽瑛参观

东南大学常州校友会校友，第一排左起：张跃、恽瑛、张祖立，第二排左起：邓建明、王俊杰、葛维克

长又建议"回忆录"的书名为《从青果巷到四牌楼》。这期间，邓建明也不断帮助我提创意、修文稿；张梓烨对文稿又多方修正、润色，使得"回忆录"工作进行得十分有序。

郑家茂党委副书记欣然接受了我的邀请，为之写了题为"爱心、责任、创新、奉献"的序言，并邀请东南大学出版社江建中社长关心这一工作，请戴丽副社长具体领导、负责，与陈淑老师共同统筹编辑、出版等繁重事宜。戴社长热情细心，事必躬亲，我们说我们两人是很有缘分的，才会在这一工作中相遇。经过诸位老师的鼎力相助，《从青果巷到四牌楼》一书才得以问世。

我是青果巷的后裔。我的曾祖父恽祖祁于1894年与日本侵略者抗衡，反被清政府罢官。他回籍后被推举为武阳商会的总理，成为响应"教育救国"的时代潮流，推进教育现代化事业的先驱之一。

我的外祖父张赞宸，得到中国知名实业家盛宣怀的重用，成为中国第一家钢铁联合企业的前身萍乡煤矿总办兼汉阳铁厂总办，实现他实业救国的理念。

先辈们的精神从不曾被子孙们淡忘，爱国、勤俭、正直、奋进，是祖

恽瑛在四牌楼东南大学大礼堂前

2014年恽瑛在梅庵前

结语

先留下的最宝贵的财富。

1931—1948 年间，我就读于上海圣德、清心、北京贝满、辅仁等学校，张蓉珍校长、管叶羽校长、林懿铿先生、褚聖麟教授等，个个都专业知识雄厚，老师们的敬业精神令我折服，他们对我的影响是深远的，使我一个不懂事的女孩子，渐渐理解了如何做人、如何做学问、如何做一个对国家有用的人。

1948 年进入四牌楼中央大学后，得到了施士元、沙玉彦、魏荣爵、冯端、杨景才等教授的教导。我十分感谢他们对我长期的培养、教育。

1952 年院系调整后，我仍然留在四牌楼，在南京工学院、东南大学的 70 年教学生涯中，受到汪海粟院长、刘雪初书记、刘忠德书记的信任、培养、教育，并在困难中给我极大的鼓励、指导和帮助，使我懂得在工作中一定要不怕困难、迎难而上、坚持不懈，才能有望成功。

1978 年后的 40 年，对我的影响是极为深刻的。我能在国际物理教育的世界里游弋三十余年，从国际层面，得到 Jossem、Resnick、近桂一郎、笠耐等教授的大力支持和帮助；在国内，得到老一辈吴健雄、沈克琦、魏荣爵、冯端、谢希德、徐亦庄、赵凯华等教授的指导。2000 年我创立了"两个及早"教学理念，创设"双语物理导论"新课程，这是由于校领导李延保、郑家茂，吴健雄学院李久贤、钟辉，物理系杨永宏、朱明、叶善专、吴宗汉、潘人培、周永平、张勇、朱延技，电教中心徐志瑞、孙荣玲、方晶等老师的持久、连续、无私的帮助的结果。我还要感谢曲钢老师为我与各位校领导在美丽的校园留下美好的瞬间。

我是怀着一份崇敬、感恩的心情，回忆我在学生时代对我谆谆教导的那么多位老师们，是他们培养了我纯正的爱国、爱校、爱生的思想基础，也深深感谢我参加工作后，那么多位领导、师长、同事们对我的关照、教导和帮助，使我懂得工作中应具有敬业、坚持、发展和创新的精神，也深深地体验到：教学是一份爱心、一份责任、一生创造、一生奉献。

谢谢，我的祖国，我的母校，我的学生，我的亲友！

后 记

延宕许久的《从青果巷到四牌楼》将付梓之际,恽瑛先生来电,嘱我一定为这本书写一个"后记",还说,你是这本书的"主编",这个活儿得你来做。恽先生是我尊敬的前辈,我们认识交往已有三十多年了,先生的要求,是不能不应承的。

说起来,我是半路介入这本书的编辑工作的。当初,张梓烨、王桂琼和郑立琪老师帮助恽先生做口述史,成了一部分稿子,后来又加了许多师友学生给恽先生九十寿辰庆生的纪念文字,就不再是单纯的自传了,因而在本书的体例、内容选编及编辑方式上遇到了一些困难和分歧。于是立琪兄拖我过去帮助出主意,而这些意见和建议大多被参与本书的同志接受,又承蒙恽瑛先生信任,就被拉来做了挂名"主编"。

既为主编,在全书完成之时,就有责任向读者交待一些编撰初衷和成书经过。同时我也想借此机会写写我心目中的恽瑛先生,表达对这位已逾鲐背之年仍精神矍铄,为教育事业奋斗不止的一代名师的景仰崇敬之情。

阅读和编辑完全部书稿,我想对读者说的是:这是一本深沉厚重的大书,它记录了中国老一代知识分子波澜壮阔的心路历程,讲述了他们曲折艰辛的奋斗故事,他们的历史是新中国高等教育史不可或缺的组成部分,他们的奉献和业绩奠定了今天中国大学迈向世界一流的基石。

这又是一本平凡朴实的小书。在书中,传主用平实的语言讲述了自己怎样用一辈子时间,专注坚韧只做一件事——为本科生上好大学物理课——的真实故事。

恽瑛先生不是院士,不是博导(东大物理系当时只有恽先生创立的硕士点),她从教六十五年,一直在东南大学从事"大学物理"这一基础课的教学和研究工作。她没做过什么惊天动地的"大事",可走过的每一步,

---

作者:时巨涛(东南大学原党委办公室主任、校史编撰委员会副主任),2019年3月19日。

都踏踏实实、成绩斐然；她从一个普通的年轻女教师，成长为业内知名教授，众人信服的系主任，做过的每件事，都是为了学校发展，为了学生成长，尽心竭力，有口皆碑。她六十多岁退休后，又开始了大学物理教学改革的探索，创设了"双语物理导论"课程，受到了学生由衷欢迎，直到八十多岁还站在讲台上给本科生上课，成就了她一生最辉煌的"传奇"；她不求名利，不计得失，为使东大的物理教学与国际接轨，为引导学生尽早进入科研的殿堂付出了艰辛的努力，其成果赢得了国内外同行的高度赞许和重视，甚至全球顶级的科学期刊 Science 也专文介绍了她的教改探索；她全身心地投入教育事业，深挚地关爱自己的学生，一辈子教书育人、桃李天下，在平凡的岗位上做出了不平凡的业绩，受到了人们由衷的热爱敬重。正如东大老书记李延保教授在恽先生九十寿辰祝辞中所说：恽瑛先生是他最敬重的老师和教育专家之一，她不计功名，锲而不舍，完成了一桩难乎寻常的教改项目（双语物理导论）；她以深厚的学术功底和开阔的国际视野，提高了大学物理的教学水平，把东大的物理教学带进了国际物理教学主流。

　　李延保教授的评价是准确和到位的。在书中，我们还可以读到恽瑛先生的同事、朋友、学生、亲人或钦佩或感恩地回忆她的点滴往事，向我们展示了一位可亲可敬，平凡而又伟大的人民教师形象。

　　为使读者对本书及恽瑛先生有较为全面的了解，下面我简单谈谈本书编辑成书的经过和我了解的恽瑛先生。

　　与一般常见的人物自传或口述史不同，本书内容分为四编：第一编"梦里依稀"，主要是张梓烨、郑立琪老师为恽先生做的口述自传和先生自己撰写的回忆文章，这是全书最重要和最引人入胜的部分。从先生的回忆中，我们可以了解她早年的生活环境和求学经历，看到时代风云、家庭（家族）传统、老师和学校教育对一个人的成长有着怎样长久和深远的影响。恽瑛先生出生在常州青果巷，恽家是常州的大家族，也是有影响的世家。在中国，能被称为大家和世家的，通常有两个鲜明特点，一是浓重的家国情怀，以天下为己任，于当时社会有很大影响力；一是诗书传家，特别重视子弟教育，人才辈出。我们看到，青果巷历史上出了那么多对中国近代史产生重要影响的杰出人物，如著名的"常州三杰"——中共早期领导人瞿秋白、恽代英、张太雷，其中有两位是恽先生的前辈亲属。当抗战爆发，国家民族处于生死存亡之际，恽瑛的三个哥哥都毅然奔赴延安，投身革命。这些不可能不对年青的恽瑛产生深远的影响。又如青果巷曾走出赵元任、张志让、周有光、恽震等一批中国近代科技、教育、文化界的著名人士，他们的事迹故事也会对邻里孩子的成长产生莫大的激励作用。从恽先生的回忆中，我们还可以看到父母的言传身教，尽管家道中落，颠沛流离，父母仍节衣缩食，尽可能让子女受到良好的教育。在书中，恽瑛用深情的笔墨回忆了在北平贝满女中和辅仁大学求学的"青葱岁月"，感激管叶羽校长、大林老师和辅仁的恩师们对她的教诲和引导。客观地说，在那山河破碎、风雨如晦的年代，是父母前辈和那些可敬的老师为恽瑛们搭建了一片遮风避雨、相对安宁的家园，使她们接受到那个时代能够获得的最好的教育，也为她们价值观和性格养成打下了坚实的基础。正因为此，业务上的自信和执着、性格上的正直和达观、政治上的单纯和坚守，构成了恽瑛先生一生的底色，也是我们了解和理解她的一把钥匙。

恽瑛先生关于二十世纪五六十年代南工的回忆，是一段宝贵的校史资料。她真切地记录了中华人民共和国成立初期，南工的广大干部教师为社会主义大学建设所呈现出的冲天革命热情和忘我精神；也如实地讲述了连绵的政治运动对正常教育的冲击和对知识分子的伤害。志同道合、相濡以沫的丈夫被错打成"右派"，自己被取消了预备党员资格，从组织重点培养的青年骨干教师到被边缘化，一度无事可做，她也曾消极彷徨过。但恽先生正直的性格和对教育、对学生的挚爱，使她在逆境中也没有放弃对业务的追求，即使受到再多的委屈，只要走上讲台，面对学生，依然充满热情，全身心投入。她在书中深情地写到，在人生最灰暗的时候，是刘雪初书记给了她莫大的信任和鼓励，顶着压力任命她为物理教研组主任，给了她不断前行的动力。

改革开放以来，恽瑛先生以极大的热情投身教育教学改革，投身学校建设发展，退休后仍倾心于物理双语课程改革，成绩斐然，广受赞誉，对此书中有详尽介绍，这里不再赘述。我只想特别指出，恽瑛先生是二十世纪八十年代初，南工最早走出国门开展国际学术交流的教师之一，对东大开展国际合作交流是做出特殊贡献的。她深厚的学术造诣、一口流利的英语，以及热情爽朗的性格，很快赢得了国际同行的尊重，结交了一大批外国朋友，也推动了东大的物理教育与国际接轨。恽先生还是吴健雄教授与母校恢复联系的牵线人，在我的印象中，吴健雄、袁家骝教授几次访问母校，韦钰校长都委托她参与全程接待和陪同。恽瑛先生的热情、细致和周到显然赢得了吴健雄、袁家骝二位教授的信任，以致以后与东大的联系日益频繁，与母校感情愈益深厚，应该说恽先生功不可没。

之所以说这么多，是因为这些细节是一般"官方"史书少有记载的，这些日益久远的故事，对今天的年轻人也变得陌生了。恽先生的一生是与东南大学、与四牌楼校园紧紧连在一起的，她个人的历史也是与中国高等教育的历史紧紧连在一起的，而历史是不能也不该忘记的。

　　第二编"雪泥鸿爪"，搜集的是恽瑛先生二十多年来围绕创建"双语物理导论"课程，撰写发表的一些教学教改文章。这是恽先生后半生投入心血最多、最为看重的工作。尽管现在看来，她们当时的一些新探索和新观点如今已经成为"常识"，她们当年呕心沥血、费尽心机开创的新教法、开发的新技术，如今已变得稀松平常，但我们仍不能否认它们在推进教学改革，提高大学物理教学水平上的贡献和价值。正如技术的进步、知识的增长是一代代人累积的结果，恽瑛先生和她的同事们为东大物理教学水平提升所做的贡献也是不该忘记的。这些论文、讲演和课件多达数十篇且散落各处（还不包括教材和大量影像资料），我们从中选取了若干篇代表性的文章辑在一起，既是一种纪念，也有助于后来者学习借鉴。

　　第三编"育才授业"，主要是选编了各级领导、恽先生的同事好友，以及她的学生们为庆祝恽瑛先生九十寿辰暨从教六十年写的一些回忆纪念文章。不夸张地说，恽瑛先生可能是二十世纪八九十年代，中国大学物理教育界最活跃的、最有影响的学者之一，她桃李天下、名满天下，朋友也遍天下，这些文章的作者，有海内外物理教育界知名学者，有恽先生培养的青年才俊，有亲密合作多年的同事伙伴，也有普普通通的中学老师，他们眼中的恽老师可亲可爱可敬，他们的回忆情真意切、感人至深，也使恽瑛先生的形象变得更加立体丰满。

　　第四编"青果红梅"，是家人和亲友的回忆，是我建议加的内容。西谚云，"女仆眼里无伟人"，说的是往往在家人眼里才能看到一个人真实的"另一面"。在这里，我们看到儿子眼中的母亲，"工作第一、学生第一"，成天忙于事业，很少顾及家庭，那是那一代教师共同的特质，也是我们这一代人父母的真实写照。可在孙辈眼里，恽先生就不是令人仰视的大教授了，而是一个天天中午热心为外孙女做饭，总是絮絮叨叨叮嘱孙女好好学习的慈祥祖母了。在家乡人眼里，她是远行的游子，是常州人的骄傲，当她以九十高龄携全家人重回青果巷时，家乡人的热情使她更深切地意识到她的根在这里。

　　恽瑛先生常常说，自己就是一个普普通通的教师，只是做了应该做的事。但她的的确确又是一个不寻常的人，她对工作极端热忱，从青果巷到四牌楼，用九十多年的奋斗经历告诉我们"工作是美丽的"，人的一生该怎么度过才有意义；她对学生格外钟爱，一辈子教书育人，最好地诠释了"老师"这一神圣称号的真谛；她的生活是那么快乐，九十多岁仍精神矍铄，充满活力，其秘诀是得天下英才而教之，一直享受着作为一个深受学生热爱的好老师的幸福！

  作为后记，最后照例要感谢为本书出版付出辛勤劳动的人。首先要感谢的是东大常州校友会秘书长葛维克先生，是他最先提出将恽先生自传和纪念文集合在一起，出一本"较有分量"的书，并由常州校友会赞助出版。感谢张梓烨同学、郑立琪老师，他们精心整理了恽先生的口述文字，并在我的建议下，叙事角度由原先的第三人称改为第一人称，这要花费很多心力，但效果的确好许多。感谢戴丽、陈淑二位责编，在她们的精心梳理编辑下，使原先有些庞杂凌乱的书稿变得结构合理、清晰流畅。感谢郑家茂副书记，作为恽先生的学生和学校领导，他一直关心和督促我们的工作，并亲自为本书作序。最后最应该感谢的还是恽瑛先生，她为本书付出了比任何人都多得多的辛劳，除了接受访谈、提供资料、校改文字外，她还提供了几百幅珍贵的照片并精心作注，其繁琐和工作量之大，对一位九十多岁的老人来说实在是难以想象的。恽先生才是本书真正的"主编"，本书的出版也是向这位平凡而又伟大的人民教师致敬。

恽瑛大事年表

1925.4 出生于江苏常州青果巷

1928 年随家里人迁至上海

1931.9—1935.8 上海圣德小学初小学生

1935.9—1936.8 上海清心女中附小五年级学生

1936.9—1937.8 苏州乐郡中学附小六年级学生

1937.8.13 淞沪会战事件发生后,在上海避难

1938.2—1940.8 唐山淑德女中初中学生

1940.9—1943.8 北平贝满女中高中部学生

1943.9—1947.6 北平辅仁大学物理系本科生,获学士学位

1947.7—1948.8 北平辅仁大学物理系研究生

1948.9—1953.8 南京中央大学物理系任助教（1949.5 学校改名为南京大学,1952.8 改名为南京工学院）

1949.5—1952.8 任理学院张江樹院长秘书（由军代表赵卓主任委派）

1950.3 加入新民主主义青年团,其后任理学院团支部书记

1952.9—1956.4 任南京工学院基础部物理教研组团支部书记

1953 年起 任南京工学院物理教研组讲师

1954.2—1955.8 由学校派遣至清华大学,参加苏联专家基础物理进修教师班学习

1955.9—1966.4 先后在南京工学院无线电系、电子系、动力系、土木系等系教授大学物理课程

1956.3 成为中共预备党员；1957.3 转正

1958.3 被撤销党籍；1979.2 平反、恢复党籍

1959 年夏 由学校派赴江西工学院支教,帮助该校建立基础系

1961 年起 任南京工学院物理教研组主任

1961 年 主编《大学物理学习题集（附习题指导书）》（人教社出版）

1967—1971 至六合、金湖等地劳动

1972 年起 重新上讲台为大学生授课

1977.10 出席第一次全国教育大会（工科物理代表共 4 人）

1977—1981 翻译、出版了 Sears 等著的 *University Physics*（第三、四册）；合编《近代物理学导论》（人教社出版）

1978 年春 任南京工学院基础科学系物理教研组副教授

1979—1989 任江苏省物理学会副理事长

1980—1990 任国家教委工科物理课程教学指导委员会委员

1980 年春 任南京工学院基础科学系副系主任（分管教学）

1980.6—1980.7 参加国家教委首次物理教育代表团（共 4 人）赴美国调研，其间拜访吴健雄、袁家骝先生。其后曾应邀赴美国、德国、日本、意大利、埃及、马来西亚、泰国、菲律宾等国参加国际物理教育学术会议，作大会学术报告，总计约 30 次

1980—1983 帮助 1977 级、1979 级本科生俞楠、宋毅、左福林三人入选李政道先生创立的 CUSPEA 项目（中美联合培养物理类研究生计划），赴美深造，三人现已为美国加州理工大学等校知名教授

1981—1983 3 次向教育部申请建立物理系，1983 年获批成立物理化学系（理化系）

1982.9 开始招收、培养研究生，先后培养了 9 届 12 名研究生

1983—1986 任南京工学院物理化学系首届系主任

1986.3 至今 任南京工学院（今东南大学）教授

1986 年率先在国内开设"教材、教法研究（物理）"（后改名为"学科教学论"）硕士培养点，获批硕士资格授予权，是工科院校首例

1986.8 主办中国首次国际物理教育学术研讨会（ICPE 南京会议，北京大学、大连工学院联办）

1987 年起 任中国物理学会第三、四、五届理事

1987 年起 任中国物理学会"国际交流组"组长

1987 年 创办《国际物理教育通讯》期刊任主编，连续 23 年出版 45 期

1987 年 首创并主持"现代化教学手段在大学物理教学中应用"课题，并获 UNESCO（联合国教科文组织）资助

1988.8 受吴健雄先生委托，帮助太仓明德学校教学骨干提高教学与科研水平，后获吴先生亲笔道谢信

1988 年起 任 TWOWS（第三世界妇女科学组织）委员

1989—1993 年 ICPE（国际物理教育联合会）主持举办 3 次中日美三国物理教育国际会议，为主要组织参与者之一

1990 年与 2000 年 东南大学与日本物理教育学会联合举办中日物理教育大会 2 次，为主要组织与参与者之一

1990—2005 主办国际物理教育学术会议 4 次，合办 3 次

1990 年 在东南大学办理了退休手续

1993 年至今 获国务院政府特殊津贴（第（93）3602573 号）

1995 年 《大学物理学电视插播片》由高教社出版，并于 1996 年获新闻出版总署、国家教委首届优秀教育音像出版物二等奖

1996 年 主编国内首创的《大学物理学（音像文字结合教材）》，由高教出版社出版

1997—2005 年 教育部批准成立"中美大（中）学生科学素质现状与培养对策"研究项目，为主要组织者之一，有 40 余所大中学校参与，在南京、深圳等地举办研讨会 8 次

1998 年 《大学物理学（音像文字结合教材）》获教育部科技进步奖（教材类）二等奖

2000 年 主编的《大学物理多媒体光盘（英文版）》由东大出版社出版，获 UNESCO 国际理论物理中心（ICTP）和教育部高教司资助，并受到好评。2001 年出版改进后的第三版（中文版和英文版各一）

2000 年 创立"两个及早"（"及早引导学生进行自主学习、培养其阅读英文参考资料的兴趣与能力，及早培养其从事研究工作的兴趣与能力"）的教学理念

2000 年 75 岁起用两个"及早"教学理念，在东南大学对大一新生首创开设"双语物理导论"（Introduction To Bilingual Physics）课程，并亲自上课，持续至 2008 年 83 岁。在教学过程中创建了一种"自主、讨论、研究、合作"四要素结合的研究型、互动型教学模式

2003 年 获东南大学教学工作突出贡献奖

2005.8 主编的课程主教材《大学物理引论》（*Bilingual Physics with Multimedia*，双语多媒体教材）由东大出版社出版，2010 年 8 月出版第二版

2005 年 被授予中国高等物理教育研究会名誉理事长称号

2005 年起 首创大一学生走上国际讲坛的举措，连续九年选拔、带领

课程学习中共 46 位优秀的大一学生参加国际会议宣讲论文，受到各国学者高度评价

2007.7 世界著名科学杂志 Science 第 5834 期以 "It's Important To Ask Students To Do Some Work On Their Own"（"重要的是让学生自主做些工作——恽瑛教授创建的一门课程，促使学生自主学习物理和他们所需要的英语"）为题，介绍了"双语物理导论"课程中所进行的教改工作。该期中另一篇文章 Many Voices, One Message（"不同的表达，相同的信息"），也对研究型、互动型"双语物理导论"课程给予了高度的肯定

2007.8 获物理基础课程教学杰出贡献奖（由中国物理学会教学委员会、教育部高等学校物理基础课程指导委员会分委员会颁发）

2007.9 领衔获东南大学教学成果奖一等奖

2007 年 领衔获批国家级首届双语教学示范课程建设项目

2007.12 领衔获江苏省高等教育教学成果奖 等奖

2008.6 "双语物理导论"获批江苏省精品课程

2008.8 "双语物理导论"获批国家级精品课程

2008 年 主编的《双语物理导论教学指导书》由东大出版社出版

2009.9 领衔获第六届国家级教学成果奖二等奖

2010 年春 主编的《初鸣·扬帆——引领大一学生走上国际讲坛》由东大出版社出版

2011.9 《大学物理引论》（Bilingual Physics with Multimedia，双语多媒体教材）获批江苏省精品教材

图书在版编目（CIP）数据

从青果巷到四牌楼 / 恽瑛等著. —南京：东南大学出版社，2019.10
（东南大学教育人物丛书. 恽瑛卷 / 时巨涛，李霄翔主编）
ISBN 978-7-5641-8426-1

Ⅰ.①从… Ⅱ.①恽… Ⅲ.①恽瑛-回忆录②物理教学-文集 Ⅳ.①K826.11②O4-53

中国版本图书馆CIP数据核字（2019）第102349号

从青果巷到四牌楼
Cong Qingguoxiang Dao Sipailou

著　　者	恽　瑛等
出版发行	东南大学出版社
社　　址	南京市四牌楼2号（邮编：210096）
出 版 人	江建中
责任编辑	陈　淑　戴　丽
经　　销	全国各地新华书店
印　　刷	南京新世纪联盟印务有限公司
开　　本	787 mm × 1092 mm　1/16
印　　张	22
字　　数	386千
版　　次	2019年10月第1版
印　　次	2019年10月第1次印刷
书　　号	ISBN 978-7-5641-8426-1
定　　价	128.00元

本社图书若有印装质量问题，请直接与营销部联系，电话：025-83791830。